2015年国家社会科学基金一般项目《法治政府中的侦查评估指标体系研究》的最终成果。

中南民族大学法学文库

侦查评估论
——法治政府中的侦查评估指标体系研究

黄 豹 ◎ 著

中国社会科学出版社

图书在版编目(CIP)数据

侦查评估论：法治政府中的侦查评估指标体系研究 / 黄豹著 . —北京：中国社会科学出版社，2021.1

（中南民族大学法学文库）

ISBN 978-7-5203-8061-4

Ⅰ.①侦⋯ Ⅱ.①黄⋯ Ⅲ.①刑事侦查—评价指标—研究—中国 Ⅳ.①D918

中国版本图书馆 CIP 数据核字（2021）第 040675 号

出 版 人	赵剑英
责任编辑	周慧敏　任　明
特约编辑	芮　信
责任校对	李　莉
责任印制	郝美娜

出　　版	中国社会科学出版社
社　　址	北京鼓楼西大街甲 158 号
邮　　编	100720
网　　址	http：//www.csspw.cn
发 行 部	010-84083685
门 市 部	010-84029450
经　　销	新华书店及其他书店

印刷装订	北京君升印刷有限公司
版　　次	2021 年 1 月第 1 版
印　　次	2021 年 1 月第 1 次印刷

开　　本	710×1000　1/16
印　　张	16.5
插　　页	2
字　　数	272 千字
定　　价	95.00 元

凡购买中国社会科学出版社图书，如有质量问题请与本社营销中心联系调换
电话：010-84083683
版权所有　侵权必究

目 录

第一章 侦查绩效考核与侦查评估之概述 …………………… (1)
  第一节 绩效考核与评估之词义 …………………………… (1)
    一 绩效的词义探讨 ………………………………………… (1)
    二 考核的词义探讨 ………………………………………… (5)
    三 评估的词义探讨 ………………………………………… (10)
  第二节 绩效考核与评估之辨析 …………………………… (14)
    一 绩效考核与评估的应用渊源 …………………………… (14)
    二 绩效考核与评估的共性特征 …………………………… (21)
    三 绩效考核与评估的个性区别 …………………………… (24)
  第三节 侦查绩效考核与侦查评估 ………………………… (31)
    一 侦查绩效考核与侦查评估概述 ………………………… (31)
    二 侦查绩效考核与侦查评估现状 ………………………… (34)

第二章 法治指数背景下的侦查评估体系 …………………… (38)
  第一节 法治政府中的各类法治指数介绍 ………………… (38)
    一 法治政府与法治指数的关系 …………………………… (38)
    二 国外的各类法治指数的内容 …………………………… (44)
    三 国内的各类法治指数的内容 …………………………… (50)
  第二节 法治指数与侦查评估指标的关系 ………………… (54)
    一 法治指数中有关侦查的指标数据 ……………………… (54)
    二 侦查指标在法治指数中地位辨析 ……………………… (57)
    三 法治指数与侦查指标的辩证关系 ……………………… (60)
  第三节 侦查评估指标的构建意义与价值 ………………… (65)
    一 侦查评估指标在法治建设中的建构意义 ……………… (65)
    二 侦查评估指标在刑事司法中的主要功能 ……………… (67)

三　侦查评估指标在警察绩效管理中的价值 …………………（70）

第三章　侦查评估指标体系理论基础研究 ………………………（73）
　第一节　依法治国理论 ……………………………………………（73）
　　　一　依法治国理论的基本内容 …………………………………（73）
　　　二　依法治国与侦查评估指标 …………………………………（76）
　第二节　绩效管理理论 ……………………………………………（81）
　　　一　绩效管理理论的基本内容 …………………………………（81）
　　　二　绩效管理与侦查评估指标 …………………………………（86）
　第三节　科学评估理论 ……………………………………………（90）
　　　一　科学评估理论的基本内容 …………………………………（90）
　　　二　科学评估与侦查评估指标 …………………………………（93）

第四章　我国现行侦查绩效考核机制解读 ………………………（99）
　第一节　我国现行侦查绩效考核机制的形成 ……………………（99）
　　　一　我国司法工作考核机制的历史渊源 ………………………（99）
　　　二　我国公安队伍考核机制的产生演绎 ……………………（103）
　　　三　我国刑侦绩效考核机制的形成发展 ……………………（108）
　第二节　我国刑侦绩效考核项目指标的解读 …………………（111）
　　　一　我国刑侦绩效考核项目：侦查破案 ……………………（112）
　　　二　我国刑侦绩效考核项目：执法办案 ……………………（129）
　　　三　我国刑侦绩效考核项目：基础工作 ……………………（130）
　　　四　我国刑侦绩效考核项目的加分扣分 ……………………（134）
　　　五　我国刑侦绩效考核项目的临时项目 ……………………（139）
　第三节　我国刑侦绩效考核机制体制的反思 …………………（144）
　　　一　我国公安执法质量考核发展的解读 ……………………（144）
　　　二　我国刑事侦查绩效考核机制的问题 ……………………（148）
　　　三　我国刑事侦查绩效考核机制的展望 ……………………（153）

第五章　我国侦查评估指标体系的合理建构 …………………（159）
　第一节　我国侦查评估指标体系的建构主体 …………………（159）
　　　一　我国侦查评估指标体系的施行主体 ……………………（159）
　　　二　我国侦查评估指标体系的评估对象 ……………………（165）
　　　三　我国侦查评估指标体系的监督主体 ……………………（174）

第二节　我国侦查评估指标体系的建构原则 ……………（177）
　　一　依法评估原则 ……………………………………（177）
　　二　公平效率原则 ……………………………………（180）
　　三　科学合理原则 ……………………………………（183）
　　四　民主透明原则 ……………………………………（187）
　　五　统一灵活原则 ……………………………………（191）
第三节　我国侦查评估指标体系的指标内容 ……………（194）
　　一　侦查评估之一级指标：工作职能指标 …………（194）
　　二　侦查评估之一级指标：社会状态指标 …………（224）
　　三　侦查评估之一级指标：发展潜力指标 …………（237）

参考书目 ……………………………………………………（252）

第一章

侦查绩效考核与侦查评估之概述

第一节 绩效考核与评估之词义

一 绩效的词义探讨

(一) 绩效的词源

何谓"绩效"？虽然从管理学角度，绩效可以算作一个新词，但这两个字其实在我国漫长的历史长廊中早已出现。

"绩"，见于《说文解字》卷十三【糸部】绩，"缉也。从糸责声。则歷切。"《说文解字注》记载："缉也。豳风。八月载绩"。传曰："绩、功也，从糸，责声，载绩、丝事毕而麻事起矣。绩之言积也。积短为长。积少为多。"故《尔雅·释诂》曰：绩、继也。事也、业也、功也、成也。《左传》曰：远绩禹功。《诗·大雅》曰：维禹之绩。《康熙字典》中将"绩"放在【未集中】【糸部】。《广韵》《集韵》《韵会》记载"则歷切，音勣"。《说文》：缉也。《诗·陈风》：不绩其麻。《书·尧典》：庶绩咸熙。

"绩"字有动词和名词两种词性。作为动词，"绩"最早含义起源于把麻纤维披开接续起来搓成线的动作。如《说文》记载：绩，缉也；从糸，责声。《诗·陈风·东门之枌》曰：不绩其麻。《诗·豳风·七月》曰：八月载绩。《国语·鲁语下》曰：公父文伯退朝，朝母。其母方绩。这种动作引申出多个词语，如绩绪（指搓麻线）、绩女（指纺织的女郎）、绩火（指夜晚纺织时用来照明的灯火）、绩纺（泛指纺纱、绩麻诸事，也被称为纺绩）。这种动作还被引申为"承继"，如绩绍（指继承业绩）。"绩"的词性发生变化后，转变为名词。作为名词的"绩"，主要含义是指成就、功业。《尔雅》记载：绩，功也；又业也，又事也，又成也。

"绩"字亦作"勋"。《声类》曰：勋，功也。《书·尧典》曰：庶绩咸熙。《左传·昭公元年》曰：远绩禹功。这里的"绩"指代"迹也"。《左传·庄公十一年》曰：大奔曰败绩。《谷梁传·成公五年》曰：伯尊其无绩乎。《国语·鲁语》曰：男女效绩。《诗·大雅·文王有声》曰：维禹之绩。成就、功业的名词含义，引申出来的词语有绩用（指绩效、功用）、绩远（指功效、工作的成绩）、绩阀（指功绩，书功状以榜门叫阀）、绩谋（指功勋与智谋）。作为名词的"绩"，还可以指下裳（即衣服、裤子），如《汉书》记载：赐皮弁素绩。颜师古注曰：素绩，谓素裳也。朱衣而素裳。

"效"，见于《说文解字》卷三【攴部】效，"象也。从攴交聲。胡教切。"《说文解字注》记载：（效）象也。象当作像。人部曰：像、似也。毛诗：君子是则是傚。又民胥傚矣。皆效法字之或体。左传引诗民胥效矣是也。彼行之而此效之。故俗云报效、云效力、云效验。广韵云：俗字作"効"。今俗分别效力作効、效法效验作效。尤为鄙俚。效法之字亦作爻。辞爻法之谓坤是。亦作效。礼运效以降命是。亦作詨。仪礼注引诗君子是则是詨是。皆假借也。从攴。交声。胡教切。二部。《康熙字典》中将"效"放在【卯集下】【攴部】，《广韵》曰：胡教切。《集韵》曰：后教切。《韵会》曰：后学切，音校。《说文》曰：象也。《玉篇》曰：法效也。《广韵》曰：学也。《增韵》曰：放也。《易·繫辞》曰：效法之谓坤。

"效"字有动词和名词两种词性。作为动词，"效"通"俲"，形声，从攴（pū），交声。"攴"有致力的意思，本义为献出、尽力。如《左传》记载：司城荡意诸来奔，效节于府人而出。《史记》记载：异日韩王纳地效玺。相类似的词语有效力、效绩（指呈献功绩）、效玺（指呈献国君的印章，表示臣服）、效己（指贡献一己之力）、效芹（指自称贡献微薄）等。"效"还通"校 jiào"，含义为考查、考核。如《庄子·列御寇》记载：彼将任我以事而效我以功。相类似的词语有效试（指考核试验）、效志（指查核心志）、效情（指验以情理）。"效"字的其他动词含义还有：其一，明白。如《荀子·正论》曰：由此效之也。《荀子·儒效》曰：乡也，效门室之辨。《方言十三》曰：效，明也。其二，授还、授。如《左传·昭公二十六年》曰：宣王有志，而后效官。类似词语有效官、效业等。其三，显示、呈现。如唐朝魏徵

《谏太宗十思疏》曰：信者效其忠。类似词语有效祉（指呈现福祉）、效祥（指呈露祥瑞）。其三，效验、验证。如汉朝王充《论衡·订鬼篇》曰：何以效之。其四，效劳、效忠。如《汉书·李广苏建传》曰：杀身自效。其五，摹仿、师法。如《说文》曰：效，像也。《墨子·小取》曰：效者，为之法也。《诗·小雅·鹿鸣》曰：君子是则是傚。"效"通"傚"，也有摹仿、师法之意，如《元命苞》曰：教之为言傚也。上行之，下傚之。《易·系辞上》曰：知崇礼卑。崇效天，卑法地。类似的词语有效学（指仿效、学习）、效颦（指不善模仿而弄巧成拙）、效好（指学好）、效作（指仿作）、效尤（指效尤）、效慕（指仿效）等。"效"也有名词的含义。其一是指功效、效果、结果。如《淮南子·脩务》曰：效亦大矣。《荀子·议兵》曰：彊弱存亡之效。《战国策·秦策一》曰：愿大王少留意，臣请奏其效。《汉书·刘向传》曰：以德为劝。宋朝苏洵《六国论》曰：用兵之效。宋朝沈括《梦溪笔谈》曰：此其效也。其二是指经验。如康有为《上清帝第二书》记载：外夷战备日新，老将多恃旧效，昧于改图，故致无功。

（二）绩效的含义

绩效 jìxiào，《现代汉语词典》将其解释为"成绩、成效"；《汉语大辞典》解释为"功绩"；《新现代汉语词典》解释为"功绩、功效"，如绩效显著。也有的将绩效的含义界定为工作的成绩、效果，如绩效不彰、经营绩效、破案绩效等。在管理学领域，对绩效含义的定位存在三种不同的观点：

第一种观点为绩效行为说，该说认为绩效是一种工作行为，美国学者墨菲（Murphy）提出，"绩效是与一个人在其中工作的组织或组织单元的目标有关的一组行为"。[①] 这组行为应当如何表现呢？墨菲认为绩效与行为虽然不完全相等，但两者关系紧密，行为是围绕着目标运作的。1990年，美国管理学家坎贝尔（W. J. Compbell）明确提出，"绩效是行为，应该与结果区分开，因为结果会受系统因素的影响"。1993 年，坎贝尔在 Theory of Performance 中给绩效下了定义："绩效是行为的同义词，它是人们实际的行为表现并且能观察得到的。就定义而言，它只包括与组织目标

[①] Jensen, M. C. and Murphy, K. J., Performance Pay and Top-Management Incentives, Journal of Political Economy, 1990（vol. 98）, Issues 2, pp. 225-264.

有关的行动或行为，能够用个人的熟练程度（即贡献水平）来定等级（测量）。"① 可见，墨菲与坎贝尔都认为，绩效是一种行为，是一种与结果区分开、但又与目标联系紧密的行为。

第二种观点为绩效结果说，该说认为绩效是一种工作结果，是对个人、组织或者群体的工作成绩或者工作效果的记录。国际著名人力资源学者伯纳丁（Bernardin）认为，"绩效应该定义为工作的结果，因为这些工作结果与组织的战略目标，顾客满意度及所投资金的关系最为密切。"金融学教授凯恩（Kane）则指出，绩效是"一个人留下的东西，这种东西与目的相对独立而存在"。② 显然，绩效结果说与绩效行为说的侧重点不同，绩效结果说认识到"目的"与"结果"的相对独立性，并将"目的"与"结果"严格区分。我国大多数词典基本上都采用这种观点，如《现代汉语新词词典》中将绩效界定为成绩和效益。③ "文革"以后出版的新闻报纸上，常常出现这种用法，如"我们收入结构的最大特征是均等化，城市职工收入中三分之一是通过国家转移支付，而与劳动绩效无关。"（载于《经济日报》1985年11月23日）从以上报道可见，对绩效的基本含义界定明确是一种通过结果对具体行为的认知和评价。

第三种观点为绩效综合说。随着管理理论研究的深入和绩效管理科学的发展，学者们逐渐认识到，作为管理学研究对象的前述绩效行为说和绩效结果说，均存在一定的缺陷和不足。在对绩效行为说和绩效结果说进行比较借鉴吸收的基础上，学者们主张综合两者优势，从动态角度来解释、界定、评估绩效。如有学者指出，绩效是指"从过程、产品和服务中得到的输出结果，并能用来进行评估和与目标、标准、过去结果以及其他组织的情况进行比较"。④ 厦门大学公共事务学院的卓越教授认为，要从两个关键点上去理解绩效：其一，绩效是与规范的、客观的评价相联系的；其二，绩效体现在行为、方式和结果三个方面，是对员工履行职能的全面

---

① Campbell J. P. McCloy, R. A., Oppler, S. H. and Sager, *C. E. A theory of performance*. In N. Schmitt, *W. C. Borman and Associates Personnel Selection in Organizations*, San Francisco, CA: Jossey-Bass, 1993.

② 转引自卓越主编《公务员绩效评估》，中国人民大学出版社2010年版，第4页。

③ 于根元主编：《现代汉语新词词典》，北京语言学院出版社1994年版，第349—350页。

④ 陈振明：《公共部门绩效管理的理论与实践》，《中国工商管理研究》2006年第12期。

评价。① 上海交通大学人力资源管理研究所石金涛教授则提出，绩效是指有效的活动及其结果。② 由上可见，单纯地从行为或者结果角度研究绩效，已经不够科学和全面。将行为、过程与结果结合起来，综合全面地对绩效进行解读，并根据绩效影响的范围将其进行多个类型的分类，成为当前研究的热门。

虽然绩效研究的只是一定的成绩或效果，但由于绩效的管理对象是人（个人或者团队集体），而作为高级动物的人类，与机器、动物最大的区别，在于人类是一个主观意识的体现，可能通过思想表达、情绪宣泄产生各种业绩上的波动。因此绩效管理是所有人力资源管理和企业管理中最困难、最难做的，实际操作过程很复杂。正因为绩效管理对象的特殊性，在2006年世界经济学会的评估中，绩效管理被列为最难的管理学难题。在管理学领域，绩效管理与工作绩效、劳动绩效紧密相连。《现代企业管理辞典》中提出了工作绩效的概念，是指为了完成工作而努力的直接后果，也是指通过努力完成工作的数量与质量的情况。③ 在具体的工作、各项劳动、企业行政管理中，引入绩效评价，具有重要的作用和价值：相关管理人员可以通过工作绩效评价所得的数据和资料，引导职工明确自己的努力方向；可帮助管理人员搞清需要，对职工进行有针对性、富有成效的培训；绩效评价的数据还有利于激励职工明确工作的方向和目标。在实践工作中，衡量绩效的方法多种多样，其中均需要大量的指标来具体衡量，如工作时间、工作数量、工作质量、出勤率，通过客观评价法、主观评价法、用语评价法、成绩分等法、结果分级法等进行衡量。

二 考核的词义探讨

（一）考核的词源

作为一个现代意义上的管理用语，考核最初的本意是审核、考查，也有人将其界定为考试、考定核查。就字源意义上看，考核两字在我国历史上早已出现。

"考"，见于《说文解字》【卷八】【老部】。从词性上看，"考"有三

---

① 卓越主编：《公务员绩效评估》，中国人民大学出版社2010年版，第4页。
② 石金涛主编：《绩效管理》，北京师范大学出版社2007年版，第4页。
③ 李国杰主编：《现代企业管理辞典》，甘肃人民出版社1991年版，第296—297页。

种词性。作为形容词的词性,"考"是个形声字,从老省,丂(kǎo)声。甲骨文、金文均像偻背老人扶杖而行之状,与"老"同义。"考"最初的本义就是指老、年纪大,如《说文》记载:考,老也。《新唐书》记载:富贵寿考。相类似的词语有考寿(长寿)、考终(考终年)、考终年(享尽天年)等。由形容词演变为名词,这是"考"的第二种词性。作为名词的"考",主要专指去世的父亲,如《尔雅》曰:父为考;《苍颉篇》曰:考妣延年;《易·蛊》曰:有子考无咎。《礼记·曲礼》记载:生曰父,死曰考。《礼记·祭法》记载:考庙、王考庙、皇考庙、显考庙、祖考庙。《书·洪范》记载:五曰考终命,考者,有子孙为后之称。相类似的词语有考妣(父称考,母称妣,古为生前通称;今人则称死去的父母为考妣)。"考"字还被引申到动词的词性,包括的含义有:第一,假借为"攷",敲、击的意思,如《诗·唐风·山有枢》曰:子有钟鼓,弗鼓弗考。《庄子·天地》曰:金石有声,不考不鸣。宋朝苏轼的《石钟山记》记载:而陋者乃以斧斤考击而求之。类似的词语还有考击(敲打)、考考(敲鼓的声音)。第二,假借为"拷",拷打的意思,如《后汉书·戴就传》记载:幽囚考掠,五毒参至。类似的词语还有考竟(鞭笞拷问,受拷问而死在监狱中)、考死(拷问致死)、考杀(拷问击杀)等。第三,查核、考试,如司马迁《报任安书》曰:略考其行事。类似的词语还有考较(查核、核实)、考语(考核官吏政绩的评语)。第四,审察、察考,如孙文在《黄花冈七十二烈士争略》序中写道:甚者且姓名不可考。类似的词语还有考据(根据)、考正(根据文献资料核实证明)、考慎(审慎考察)、考寻(考察探求、研求)、考道(研求应尊之道)、考求(探索研求)等。第五,完成、建成,如《左传·隐公五年》曰:考仲子之宫。类似的词语还有考落(建成、落成)、考成(落成、建成)等。

"核",见于《说文解字》【卷六】【木部】。"核"hé 本为名词,形声。从木,亥声,古哀切,本义为果核。如《说文》记载:核,蛮夷以木皮为箧,状如簸尊。《尔雅·释木》曰:桃李丑核;《诗·小雅·宾之初筵》曰:殽核维旅;《素问·五常正大论》曰:其实濡核;明朝魏学洢《核舟记》记载:贻余核舟。相类似的词语有枣核、樱桃核、葡萄核、橘核等。在某些口语中,"核"也发 hú 音,专指核果状物品的中心坚硬部分,如梨核儿、煤核儿、冰核儿等。"果核"可以引申到"原子核的简称",如核弹(原子武器的总称)、核反应堆、核反应等;以及"有核的果实",如《太平广记》引中记载:门启,华堂复阁甚秀,馆中有樽酒盘核。还有"核心、中心"的含义,如王充《论衡·量知》曰:文吏不学,世之教无核也。"核"还指代出现在积分方程中积分号下的已知函数,如积分方程的核、积分变换的核。词性变化为动词后,"核"主要含义演变为查对、审查,如《论衡·问孔》记载:凡学问之法,不为无才,难于距师,核道实义,证定是非也;《汉书·宣帝纪赞》曰:综核名实;《汉书·刑法志》曰:其审核之,务准古法;颜师古云:核,究其实也;《后汉书·张衡传》曰:研核阴阳。相类似的词语还有核正(查核订正)、核批(审查批示)、核视(审查察看)、核夺(审核决定)等。

(二) 考核的含义

考核 kǎo hé 两字的连用,在我国历史上也早已出现。一般含义为考查、考察、稽核、查核、审核,有时也写作"考覈"("覈"字系"核"字的古写法)。《三国志·魏志·卫臻传》记载:"考核降者,果守将诈所作也。"这里的"考核"即有"考察、核实"之意。类似的记载还有汉朝王符《潜夫论·实贡》:"是故选贤贡士,必考覈其清素,据实而言。"《后汉书·杨震传》:"考覈其事,则奸慝踪绪,必可立得。"《晋书·郑袤传》:"考覈旧文,删省浮秽。"宋朝欧阳修的《勉刘申》诗曰:"有司精考覈,中第为公卿。"《清史稿·选举志一》:"学政考覈教官,按其文行及训士勤惰,随时荐黜。"除了"考查核实"的含义外,"考核"也有"研究考证"之意,如郭绍虞在《〈宋诗话辑佚〉序》写道:"《本事诗》一类之书,其内容尽管考核有据,然而仅备茶余酒后的消遣。"[①] 北齐颜之推在《颜氏家训·音辞》提出:"共以帝王都邑,参校方俗,考覈古今,为之折衷。"这里的"考覈"也有"研究考证"之意。类似的记载还有《旧五代史·晋书·马重绩传》:"诏下司天监赵仁琦、张文皓等考覈得失。"

现代意义上的"考核"基本上沿袭了该词的古意。如《当代汉语词典》将其含义界定为"考察、审核",如定期考核,考核干部。[②]《汉语倒排词典》《教育辞典》《新华汉语词典》中均将其界定为"考查审核",

---

[①] 转引自阮智富、郭忠新编著《现代汉语大词典》,上海辞书出版社 2009 年版,第 2008 页。

[②] 莫衡等主编:《当代汉语词典》,上海辞书出版社 2001 年版,第 642 页。

如业务考核。① 《简明同义反义词典》提出，考核与考查、考察同义。② 以上两种对"考核"含义的解读中，存在考查与考察的区别。据考证，《辞海》中无"考查"一词，对"考察"的解释有两个：第一，调查勘察，思考观察；第二，旧时对官员政绩的考核。《现代汉语词典》中对"考察"的解释有两个：第一，实地观察调查；第二，细致深刻的观察。对"考查"的解释则是"用一定的标准检查衡量（行为，活动），如：考查学生的学业成绩。"从以上两本权威辞书解释来看，过去只有"考察"一词，并无"考查"的提法，"考察"含义显然更加宽泛，"考核"属于"考察"的重要内容和必然成分。在《简明同义词典》（张志毅编著，中国盲文出版社 1991 年版）中，对这两个词作了较为细致的区分，认为"考察"和"考查"都可以指用一定的标准、手段了解和弄清事物的情况，但两者各有侧重："考察"着重指观察、调查、研究，目的是取得材料，研究事物，如山川、地形、地质、工程、运动、科学研究的对象等；而"考查"着重指依据一定的标准检查、衡量，目的是评定或审核，对象常是非重大的、多半是人们的所作所为，如成绩、学习、业务、工作、活动、行动、言论等，有时也是其他事物，如年代、历史、文物等等。③ 显而易见，这两个同义词在古代都是用作"考察"，现代汉语却把它们分成两个词形，分别使用。总的说，"考查"的对象常是学员的学习现状及某种业务进行的情况等；"考察"的对象则常是客观事物。当然，实务中有人写"考察干部"，也有人写"考查干部"。但工具书上一般写的都是"考察干部"，如"考察干部"（《当代汉语词典》，中华书局 2009 年版）、"考察和识别干部"（《现代汉语学习词典》，商务印书馆 2010 年版）等。

严格意义上看，"考核"与"考察""考查"存在一定的差异，考核是一种考试形式，重点是通过考定而核查。考察侧重于对象的视察，考查则侧重于对象的检查，考核则侧重于对象的核实。《中国考试大辞典》（杨学为主编，上海辞书出版社 2006 年版）中将"考核"界定为"区别

---

① 郝迟、盛广智、李勉东主编：《汉语倒排词典》，黑龙江人民出版社 1987 年版，第 270 页；张焕庭主编：《教育辞典》，江苏教育出版社 1989 年版，第 288 页；任超奇主编：《新华汉语词典》，崇文书局 2006 年版，第 483 页。

② 林玉山编著：《简明同义反义词典》，海天出版社 1986 年版，第 218 页。

③ 转引自曹公奇《词语拾零（十五）："考察"与"考查"》，《中学语文教学》2004 年第 5 期。

于以试卷、试题和时间考试形式对知识、能力鉴别的方法，一般是根据学习、实践的过程行为或实践行为等方式对其所具备的知识、能力进行鉴别性测量。"一些法律类词典中，则将"考核"界定为"按标准来检查、审核"，常与"合格""批准"等词语搭配，多用于法规条例中。如要取得律师资格，按照我国已废止的《律师暂行条例》的规定，须经省级司法机关考核批准，发给律师证书，并报司法部备案。① 还有的辞典中，将"考核"等同于"考据"，考据是指为了材料的真实可信，对事实、例证所做的分析、考核、归纳工作，又称考核、考证、考信、征实。清乾隆嘉庆两代，考据之学最盛，后也称为考据学派，或乾嘉学派。古人讲究考据，多指对古文献字句、文义的考订，即训诂、校勘和对资料的搜辑整理。今人所谓考据，内涵较为宽泛，不再是无目的地在文献的考证中转圈子，而是为了求得写作材料的真实、准确、具体，能恰如其分地反映客观事物，揭示事物的本质规律。章学诚《文史通义·说林》："征实存乎学。"其具体方法包括调查研究、对比分析、查阅原著、核实验证，等等。② 不过，这里的"考据"显然已经脱离了"考核"的原本含义，而是在其他领域引申出的其他内容，带有较强的专业性和针对性。总的看来，虽然"考核"与"考察""考查"存在一些细微的差异，但在实际应用中，三个词语之间并没有太明显的区别，三者经常会被一起甚至交叉使用。如我国浙江某地曾经实行干部考察、实绩考查、年度考核的"三考合一"，这里的"考察""考查"针对的对象就分别是具体的人、具体的事。

如果说，不论是"考察"还是"考查"，较多地被应用于各种不同的场合，"考核"则更多情况下被应用于党政机关、企业事业单位的人事管理工作中。早期的法学研究指出，考核是我国国家行政机关人事管理中的重要环节，它为国家工作人员的任免、奖惩、调配、培训、报酬、升降等提供可靠的依据。③《法学大辞典》中将考核界定为考查审核，多指中国企业对所属职工进行的各方面的考查和审核，一般包括工作态度、工作能力、技术业务水平和贡献大小等方面的考核。职工转正、定级、升级等都

---

① 刘树孝、魏惠仙、杨永奎主编：《法律文书大词典》，陕西人民出版社1991年版，第188页。

② 阎景翰主编：《写作艺术大辞典》，陕西人民出版社1990年版，第91页。

③ 栗劲、李放主编：《中华实用法学大辞典》，吉林大学出版社1988年版，第574页。

要经过考核。①《现代劳动关系辞典》中也认为，考核即考查审核。不过这里将其范围界定为企业职工在技术和业务方面的考查和审核②，没有包括工作态度等抽象方面的内容。从考核所具有的目标职责出发，《人才学辞典》中提出，考核有如下作用：第一，从考核中发掘人才；第二，便于有针对性地制订培训规划；第三，作为调整薪资或发放奖金的依据；第四，按考核成绩办理升迁转调。③ 考核也被应用到一些特定的领域和单位，比如军事部门一般用于对某个建制单位或某个教学单位训练效果的考查。考核通常由上级领导或本级主要首长组织和主持，有关的教员参加，分为年度考核和专题考核两种。《军事大辞海》中记载考核有三种含义：其一，考查审核，如干部考核。其二，军事院校检查学员学习成绩和教学效果的一种方法，一般包括日常考核和阶段考核。其三，对部队训练情况进行检验，一般把训练科目的考试成绩与调查研究结合起来，全面衡量部队的训练质量。④ 可见，考核是一个应用非常广泛的词语，能够被应用于社会生活的方方面面，在企业工作管理、行政人事管理等领域，都有非常充分的应用。

三 评估的词义探讨

（一）评估的词源

"评"，见于《康熙字典》【酉集上】【言部】。"评"有动词和名词两个词性。"评"：形声字，从言，平声。动词的本义为议论是非、高下。如《广雅》记载：评，议也；《广韵》曰：评，评量；《南史·钟嵘传》曰：嵘品古今诗为评，言其优劣；《世说新语·品藻》曰：蔡伯喈评之曰。相类似的词语有评决（评定）、评泊（量度或评论）、评品（议论人或事物而定其高下）、评跋（评论、量度）、评断（评议决断）、讲评（讲述和评论）、评质（评价、品评）等。作为动词，"评"字还有评判的意思，如《商君书·赏刑》记载：不可以富贵，不可以评刑。相类似的词语还有评理（评判处理）、评刑（批评刑法）、评审（评判审核）

---

① 邹瑜、顾明总主编：《法学大辞典》，中国政法大学出版社1991年版，第474页。
② 苑茜、周冰、沈士仓等主编：《现代劳动关系辞典》，中国劳动社会保障出版社2000年版，第355页。
③ 向洪编著：《人才学辞典》，成都科技大学出版社1987年版，第481页。
④ 厉新光、徐继昌等主编：《军事大辞海·上》，长城出版社2000年版，第859页。

等。词性变化后,"评"也有名词的词性,引申为评语、评论的话,如时评、社评、影评、短评、好评、书评、史评等。"评"还可指代犁(古代一种农具,音 lí,现通"犁")的一个部件,如唐朝陆龟蒙《耒耜经》记载:辕之上又有如槽形,亦如箭焉,刻为级,前高而后庳,所以进退,曰"评",进之则箭下,入土已深。

"估",见于《说文解字》【卷十二】【女部】:任也,从女辜声,古胡切。《康熙字典》【子集中】【人部】也有记载。作为名词的"估"gū,形声字,从人,古声,本义为物价,如《新唐书·陆长源传》记载:乃高盐直,贱帛估。"估"也通"贾",有商人的含义,如《玉台新咏·梁元帝·别诗》曰:莫复临时不寄人,漫道江中无估客。估人就是指商人。"估"还指市场税,如《晋书·甘卓传》记载:估税悉除,市无二价。这里的估税就是指古代的一种市场税。词性变化为动词后,"估"字有三种含义:第一,引申为估价、估量,如高估其价、估产、估评(估价)、估单(估计货物价值运费等的清单,即估价单)等。第二,在方言中,有逼迫、强迫的意思,如艾芜在小说《猪》中写道:硬要估住他赔。类似的词语还有估打成招、估逼(催逼、强逼)。第三,用法同"鼓",指凸起、涨大,如《儒林外史》记载:卫先生估着眼道:"前科没有文章。"此外,"估"字还有一个音 gù,常用词为估衣(gùyī),名词指收卖的旧衣,动词则为出售的旧衣服或原料较次、加工较粗的新衣服。

(二) 评估的含义

评估 píng gū,按照《现代汉语词典》的解释,含义为评议估计、评价,如对入股资金的经济效益进行评估、定期对学校的办学水平进行评估。《现代汉语新词语词典》将评估界定为评定、估价。《新语词大词典》认同了《现代汉语新词语词典》的说法,认为评估就是指评定、估价。此外,评估还特指对投资项目进行评定和估价的综合性的技术经济管理工作。我国的投资评估工作,主要是针对银行专项贷款项目而开展的。凡需银行专项贷款的项目,不论其投资额大小在上报主管部门、国家计委、经委之前,经办银行都须有计划地配备各类工程技术人员及财务经济管理专门人员参与审查、签署评估意见,提出可行与否的结论报上级银行,以作为项目投资决策的手段和银行决定贷款与否以及贷款数量的依据。[①] 可

[①] 韩明安主编:《新语词大词典》,黑龙江人民出版社1991年版,第355页。

见，早期的评估还是一个新词语，应用领域大多与技术经济、经济管理、项目投资等紧密相连，目标明确且针对性很强。评估是经济领域重大事项（如投资等）在正式作出之前，为决策机关或者主体提供参考意见的重要前期工作。

当然，也有的研究中将评估的含义界定为评价、估计，如"我们请专家来评估歌手的水平""评估报告已经出来了"等，这里的"评估"等同于"评价"。在教育学中，评估是指教学行政管理人员和教师获得有关教育活动的效果和价值的信息的过程。作为系统的例行工作，评估是同教育改革计划，尤其同20世纪60年代和70年代在英美的课程设置运动有着独特的联系。最初的理论框架（R. W. 泰勒著《设计造诣测试》，1934年）中，强调教师对所学课程用心理测试法进行评定，但在20世纪60年代一种扩散论成了该领域的主要特征。主要的传统划分法是M. 斯克利文（Scriven，1967）的划分法，即在为了改进一个教学大纲的构成性评估与为判定其价值的总结性评估之间进行划分。①《汉语同韵大词典》中，将评估解释为评价、估量。②《现代汉语新词词典》中将评估解释为评价、估测，认为这个词语在20世纪80年代中期多用于我国的教育部门。在这里，等同于"评价"的"评估"，是作为一个名词在使用，当需要动词的时候使用的则是"评比"。"评估"常见的用法，是用作"开展""进行"这类动词的宾语，或是在句中充任定语、中心语，也可以带宾语。③如果是作为名词，则附在动词"进行"后面作为具体的方法、手段或者技术。

不过，评估更多时候是作为动词在使用。如《现代汉语常用词词典》中对评估的解释，就是指（对能力、成绩、质量等）进行评价、估量，如评估产品质量、评估干部的政绩、请专家评估这项工程的可行性等。④《军事大辞海·上》中，对评估界定为"概括的评价"。⑤《澳大利亚教育

---

① ［英］A. 布洛克、O. 斯塔列布拉斯主编：《枫丹娜现代思潮辞典》，中国社会科学院文献情报中心译，社会科学文献出版社1988年版，第204—205页。

② 邓治凡主编：《汉语同韵大词典》，崇文书局2010年版，第569页。

③ 于根元主编：《现代汉语新词词典》，北京语言学院出版社1994年版，第549页。

④ 张清源主编：《现代汉语常用词词典》，四川人民出版社1992年版，第291页。

⑤ 卓名信、厉新光、徐继昌等主编：《军事大辞海·上》，长城出版社2000年版，第1667页。

词典》中,则认为评估是指判断某事物的价值、正确性、可行性及可取性的过程,是"按照确定的标准,对在指定的任务中做出的成绩的描述和判定的过程"。评估在不同领域中的含义可能还略有不同。如投资领域中,评估是指对建设项目的可行性研究报告进行审查、评议、估算、报核的一系列工作过程的总和。向世界银行申请贷款的建设项目,都要由世界银行派出人员,到借款国对所提项目进行调查,包括对技术、经济和财务等方面进行可行性研究,分析评价,这些工作就是项目评估。① 在建设项目、经营决策、技术措施或者行政决策领域,评估均可以指向对一个或多个备选方案在进行了较全面的调查、预测、分析、比较和可行性论证后,进行最后的评议和估价,并从中选出性价比最佳的方案的一项工作。评估工作是决策过程中的一项重要内容,特别是在经济技术工作中(如引进外资、技术、设备等)更为重要。② 除了传统的教育领域外,评估还涉及其他的很多领域,诸如保险领域、人事领域、管理领域等。

评价和评估这两个概念的内涵与外延十分相近,经常被当作同义概念使用。在实际评价工作和研究中,评价与评估两词也常常被混用,但两者不完全相同。严格意义上说,评估是对人或事物的价值,作出评量与估价。评估的严格、准确程度偏低,含有揣度、推测和估量的成分,结论具有笼统性。评估与评价的主要区别在于,前者的评议、判断过程和结论是一种模糊估量且带有预测性质,因此也有人称之为较评价。③ 有观点认为,"评估"着重在分析情况并作出大致推断,带专业性;"评价"着重在评论价值、作用,属一般词语。④ 当然,也有观点认为"评估"与"评价"基本上可以等同,认为两者是同义词没有本质的区别。从逻辑学上看,研究者并不认可"评估是一种模糊估量且带有预测性质"的东西,而认为评估是一种判定或确定某事或某物之价值或质量的过程。批判性思维提倡的评估有其自身的逻辑,与纯粹主观的偏好不同。不具有批判性思维能力的人往往将评估视作纯粹的偏爱,或者将其评估性判断当作直接观

---

① 黄汉江主编:《投资大辞典》,上海社会科学院出版社1990年版,第498页。
② 李伟民主编:《金融大辞典·二》,黑龙江人民出版社2002年版,第1014页;宋国华主编:《保险大辞典》,辽宁人民出版社1989年版,第72页。
③ 陶西平主编:《教育评价辞典》,北京师范大学出版社1998年版,第55页。
④ 李军华主编:《学生同义词反义词辨析词典》,崇文书局2006年版,第403—404页。

察的结果而不承认其有错误的可能。① 还有观点认为，一般说来，在理论研究（如哲学）特别是方法论研究中，常常使用"评价"一词，如评价指标、评价公式、综合评价等；而"评估"一词常常与实务（如经济领域、技术工程领域）相结合，如技术评估、项目评估、资产评估、价值评估等。② 此外，评估（assessment）也有别于检测（measurement），检测是描述性和机械性的。因此，人们可以通过测验、作业和观察来检测一个孩子的学习成绩，但要评价这个孩子的进步则需要进行价值判断。按标准，可分为常模参照（norm referencing）与标准参照（criterion referencing）；根据时间与目的，可分为建设性（formative）和总结性（summative）。③ 应该说，随着科学技术的进步和管理水平的提高，评估的含义有了进一步的提升和完善。评估的过程绝对不再是一个简单的、模糊的预测，而是一系列科学数据的调查和整理归纳的过程，任何场合下的评估，都需要明确评估的对象、评估的标准、评估的目的、评估的程序等一系列过程，而不是一两个人拍着脑袋简单地做一个预测或者意见。

第二节 绩效考核与评估之辨析

一 绩效考核与评估的应用渊源

（一）绩效考核的应用渊源

不论绩效考核也好、评估也罢，其核心思想都是对一定时间界限内的一定范围的一定对象（人、物或者行为）所进行的价值判断和分析评价。这种做法，虽然不同历史时期随着技术水平的提升和管理能力的优化，可能会有不同的标准和做法，但不论哪个时期，对一定对象的工作情况进行考核，都是客观存在的，是社会生产力发展进步和政治制度行为发展演变的必然结果。在所有对象中，对人（其实也包括人的行为）的考核，是其中的重中之重，我国历史上历朝历代非常重视对各级官吏的考核工作，形成了具有我国特色的绩效考核渊源。

---

① 彭漪涟、马钦荣主编：《逻辑学大辞典》，上海辞书出版社2010年版，第624页。
② 邱均平、文庭孝等：《评价学 理论·方法·实践》，科学出版社2010年版，第16页。
③ 王国富、王秀玲总编译：《澳大利亚教育词典》，武汉大学出版社2002年版，第202页。

我国关于官吏考评的最早记载，可以追溯到公元前11世纪的周朝。作为儒家重要核心经典之一的《尚书·虞书》中记载："三载考绩，三考黜陟幽明，庶绩庶熙，此分三苗。"① 古代对官吏的考核，正式的称谓是"考课"，也被称为"考绩""考功"。我国古代对职官的考课制度始创于西周。② "考课"一词语出《周礼》，其中就有"八法治官府，六计课群吏"的记载。"以听官府之六计，弊群吏之制"。这里的"八法"指的是对组织机构的考核：一曰官属（考察部门和层级的隶属关系，使治有所统而不乱）、二曰官职（考察职责范围的划分，使官有所守而不侵）、三曰官联（考察部门层级之间的联系沟通，使关节脉络贯通而无插格）、四曰官常（考察常规事务的处理，使纲目条理分明而无差错）、五曰官成（考察处理事务的程序规章，使以之经理而有所依据）、六曰官法（考察官府的法律制定，使依之听治而有所操执）、七曰官刑（考察官府对官员的刑罚处理世人知警戒而无慢心）、八曰官计（考察官对吏员的监督考课，使人知勉励而不敢怠慢）。"六计"指的是对官吏的考核：一曰廉善（善于行事，能获得公众的好评）、二曰廉能（能较好地贯彻执行落实各项政令）、三曰廉敬（恪尽职守，尽职尽责）、四曰廉正（品行端正，廉洁自律）、五曰廉法（明法懂法，严格执法，模范守法）、六曰廉辩（遇事头脑清晰，不疑惑）。考课制度在战国时期初具规模，唐、宋、元、明、清时期广泛应用并不断完善。

中国历代统治者均十分重视对官吏的考核。先秦时，诸侯对天子就有"贡士"的义务，即向最高统治者荐举人才，天子对各诸侯国所贡之士要亲自进行考试，以决定取舍。秦始皇废除了世卿世禄制，实行封建官僚制。大多数官吏是靠军功而得到爵位和官职的，县以上的主要官吏都由朝廷任免和调动。对地方官实行年终考核，称为"上计"。汉代对官吏有自上而下的考课制度。隋唐时期，对官吏的考核归吏部主持。按照隋制，九品以上的地方官，由吏部每年考核一次，地方官年终要到朝廷述职，叫"朝集"。唐代的考核制度更趋严密，采用积分的办法分为上上、上中、上下、中上、中中、中下、下上、下中、下下九等，以决定官吏的进退升

---

① 尚虎平：《政治控制、个人取代组织与过渡年资量化——我国历史上大一统时期政府绩效评估经验、遗弊与继承之道》，《社会科学》2013年第1期。

② 张晓玲：《我国古代官吏考课制度中的"官德"》，《光明日报》2013年2月28日第11版。

降。以考核的等级作为加禄进阶或减禄降阶，甚至免官的依据。每四年一大考，每一年一小考。小考赏为加禄，罚为夺禄；大考赏为进阶，罚为降职，最重者为免官。三品以上的大官由皇帝考课，五品以上官员进退升降由皇帝裁定。宋代对官吏的考核设有专门机关，审官院负责考核京朝官，考课院主管地方官。一岁为一考，三考为一任，任满后则视其考核成绩而决定进退升降。由于宋代官吏的考核标准实际上是论资排辈，而不以政绩建树为主，所以，官员多因循守旧、不思进取，不求有功、但求无过。元代推行民族分化政策，从中央到地方的主要官职，均由蒙古人充任，而且世代相袭。明代对官吏的考核由吏部尚书和都御史主持，有一整套严密的制度，分考满与考察两种。所谓考满是对所有官吏全面的考核，决定其升、留、降；而考察则主要是对贪官、酷吏等需要加以行政处理的官吏进行审查。清代对现任官吏的考核，每三年进行一次，地方官的考核叫"大计"，京朝官的考核叫"京察"。对官吏的考核方法是：地方封疆大吏、京官三品以上者自陈其政事得失，其余诸官则由吏部、都察院考核。对官吏奖励方法是：纪录、加级、升迁；处分方法是：罚俸（即官俸、薪水或叫工资）、降级、革职，最重的是交给刑部治罪。实际上，清代官吏的考核往往流于形式，多有奖无罚。[①] 可见，我国历朝历代对官吏的考核，遵循一个逐步发展完善的进化过程。除了个别朝代以外，大多数朝代的考核体系比较科学、合理，为各朝各代官吏的选拔任用、考核奖惩提供了重要的依据和支撑。

新中国成立前，中国共产党在推翻封建残余、构建社会主义新中国的历程中，也逐步形成了对干部（公职人员）的考核制度。在新民主主义革命时期，我党对干部实行严格的"审查"制度，以防止和清查奸细。新中国建立后，对干部实行"考察""鉴定"制度。1949年11月，中央组织部在《关于干部鉴定工作的规定》中提出了"干部鉴定"的概念，明确这种鉴定是一种对干部的检查和总结，其中鉴定的内容重点应放在立场、观点、作风、掌握政策、遵守纪律、联系群众、学习态度等方面。1964年中央开始提出，对干部的业务能力和专业化水平，进行认真的"考核"，把对干部的党性考核和质量考核结合起来，使干

---

① 周发增、陈隆涛、齐吉祥主编：《中国古代政治制度史辞典》，首都师范大学出版社1998年版，第77—78页。

部考核制度前进了一大步。当然，随着"文化大革命"的开始，国家正常的行政管理工作陷于僵局，干部考核制度基本上处于废止状态。其实，新中国成立初期我党对干部不谈"考核"而只谈"考察""鉴定"，是一种比较谨慎、低调的做法。当时比较强调国家政权的工农基础，根据1949年充任临时宪法的《中华人民政治协商会议共同纲领》中的规定，中华人民共和国的国家政权属于人民。中国人民政治协商会议为人民民主统一战线的组织形式，其组织成分，应包含有工人阶级、农民阶级、革命军人、知识分子、小资产阶级、民族资产阶级、少数民族、国外华侨及其他爱国民主分子的代表。因此，新中国成立初期几乎没有出现考核、评估的提法，避免意识形态领域出现对"国家主人翁"地位的否定和颠覆的攻击。

党的十一届三中全会后，具有现代意义的考核制度开始逐步提出和正式使用。1979年11月，中央组织部提出了《关于实行干部考核制度的意见》，正式提出从德、能、勤、绩四个方面对干部进行全面的、长期的考核。具体说来包括政治思想、政策水平、组织纪律、道德品质、群众观念、事业心、文化理论知识、决策能力、组织协调能力、工作态度、工作效率以及质量和数量的完成情况等。在各级党和政府组织领导下，经过组织人事部门的共同努力，结合我国干部人事制度的特点，特别是1984年开始建立、推行岗位责任制以来，干部考核制度逐步完善，开始向科学化、制度化、现代化方向发展。[①] 1993年《国家公务员暂行条例》（已被2005年《公务员法》取代）的颁布，标志着我国现代公务员考核制度的全面建立和正式实施。1994年3月8日，国家人事部下发的《国家公务员考核暂行规定》第3条规定，国家公务员的考核内容包括德、能、勤、绩四个方面，重点考核工作实绩。2007年1月4日，中共中央组织部、人事部联合下发《关于印发〈公务员考核规定（试行）〉的通知》（中组发［2007］2号）第4条规定，对公务员的考核，以公务员的职位职责和所承担的工作任务为基本依据，全面考核德、能、勤、绩、廉，重点考核工作实绩。相对于1994年的《国家公务员考核暂行规定》中的四项考核要素，2007年的《公务员考核规定（试行）》增加了对公务员"廉"

[①] 迟福林、张占斌主编：《邓小平著作学习大辞典》，山西经济出版社1992年版，第1012页。

的考核，廉在这里是指廉洁自律等方面的表现。不过，相比较于其他考核要素（德、能、勤、廉）而言，对公务员"绩"的考核是最重要的，也是最容易被量化和估算评价的，因此其一直成为考核制度的核心内容和重中之重。1994年《国家公务员考核暂行规定》中将"绩"界定为工作的数量、质量、效益和贡献；2007年《公务员考核规定（试行）》则将"绩"细化为完成工作的数量、质量、效率和所产生的效益。从原来的"贡献"到现在的"效率"，十余年间考核的内容发生了巨大的变化，从宏观到微观、从主观到客观、从弹性到具体，发展变化一目了然，越来越贴近工作实际。

一般认为，绩效考核制度起源于西方国家的文官（公务员）制度。最早的考核起源于英国，英国早期的文官晋级，主要凭资历而不是工作能力，结果造成工作效率低下、冗员低能充斥。1854年至1870年间，英国文官制度开始改革，注重表现、才能的现代意义上的考核制度开始逐步建立。英国文官考核制度的成功实行为其他国家提供了经验和榜样。1887年，参照英国的文官考核制度，美国也正式建立了自己的功绩制：对文官的任用、加薪和晋级，均以工作考核为依据，论功行赏。从世界范围内考察，各国法律中规定的考核的具体名称不尽相同，如法国和德国称"鉴定"，日本称"勤务评定"，英国和美国将平时考核称为"考勤"、年度考核称为"考绩"等，但考核的基本含义是大致相同的，即公务员考核是指由公务员的主管部门根据法定权限，按照公务员考核的内容、标准、程序和方法，对公务员的工作能力、工作实绩以及学识水平、道德品行、健康状况等进行综合考察和评价，并以此作为对公务员采取升降、奖惩、转调、培训等行政措施的重要依据。[①] 在中国，国民政府时期，设立了专门的党政工作考核委员会，作为国民政府国防最高委员会的直属机关。依照《党政工作考核委员会组织大纲》的规定，该会设置的目的是"考察核定设计方案之实施进度，并执行党政机关工作经费人事之考核。"其具体的职掌有：一、中央及各省党务机关工作成绩的考核；二、中央各院部会及各省行政机关工作的考核；三、核定设计方案实施进度的考核；四、现行法令实施利弊的考核；五、经济建设事业的考核；六、各机关经费、人事

---

① 刘海藩总编：《现代领导百科全书·法律与哲学卷》，中共中央党校出版社2008年版，第439—440页。

的考核。①

(二) 绩效评估的应用渊源

相对于比较正式的、官方的考核而言,评估则略微具有非正式、民间性的特性。客观上说,新中国成立后,我国现代意义上的政府绩效评估肇始于"文革"后的改革开放,历经 40 年发展。依据其主要标志事件和发展状况,学者将其细分为三个阶段:第一个阶段从 20 世纪 80 年代中期到 90 年代初期。在这一阶段,现代意义上的我国政府绩效评估制度其实并未构建起来,政府的绩效完全围绕着目标责任制开展,绩效评估的内容主要体现为目标责任制的内容。第二个阶段从 20 世纪 90 年代初期开始到 21 世纪初期,在这个阶段中,绩效评估依然与目标责任制捆绑,前者构成后者的最终环节,而后者的重点内容基本上是自上而下的、迫切的经济增长的渴望。当然,这一时期由于国外政府管理理论的传入和我国政府管理体制的深入改革,各种新的、科学的绩效评估方法和模式不断出现。除了传统的目标责任制外,社会服务承诺制、效能监察监督制、选岗定人服务制等,逐步在各地政府绩效评估实践中出现,有些做法甚至取得了较好的效果。进入 21 世纪后,随着我国政府管理水平的进步和宏观施政理念的更新,各级各地政府的管理模式也随之发生较大的转变,公共部门绩效评估由此进入第三个发展阶段。根据党和政府提出的"科学发展观、正确政绩观""构建科学的政府绩效评价体系"要求,各个地方政府和研究理论人员开始逐步试行及构建体现科学发展观的绩效评价体系,"绿色 GDP""小康社会"等评价指标逐步在实践中应用。② 2004 年年初,国家人事部《中国政府绩效评估研究》课题组提出了一套适合于地方政府进行绩效评估的指标体系,包括 3 个一级指标、11 个二级指标以及 33 个三级指标,其中的 3 个一级指标分别是职能指标、影响指标和潜力指标。该课题原来是国家人事部的课题,由人事部下属的人事科学研究院牵头完成,参与的人除了相关学者,还有一些地方政府,对这一指标体系的研究后来升格为国家社科基金项目。在课题组组长桑助来看来,由于当前中国对政府绩效的评估仍然停留在计划经济时代的水平,评估方法偏重模糊

---

① 俞鹿年编著:《中国官制大辞典·上卷》,黑龙江人民出版社 1992 年版,第 276 页。
② 谢志贤:《政府绩效评估有效性问题研究——以吉林省政府绩效评估为个案》,博士学位论文,吉林大学行政管理,2010 年,第 18—19 页。

化、简单化，因此建立一套科学的评估体系困难重重。客观地说，我国改革开放初期的政府绩效评估，从来都是作为国家行政管理体制的一个内容在发挥效用。这种绩效评估多属地方自主自愿的，随机性较强，没有形成全国统一的、规范的应用。20世纪90年代开始，绩效评估开始逐步走上常规化、系统化、科学化的道路，评估的地位和价值受到各级党委和政府的重视，各级人事部门也开始积极探索、引入新的评估技术和方法。21世纪以后，绩效评估在政府管理和服务工作中，不再居于从属性地位，受到各级党委和政府的关注越来越多，其导向性、促进性、评价性功能和作用发挥的领域越来越广，甚至一些地方已经成为政府深化行政改革、提升政府效能和公共服务质量的重要标志。

政府绩效评估是一个纯西方的产物，在西方发达国家应用非常广泛。早在1906年的美国，纽约市政研究院就开始了对政府绩效评的最早实践，至今已有一百多年的历史。从不同角度，美国很多学者对绩效评估的历史发展演变进行了划分，其中影响较大的观点主要有两种：吉特·波科特（Geert Bouckaert）的四阶段论和尼古拉斯·亨利（Negulasy Henley）的五阶段论。美国行政学家吉特·波科特在《公共生产力的历史演变》一文中，以公共行政理论的历史演变为分类标准，把绩效评估的历史划分为四个阶段，即"效率政府"时期（1900—1940）、"行政官员政府"时期（1940—1970）、"管理者政府"时期（1970—1980）和"民营化政府"时期（1980—1990）[1]。美国行政学家尼古拉斯·亨利（Nicholas Henry）在《公共行政与公共事务》一书中，以不同时期的政府绩效评估侧重点的不同为依据，把政府绩效评估的历史划分为五个阶段，即效率时期（1900—1940）、预算时期（1940—1970）、管理时期（1970—1980）、民营化时期（1980—1992）和政府再造时期（1992年至今）[2]。国内学者认为，美国政府绩效评估大致经历了萌芽时期、绩效预算时期和全面发展时期三个历史阶段，从注重部门效率、行政投入（Input）、行政产出（Output），到关注绩效预算、实行成本控制，最后发展到对整体效率、结果

---

[1] Geert Bouckaert., The History of the Productivity Movement, *Public Productivity and Management Review*, 1990, Fall.

[2] Henry, Nicholas, *Public Administration and Affairs*, Englewood Cliffs, NJ: Prentice-Hall, 2003, p.286.

(Outcome)、有效性和绩效目标的实现。① 自 20 世纪 70 年代以来，英国政府进行了声势浩大的行政改革运动，改革过程中特别是政府机构和公共部门内部的理性化管理改革中，又以政府绩效评估独树一帜，创造一个"评估性国家"是其重要的方针策略之一。英国政府绩效评估实践可以分为两个阶段：第一阶段为 20 世纪 80 年代，绩效评估的主体内容是以经济、效率为中心，以解决财政危机为主要目标；第二阶段为 20 世纪 90 年代至今，主体内容调整为以质量和公共服务为中心的绩效评估行政改革。

二 绩效考核与评估的共性特征

到底应该如何界定绩效考核与绩效评估的关系？仁者见仁、智者见智。有人认为，这两者意思基本一致甚至可以完全等同。如有人就将绩效评估也称为绩效评价（Performance Appraisal），并将其等同于绩效考核、绩效考评。美国管理学家斯蒂芬·P. 罗宾斯认为，绩效评价是对员工的绩效进行评价，以便形成客观公正的人事决策的过程。应当承认的是，由于当前管理学对绩效考核和绩效评估还未形成一个科学的、合理的理论体系和知识架构，因此对其概念和范围的界定存在一定的差异，在所难免。不过，绩效考核与绩效评估两者相似度非常高，具有很多共性的特征。主要表现在：

第一，两者的核心主旨是一致的，都是通过对一定具体对象的行为效果的评价，为管理机关提供决策依据和支撑，确保工作的高效、顺畅、便捷。如前所述，通过对考核与评估两个词的历史渊源、基本含义的了解，可以看出，不论是绩效考核还是绩效评估，其核心主旨基本一致，都是通过对特定对象的特定行为进行考察和评价，从而实现对一定对象一定行为的一定预判，从而给上级机关或者管理部门下一步决策提供数据和依据。一般说来，这种绩效考核和绩效评估大多数是由人事部门（既可能是行政机关的人事部门，也可能是企事业单位的人事部门）来具体负责和进行。人事考核与评估对于发现和使用人才、激励工作人员努力工作、改进领导作风和加强单位内部建设等，都具有重要意义和价值。人事工作的基本原则是因事择人、用人所长，而要做到这一点，首先要"知人"，考核

---

① 朱立言、张强：《美国政府绩效评估的历史演变》，《湘潭大学学报》（哲学社会科学版）2005 年第 1 期。

与评估就是"知人"的一个重要手段。通过考核全面了解工作人员的状况，才能用其所长、人尽其才，做到"善任"。① 因此，虽然绩效考核与绩效评估可能在某些方面，如具体做法、实施程序等存在一定的差异，但两者的主旨目标确实一致，都是主管部门通过具体行政管理实现员工评价、行为控制的一个重要方法和手段。

第二，两者的具体思路基本类似，都是对人类劳动能力以及通过劳动衍生的能力所进行的考察和评价。在人类历史上，虽然考核评估这两个词语产生的时间不好估算，但考核评估行为却一直存在。按照辩证唯物主义的观点，人类与动物的重要区别之一，就是人类学会了劳动，通过劳动获得一定劳动报酬，从而实现人的生存和尊严。马克思在发现人类历史的发展规律时指出，历来为纷繁复杂的意识形态所掩盖着的"一个简单的事实"，就是人们必须首先吃、喝、住、穿，然后才能从事政治、科学、艺术、宗教等。"因此第一个历史活动就是生产满足这些需要的资料，即生产物质生活本身。同时这也是人们仅仅为了能够生活就必须每日每刻都要进行的（现在也和几千年前一样）一种历史活动，即一切历史的基本条件。"② 可见，解决或者满足人类的吃、喝、住、穿，必须有劳动的存在，劳动的产生是人类开始群居生活的一个重要标志。人类进行劳动的同时，对劳动的考核与评价就一直存在。英国政治经济学教授马尔萨斯认为，生产劳动和非生产劳动是"从批判性质的划分"。事实上，从"生产"和"非生产"这对概念诞生那天起，就包含这对被称为"非生产性劳动者"的批评性质。马克思甚至把资本主义体系下的"非生产性劳动者"与妓女、小偷、布道者、罪犯、打手相提并论。③ 现代社会摒弃了这种对非生产性劳动的歧视，多将劳动分为体力劳动和脑力劳动，或者第一产业、第二产业和第三产业。针对不同的劳动岗位，提出了不同的具体要求和目标，这些具体要求和目标，在现代管理体制下则演化为一定的绩效考核或者评估。

第三，两者的应用程序大致相当，都是规定一定主体对一定对象的一

---

① 《中国新闻实用大辞典》编委会编：《中国新闻实用大辞典》，新华出版社1996年版，第627页。

② 《马克思恩格斯选集》第1卷，人民出版社1972年版，第32页。

③ 王海亭：《论劳动的评价目的和社会主义的财富观》，《四川大学学报》（哲学社会科学版）1998年第3期。

定行为的事后认知。绩效考核或者绩效评估均是一个动态的认知过程，是规定一定主体在一定时间范围内对一定对象的一定行为的事后认知。这种认知，一般会在事先确定一个具体的标准或者要求，这种标准和要求会以内部文件或者规章制度的形式在一定范围内（也可能更广泛）发布，被考核（评估）对象一般是知道这个文件或者规章制度的存在。如考核就常常被理解为人事管理的重要环节，指在一定范围内，按照规定的内容和标准，通过适当的方法和程序，对工作人员的思想、品行、学识、工作态度、工作能力（显在的和潜在的能力）、工作实绩等，即"德、能、勤、绩"四方面进行考察和评价，以判断工作人员与其所从事的工作是否相称。① 企业领导人员、工程技术人员、管理人员和工人的考核标准一般由企业上报主管部门统一制定，各企业可结合其具体情况加以修订和补充，考核有经常性考核和定期考核两种形式。② 评估虽然在一些具体的操作上与考核不同，但很多做法特别是这种事后认知的做法，与考核还是大致相当的。

第四，两者的学科地位完全一致，都是归属于管理学领域的具体实务操作行为。管理学到底研究什么？美国已故的管理学大师哈罗德·孔茨教授在1961年12月撰写的《管理理论的丛林》中，概括了当时流行的管理理论的六大主要流派：管理过程派、经验派、人类行为派、社会系统派、决策理论派和数量派；孔茨教授后在1980年4月的《管理学术月刊》上再次发表论文《再论管理学丛林》，将管理学流派在原有6个的基础上，增加了团体行为派、社会技术系统派、系统学派、权变或情景派和经理角色派，达到11个。我国《国家标准学科分类与代码》（GB/Z13745—92）中规定，学科是相对独立的知识体系。国家标准规定了学科的分类与代码，该标准适用于国家宏观管理和科技统计。作为一级学科的管理学630，下设七个二级学科：管理思想史、管理心理学、企业管理、行政管理、人力资源开发与管理、未来学、管理学其他学科。其中，企业管理中的三级学科生产管理就包含了劳动人事管理，人力资源开发与管理的三级学科人力资源开发战略包含人才学、人力资源开发与管理及其他学科等。绩效考核与评估属于劳动人事管理和人力资源管理的重要内容

---

① 《中国新闻实用大辞典》编委会编：《中国新闻实用大辞典》，新华出版社1996年版，第627页。

② 夏利渊主编：《中国烟草百科知识》，中国轻工业出版社1992年版，第476页。

之一，也是人才学中需要研究的课题。我国各单位现行的考核包括录用考核、上岗（转岗）考核、转正定级考核、本级考核、升级考核，以及初、中、高级专业技术干部职务任职资格的考评等。[①] 这些考核或者考评，均属于劳动人事管理和人力资源管理的重要组成部分，是管理学二级甚至三级学科中需要研究的对象和内容。

三　绩效考核与评估的个性区别

不过，从严格意义上区分考核与评估，这两者确实不完全一样，在很多方面都存在差异。相比较而言，绩效考核略显单调，操作略微简单，应用领域相对局限；绩效评估则应该更加复杂，操作更加精细，应用领域更加广阔。当然，在产生时间、应用领域、具体做法、相应结果等方面，绩效考核与评估也存在差异和区别。

（一）两者的产生时间不同

绩效考核与绩效评估的差异，首先体现在考核与评估的差异上。从具体的词源来看，现在已经无法准确地测定两个词语产生的具体时间。但总的看来，"考核"是一个历史比较久远的词语，早在《三国志·魏志·卫臻传》《潜夫论·实贡》《后汉书·杨震传》《晋书·郑袤传》等历史文献中，就已经多次出现"考核"字样，且这些古籍文献中"考核"已经与我们今天作为"考察、核实"之意的"考核"含义基本一致。

"评估"一词则相对来说比较新，虽然作为单个字的"评"与"估"在古籍中早已出现，但一直到近现代社会中才出现"评估"两个字的连用。虽然我们现在很难准确界定"评估"最早出现的准确时间和地点，但现在所能够查到的资料基本上均是1949年以后。"评估"在20世纪80年代中期多用于我国的教育部门，如《人民日报》1985年5月29日报道中，提到"教育管理部门还要组织教育界、知识界和用人部门对高等学校的办学水平进行评估，对成绩卓著的学校给予荣誉和物质上的重点支持。"《文汇报》1985年9月12日报道中，提到"学校建立评估制度是一项新的工作，但并非毫无基础。以前上海高校曾进行评比活动，近几年又从力学、物理学等课程发展为机械、管理等专业的校际评比。""评估"一词还常常出现在研究生教学质量、农业技术等领域，比如《中国卫生

---

① 张燕、马宗武主编：《港口经济辞典》，人民交通出版社1993年版，第536页。

信息报》1986年5月14日报道的"正确评估临床硕士研究生的质量"、《人民日报》1991年1月30日报道的"专家评估52项节水农业技术"等。

综上所述，考核与评估产生时间大不相同。考核是一个比较古典的、传统的用语，早已经存在于我国的各类历史古籍的记载中；而评估则是一个相对比较新颖的、现代的用语，产生时间应该是新中国成立后特别是"文革"后的管理实践和学术研究中。不过，如果要加上"绩效"这个限定词，则两者的具体产生时间就不好说了，毕竟"绩效"两字本身就是一个新事物，绩效考核与绩效评估当然都是比较新颖的、现代的词语，应该都是20世纪"文化大革命"后逐步出现的产物。

（二）两者的应用领域不同

从研究对象来看，绩效考核与绩效评估都是研究具体人员或单位的绩效，都是涉及一定主体对一定期限内一定对象的一定行为的评价。不过，两者的应用领域不同，考核的应用领域一般是某个系统、行业、单位（以行政事业单位为主）内部，一般说来单位的规模越大、越规范，考核制度就越完善；评估的应用领域则更多地体现在一些特定的活动或者领域中，比如经济活动、商业活动、认证活动等。

绩效考核的历史悠久，从人类社会的产生开始就已经存在，不过这种应用应该更多地存在于各级政府对官吏的行政管理过程中。从《周礼》开始的"八法治官府，六计课群吏"，到封建社会各朝代实行的"上计"和"朝集"，绩效考核制度不断发展。在今天的我国，绩效考核也是行政管理活动中应用最多的。如我国《宪法》第27条规定，一切国家机关实行精简的原则，实行工作责任制，实行工作人员的培训和考核制度，不断提高工作质量和工作效率，反对官僚主义。《地方各级人民代表大会和地方各级人民政府组织法》第59条规定，县级以上的地方各级人民政府行使的职权中，第四项就是"依照法律的规定任免、培训、考核和奖惩国家行政机关工作人员"。1993年的《国家公务员暂行条例》（已被2005年《公务员法》取代）第8条规定，各级国家行政机关依照国家有关规定，在确定职能、机构、编制的基础上，进行职位设置；制定职位说明书，确定每个职位的职责和任职资格条件。《公务员法》第五章《考核》专章规定了国家行政机关按照管理权限，对国家公务员的德、能、勤、绩进行的全面考核。除了宪法、行政法中明确规定了各级政府对公职人员的考核外，一些单行法律中也规定了对特定领域公职人员的考核，如《产品质量法》第 11 条、《海关法》第 73 条、《拍卖法》第 16 条等。从以上法律条文看，我国各级政府及其所属的行政机关对其工作人员进行的考核，是绩效考核核心的应用领域，也是最集中、最规范、最统一的考核应用阵地。其他领域则不局限于行政机关，譬如一些执行行政检查职能的检验所、事业性单位（如医院、学校）等，甚至可能针对特定岗位的特定的人。不过，这些法律中提及的考核，严格意义上说已经不属于绩效考核的内容，而是一种资格认证审查或者入门资格检查，大多数属于一次性的工作，与常规的、定期进行的绩效考核不完全相同。

评估则相对起步较晚，早期主要应用于教育界、知识界和人事部门对下级教育部门、学校或者具体单位的检查、评价，后来更多地应用于经济领域。如《公司法》第 7 条规定，国有企业改建为公司，必须依照法律、行政法规规定的条件和要求，转换经营机制，有步骤地清产核资，界定产权，清理债权债务，评估资产，建立规范的内部管理机构。第 24 条规定，对作为出资的实物、工业产权、非专利技术或者土地使用权，必须进行评估作价，核实财产，不得高估或者低估作价。《合伙企业法》第 11 条规定，合伙人可以用货币、实物、土地使用权、知识产权或者其他财产权利出资；对货币以外的出资需要评估作价的，可以由全体合伙人协商确定，也可以由全体合伙人委托法定评估机构进行评估。《证券法》就规定，股票发行、上市公司上市，均应当出具审计报告、资产评估报告或者法律意见书等文件。《保险法》第 120 条规定，保险人和被保险人可以聘请依法设立的独立的评估机构或者具有法定资格的专家，对保险事故进行评估和鉴定。《城市房地产管理法》第 33 条规定，国家实行房地产价格评估制度。此外，《商业银行法》第 36 条、《渔业法》第 22 条、《拍卖法》第 28 条、《政府采购法》第 42 条、《环境保护法》第 32 条和第 39 条、《城乡规划法》第 46 条、《教育法》第 24 条、《职业病防治法》第 12 条、《动物防疫法》第 12 条、《安全生产法》第 37 条、《节约能源法》第 15 条等条文，都表明国家在特定领域实行的评估制度。不过，这些经济领域内的评估活动，严格意义上说也不属于绩效评估的内容，而是对特定事项的评价或者可能出现情况的预判。绩效评估中的"绩效"本身，就意味着这种评估的针对对象是"成绩"和"功效"，而"成绩"和"功效"必然是对一定对象的一定行为的结果评判，因此绩效评估的应用范围仍然是一定的单位或部门。评估也可能适用于法律界或者司法活动中,比如《立法法》第 39 条就规定,我国任何一部正式拟提请审议的法律草案,在法律委员会提出审议结果报告前,人大常委会的工作机构可以对法律草案中主要制度规范的可行性、法律出台时机、法律实施的社会效果和可能出现的问题等进行评估。该评估情况,应当由法律委员会在审议结果报告中予以说明。再比如《刑事诉讼法》第 306 条和《精神卫生法》第 30 条规定的精神病鉴定中的评估。从近年来的发展趋势来看,评估的应用范围似乎越来越大,已经远远超越了考核的传统范围,衍生出了大量的新领域和新视野,对此留待后文详述。

(三) 两者的具体做法不完全相同

从历史发展和应用范围来看,绩效考核与绩效评估确实存在一定的差异:绩效考核产生时间较早,主要应用于特定的带有显著的上、下级管理关系的领域(如行政机关、事业单位内部等);绩效评估则产生较晚,主要应用于教育、经济等领域,且这种应用范围上、下级管理关系不明显,甚至很多时候评估者与被评估者没有任何联系。当然,近年来两者出现了一定的交叉和融合,比如社会上的各类单位组织也常常借鉴行政机关的绩效考核,绩效评估开始出现在政府行政机关的综合管理应用中。当然,尽管绩效考核与评估两者的应用有融合的趋势,但两者在具体做法上还是不完全相同的。

绩效考核的核心应用主体是国家行政机关,因此其具体做法以我国《公务员法》第五章《考核》的规定来阐述。按照《公务员法》第 32 条的规定,我国政府对公务员的考核,按照国家对干部的管理权限规定,实行全面考核原则,即考核内容包括被考核对象的德、能、勤、绩、廉,核心和重点是工作实绩,即这里提到的绩效。具体做法上,我国对公务员的考核分为平时考核和定期考核,定期考核以平时考核为基础。不过,在针对领导成员与非领导成员的定期考核方式上,两者略有不同。对非领导成员的定期考核采取年度考核的方式,对领导成员的定期考核由主管机关按照有关规定办理。年度考核一般先由个人按照一定程序进行总结,人事部门在听取单位或者部门的群众意见后,向领导建议考核等次,负责人或者考核委员会确定考核等次。定期考核的结果,按照《公务员法》的规定,分为优秀、称职、基本称职和不称职四个等次。定期考核的结果,应当以书面形式通知公务员本人,结果还可以作为公务员职务、级别、工资调整以及奖励、培训、辞退的依据。2007年1月4日中共中央组织部和人事部下发《公务员考核规定（试行）》（中组法［2007］2号），用六章31条的篇幅详细规定了对公务员的考核内容和标准、考核程序、考核结果的使用等。在对工作实绩的认定上，确定"工作实绩突出"为优秀等次，"能够完成本职工作"为称职等次，"能基本完成本职工作，但完成工作的数量不足、质量和效率不高，或在工作中有较大失误"为基本称职等次，"不能完成工作任务，或在工作中因严重失误、失职造成重大损失或者恶劣社会影响"为不称职等次。国家对公务员的考核已经形成了一套较为科学、行之有效的做法，因此其绩效考核办法被很多企事业单位、组织直接学习和借鉴，成为当前我国绩效考核的中心。

评估与考核不同，评估是"评"与"估"两者的融合，且必须在"评"的基础上进行"估"。因此，不论是从启动主体、具体方法还是应用程序上，评估与考核都不完全相同。从启动主体上看，评估多是由评估对象以外的单位或者人员进行。当然这里的，"评估对象以外"既可能是中立的第三方主体，也可能是评估对象的上级主管部门，还可能是上级主管部门与其他单位甚至第三方组合的形式。我国《民办教育促进法》第40条规定，教育行政部门及有关部门依法对民办学校实行督导，促进提高办学质量。国家需要定期组织或者委托社会中介组织，对各类民办学校进行评估，评估内容主要为其办学水平和教育质量，评估结果将会向社会公布。这里的"社会中介组织"就是独立的第三方主体。《高等教育法》第44条规定，国家教育行政部门应当对高等学校的办学水平和教育质量进行监督，同时进行必要的评估。《职业教育法》第11条规定，县级以上地方各级人民政府应当加强对本行政区域内职业教育工作的领导、统筹协调和督导评估。《反垄断法》第9条规定，国务院设立反垄断委员会，负责组织、协调、指导反垄断工作，履行组织调查、评估市场总体竞争状况，发布评估报告的职责。这里的评估则是典型的上级主管部门的评估。《公路法》第61条规定，公路收费权出让的最低成交价，以国有资产评估机构评估的价值为依据确定。《防震减灾法》第31条规定，国务院地震行政主管部门或者地震灾区的省、自治区、直辖市人民政府负责管理地震工作的部门，应当及时会同有关部门对地震灾害损失进行调查、评估。这里的评估则是政府主管部门会同有关部门（既有可能是其他行政业务部门，也有可能是独立的第三方机构）进行。至于评估具体程序和方法，由于评估的种类很多，现在我国应用最多的当属于经济领域的资产评估。根据财政部发布的《资产评估准则——基本准则》，正常的评估程序基本上可以分为八个步骤：明确评估业务基本事项、签订业务约定书、编制评估计划、现场调查、收集评估资料、评定估算、编制和提交评估报告、工作底稿归档。相对于国内的刚刚起步，国外的绩效评估发展较为完善成熟。1993年，美国总统克林顿签署了《政府绩效与结果法案》(Government Performance and Results Act)，它极大地推动了美国联邦政府的绩效评估，也是继后的布什政府推行绩效评估的法律依据。《政府绩效与结果法案》主要由立法目的、战略规划、绩效计划、绩效报告、管理责任和灵活性以及绩效预算等六个部分构成。① 国外政府的绩效评估程序，一般是以信息交流与沟通为核心，由各种评估绩效的方法、步骤、时间和顺序等要素共同组合成的系列行为与过程，包括编制政府绩效计划、实施绩效评估和评估结果的应用等过程。

（四）两者的相应结果完全不同

鉴于绩效考核与评估在产生时间、应用领域和具体做法上的差异，由此而产生的第四个不同就是两者相应的结果完全不同。绩效考核由于应用领域相对具体、固定，因此考核结果具有直接的法律结果或者制度结果；而绩效评估的应用相对而言比较宽泛，因此在大多数情况下，评估结果是作为一种决策的依据或者政策的根据，为一定的主体提供作出决策或者制定政策的基础和参考。

如前所述，在应用最广泛的公务员考核领域，考核结果的相应结果非常直接、具体、明确。如根据《国家公务员暂行条例》（已废止）的规定，年度考核结果作为对考核对象的奖惩、培训、辞退以及调整职务、级别和工资的依据。随后的《公务员法》第37条也明确规定，定期考核的结果作为调整被考核对象职务、级别、工资以及奖励、培训、辞退的依据。《公务员考核规定（试行）》第四章《考核结果的使用》中也有相应的、类似的规定。根据被考核对象年度考核被确定为称职、优秀等次，可以分别享受晋升一个工资档次、晋升一个级别、晋升职务、给予嘉奖、记功等奖励。被考核对象年度考核被确定为基本称职、不称职等次的，可

---

① 张强：《美国联邦政府绩效评估的反思与借鉴——〈政府绩效与结果法案〉的执行评估》，《中共福建省委党校学报》2005年第7期。

对其给予诫勉谈话、限期改进、一年内不得晋升职务、不享受年度考核奖金，降低一个职务层次任职，甚至予以辞退的处理。此外，《公务员考核规定（试行）》还规定，被考核对象的主管部门和所在机关，应根据考核情况有针对性地对被考核对象进行培训。由于考核结果非常直观、明确，相应结果固定，所以绩效考核一旦运用恰当，效果显著。

绩效评估相应的结果则完全不同。一般说来，绩效评估是对特定单位或者个人在一个既定时期内对组织的贡献做出评估的过程，是指运用科学的方法和标准对特定单位或者个人在额定时间内完成工作数量、质量、效率及个人行为模式等方面的综合评价。由于这种绩效评估还涉及绩效目标、评估方法、组织结构、评估结果等内容（如下图），其具体实施还牵涉具体的社会环境等问题，因此其直接的、近期的结果一般不太明显，但间接的、远期的效果显著。

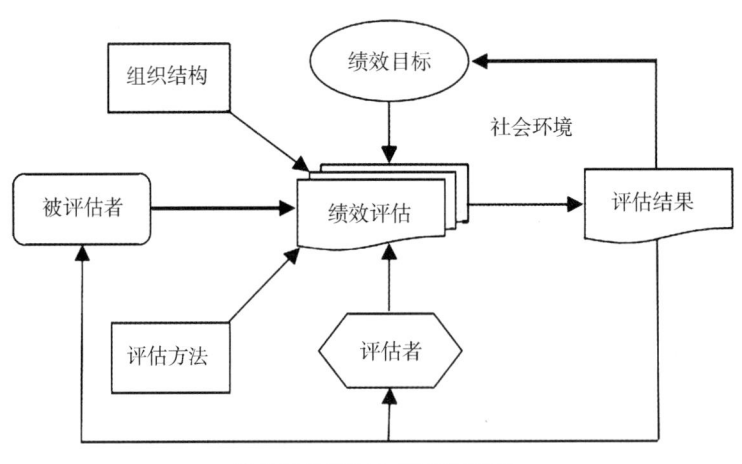

绩效评估的运作模式体系图

由于这种评估大多数情况下是由上级管理部门或者第三方主体进行的，所以更多时候是一种综合的、宏观的评价过程，是一种为上级管理部门政策制定、决策形成提供下一步的依据的过程，因此其结果没有考核结果那么直接、具体、明确。传统的评估，如前面提及多是一种第三方主体所进行的特定领域的评价和估量行为。但随着近年来政府绩效管理的发展，越来越多的国家和地方的政府，在行政管理活动特别是行政绩效管理中开始引入评估机制，因此绩效评估也越来越多、越来越受重视，绩效评估所带来的结果也相应地越来越重要、越来越直接。当代美国联邦政府绩效评估主要集中在三个层次：其一，项目绩效评估。这种绩效评估主要通过各种项目等级评估工具，实现对联邦项目进行比较和评估的效果，从而最终为项目的管理和预算提供依据；其二，部门绩效评估。这种绩效评估是指在每个财政年度末期，各部委对本部门的年度绩效状况进行评估，并将结果制作成一个绩效和责任报告，并且予以公布；其三，跨部门绩效评估。这种绩效评估创造了一种三色等级评分卡，通过这种评分卡对各部委执行情况进行比较评估，督促各部委执行总统的计划，从而有效地保证总统计划的成功执行。[①] 美国联邦政府的项目等级评估，主要目的并不仅仅是对单个项目进行等级评估，而是通过格式化的绩效评估技术对所有联邦项目进行比较评估，并把评估结果向社会公布。至于绩效评估结果对相应的薪酬激励、人事晋升激励或者岗位调整的效应，在大多数情况下这种效应并不是直接的、对应的，而是将绩效评估结果提交相关单位、组织后，为单位、组织对员工绩效进行识别、测度和反馈服务。至于是否必然涉及被评估单位或者被评估对象的职务、级别、工资以及奖励、培训、辞退，应当由相关主体自行决定。

第三节 侦查绩效考核与侦查评估

一 侦查绩效考核与侦查评估概述

（一）侦查绩效考核与侦查评估的概念特征

何谓侦查绩效考核？严格意义上说，侦查绩效考核不是一个专业的法律用语，因此也并没有出现在任何一个法律、法规或者文件规定中。不过，公安部刑侦局的通知中，曾经出现了"刑侦工作绩效考核"的字样。侦查绩效考核是一个组合词，是"侦查"＋"绩效"＋"考核"三个词语的组合。从字面意义上理解，侦查绩效考核是指为了考核各侦查机关的侦查工作绩效（成绩和效果），充分调动各地侦查工作的积极性、主动性和合法性，由国家侦查主管部门依法实施的对各侦查机关侦查工作的考察、核实、验收的过程。侦查绩效考核具有以下特征：

---

① 朱立言、张强：《当代美国联邦政府绩效评估的方法和技术》，《国家行政学院学报》2005年第6期。

第一，从本质上看，侦查绩效考核仍然是绩效考核的重要组成。绩效考核是单位、组织对员工工作行为状态和结果的一种考核模式，体现在特定单位和组织特定职能在具体工作人员的行为上。侦查绩效考核属于绩效考核的一种类型，是侦查机关对侦查人员侦查工作的绩效的考核。从本质属性上看，侦查绩效考核与普通绩效考核没有太大的区别，只存在应用领域上的差异。从目标上看，都是为了规范对一定考核对象的效能管理，保障一定考核对象的合法权益，加强对被考核对象的监督与制约，建设一支高素质的、高效率的国家公职人员队伍，同时确保勤政廉政的实现，提高相应的工作效能。

第二，从内容上看，侦查绩效考核具有不同于普通绩效考核的对象。虽然侦查绩效考核也属于绩效考核的体系之一，但其考核的对象比较特殊——侦查机关侦查人员的侦查活动。何为侦查？有学者认为，"侦查"一词起源于拉丁语"Vestigar"，意思是"寻迹、跟踪或追踪"。[①] 我国刑诉法规定，侦查是指在诉讼过程中，侦查机关依照法律进行的收集证据、查明案情的工作和有关的强制性措施。同时，刑诉法还赋予了国家安全机关、军队保卫部门和监狱，在特定的管辖范围内行使与公安机关相同的职权。很显然，我国的侦查机关限定在公安机关、人民检察院、国家安全机关、军队保卫部门和监狱五个。是不是这五个机关的公职人员的所有职务活动都是侦查绩效考核的内容呢？当然不是，只有这五个机关内部行使侦查职能的侦查人员在侦查办案过程中的侦查活动，才是侦查绩效考核的内容。因此，公安机关的治安管理工作、检察机关的公诉和法律监督工作、国家安全机关的秘密工作、军队保卫部门的普通保卫工作和监狱的执行工作，均不属于侦查绩效考核的内容。

第三，从目标上看，侦查绩效考核在坚持依法的基础上更加强调效率。关于侦查的权力属性问题，一直是侦查学界的研究难点和争议重点，主要存在司法权说、司法行政权说和行政权说三种理论。我国学界对侦查权权力属性的争议，主要集中在行政权说和司法权说上，当然也有学者提出侦查权兼具有司法权和行政权的特色，所以也可被视为司法行政权。[②] 笔者以为，不论是从侦查的权力本质属性还是行使主体的机

[①] [美] 韦恩·W. 贝尼特、凯伦·M. 希斯：《犯罪侦查》，但彦铮等译，群众出版社2000年版，第6页。

[②] 黄豹：《侦查权权力属性热议之冷思考》，《湖北警官学院学报》2007年第4期。

关属性，还是权力运作的特征属性看，侦查权应该是一种行政权，侦查权也不应该被司法化。行政权的一个重要特征就是积极、主动、追求效率，侦查机关的侦查活动也应当积极、主动、追求效率。《公安机关办理刑事案件程序规定》在第1条指出公安机关参与刑事诉讼的目标，就是为了保障我国刑诉法的贯彻实施，保证公安机关在刑事诉讼中正确履行职权，同时应当对履职活动进行规范，对办案质量进行提升，对办案效率予以提高。

第四，从运作上看，侦查绩效考核目前呈现一种分散的、部门化的、内部的态势。如前所述，我国享有侦查权的主体包括公安机关、检察机关、国家安全机关、军队保卫部门和监狱。不同侦查主体的侦查绩效考核是不同的，分别由各个机关内部自己进行。从目前的运作情况来看，除了公安部门内部的侦查绩效考核相对规范化、统一化外，其他几个侦查机关基本上没有形成统一的、规范的、相对稳定的考核体系。当然，这种部门化的、分散的考核体系，其实是由各机关的主要职能决定的。毕竟，除了公安机关作为专职的、主要的侦查机关外，其他机关的侦查职能都只是其庞大的行政职能或者司法职能的一份子，根本不占主体地位。

何谓侦查评估？侦查评估也可以称为侦查绩效评估，与侦查绩效考核不同，侦查评估是一个相对宏观的、开放的对侦查机关的侦查行为予以评价和估量的过程。侦查绩效考核目前已经出现在公安部刑侦局的文件（其实是刑侦工作绩效考核）中，而侦查评估则还停留在学界的研究探讨和理论成果中，尚未得到立法、司法甚至文件的认可。不过，这种现状显然不符合依法治国方略和行政公开要求，侦查活动的秘密不意味着整个侦查体制的封闭，相对宏观的、开放的侦查评估体系亟须确立。

（二）侦查绩效考核与侦查评估的研究比较

侦查绩效考核与侦查评估不同，前者是侦查机关内部对不同级别、不同地区的侦查活动所进行的一个纯行政性、纯业务性的绩效考核，后者则是对侦查机关侦查活动一个宏观的、长期的、开放的评价过程。当然，侦查绩效考核与侦查评估也存在一定的交叉，比如对一些具体的侦查行为状态（如立案情况、侦查方法等）、侦查结果数据（如侦查结案率、公诉率和有罪率等）的确定，这些内容两个体系都是需要的。当然，两者的区别也是比较明显的，主要表现在：

比较项目	侦查绩效考核	侦查绩效评估
1. 存在时间	存在较长时间，公安部自2004年开始全国统一的侦查绩效考核	暂不存在，学者研究中
2. 执行主体	上级侦查机关、本级侦查机关	第三方独立或者联合侦查机关
3. 考评对象	侦查机关+侦查人员的侦查行为	侦查机关侦查行为+相关边缘关系
4. 考评内容	侦破命案、打黑除恶、打击侵财犯罪、打击拐卖犯罪、打击涉枪犯罪、刑事技术、追逃、办案质量、打击跨区域犯罪、刑事情报、刑侦缉毒、警犬技术工作、打击严重暴力犯罪等	除参考侦查绩效考核内容外，还需要考虑工作职能指标、社会状态指标（司法公正度、社会的秩序、当事人评价、群众满意度）、发展潜力指标（人力资源指标、社会效益指标、法律意识指标、持续发展指标）等
5. 考评时间	年度考核+特定事项考核	不定期评估（至少一年以上）
6. 考评标准	明确、具体、细化规定	不确定，但会公布基本方案、数据来源
7. 考评方式	分数量化、累加、排名	分数量化+随机访谈+调查问卷等
8. 相应结果	有直接的考核结果，对侦查机关及其侦查人员的评先评优有影响	无直接结果，相关考评结果作为一种数据状态，供有关单位、组织参考使用

二 侦查绩效考核与侦查评估现状

（一）侦查绩效考核（公安刑侦绩效考核）的应用现状

从应用上说，侦查绩效考核与侦查评估的现状大不相同，侦查评估基本上还不存在应用阶段的问题，侦查绩效考核则有一定的应用和发展。以我国为例，依据我国刑事诉讼法的规定，在特定领域享有侦查权的机关有五个，由于这五个机关相对独立，因此从理论上讲，五个侦查机关意味着我国基本上就存在五套侦查绩效考评体制。不过，由于国家安全机关、军队保卫部门和监狱的侦查权局限于特定领域的特定案件范围，在整个侦查管辖体系中基本上不具有代表性或者说"无足轻重"，因此其应用现状一般不做重点研究。与前面提及的三个行使侦查权的机关相比较，人民检察院的侦查管辖范围略微广泛，涉及刑法分则第八章、第九章的大多数案件以及刑法分则第四章的部分案件，案件种类大概是58种（不考虑省级以上人民检察院决定管辖的）；监察体制改革后，人民检察院的案件范围下降到14种。这个案件范围和种类相比较主要的侦查机关公安机关而言，只是一个零头。

1997年刑法颁布后，当年12月9日，最高人民法院发布了《关于执行《中华人民共和国刑法》确定罪名的规定》，其中规定罪名共计413个。这413个罪名中，在公安部1998年11月23日颁发的《公安部刑事案件管辖分工规定》［公通字（1998）80号］的规定中，由公安机关直接行使侦查权力的刑事案件共329种，总占比为79.66%。从1997年刑法出台后至今，全国人大对刑法已作了九次修正。从2002年3月15日开始，最高人民法院、最高人民检察院随后在2003年、2007年、2009年、2011年和2015年一共颁布了六个关于执行《中华人民共和国刑法》确定罪名的补充规定，通过增加、删除、修改等方式，将刑法规定的罪名（案件类别数量）从413个增加到470个左右。其中，归属公安机关管辖的有392个（占比83.4%）。从这个意义上说，研究侦查绩效考核主要就是研究公安机关的侦查绩效考核，公安机关的侦查绩效考核在侦查绩效考核体系中，具有重要的代表性地位。

不过，公安机关内部的侦查绩效考核也不是完全统一的。根据《公安部刑事案件管辖分工规定》的规定，在由公安机关直接行使侦查权力的329类刑事案件（不考虑刑法修正案新增加的案件类别）中，分别由内部的八个部门具体行使侦查管辖权，分别是刑事侦查部门管辖114种、治安部门管辖95种、经济犯罪侦查部门管辖74种、国内安全保卫部门管辖27种、禁毒部门管辖12种、边防管理部门管辖4种、消防部门管辖2种、交通管理部门管辖1种。加上刑法修正案一至修正案十的罪名，现在公安机关直接管辖的397类案件[①]中，刑事侦查部门直接管辖的案件类别为127种，虽然从比重看仅占公安机关管辖案件范围不到三分之一，但刑事侦查部门管辖的案件主要是社会高发性、普发性、多发性案件。仅仅以盗窃案和诈骗案为例，这两类案件的绝对数量就占到公安机关历年刑事立案总数量的八成左右。其他占比较大的案件类别分别是伤害案件、抢劫案件、强奸案件、拐卖妇女儿童案件。[②] 这些比重较大的案件，均归属于公

---

① 根据《中华人民共和国监察法》和2018年4月17日中央纪委国家监委印发的《国家监察委员会管辖规定（试行）》的规定，监察委员会直接管辖的案件数量为88类。其中，46类是从人民检察院划转，12类是从公安机关划转，另有30类案件是公安机关分别管辖。从这个角度统计，公安机关管辖的案件范围应当还有385类，其中部分案件根据实施主体的不同与监察委员会分别管辖。

② 详细数据可见历年《中国统计年鉴》（中华人民共和国国家统计局编，中国统计出版社出版）和《中国法律年鉴》（中国法律年鉴社出版）。

安机关刑事侦查部门管辖。从绝对数量来看，公安机关刑事侦查部门管辖的案件数量远超过公安机关内部其他部门管辖案件的数量之总和。因此，研究公安机关的侦查绩效考核，其中最具有代表性和典型性的、能够最直观地反映公安机关刑事侦查现状和水平的，当属于刑事侦查部门的侦查绩效考核。

公安部刑侦局自2004年开始，制定了全国统一的《刑侦工作绩效考核办法》（多次修订和补充），根据每年具体的侦查重点和实践，适度规定和调整具体的考核项目和数据要求。根据具体考核项目类别的得分情况，公安部对全国32个省级（直辖市、自治区、新疆生产建设兵团）公安厅局的刑侦工作进行排名，2017年开始增加了对各个省会市、自治区首府、计划单列市公安局的刑侦工作的考核排名，排名在公安网上公布并下发给各个省市区，虽然不产生直接的法律后果，但可以实现对各个省市区刑侦工作好坏的区分和鉴别，在很大程度上引导各个省市区的刑侦工作。

（二）侦查绩效考核与侦查评估的研究现状

侦查绩效考核在我国已经有了十多年的全国性的应用，而侦查评估还处于应用的萌芽状态。不过，对侦查绩效考核与侦查评估的学术研究，近年来已经起步（但从数量上看绝对不算多）且发展态势良好。以下，我们分别从研究书籍、研究论文两个方面对侦查绩效考核与侦查评估的研究现状进行分析。

侦查绩效考核的研究现状。从研究书籍来看，目前国内对绩效考核或者政府绩效考核方面的研究书籍很多，不过专题研究侦查考核或者侦查绩效考核的成果尚未出现。相关的研究多体现在临近或者类似领域，比如公安绩效管理、侦查管理、警察管理或者公安管理等。比如国内第一本专题研究公安绩效管理的书籍《公安绩效管理理论与实务》（李敏、朱晓熔编著，清华大学出版社2014年版），就从公安部门绩效管理体系设计原理、公安部门职位分析、考核指标体系、职位评估能级、考核方案以及绩效考核结果等方面，进行了富有成效的尝试。侦查管理方面的研究也有，如《侦查管理：以重大刑案为例》（林灿璋、林信雄著，中国台湾五南图书出版公司2008年新版）。还有涉及公安民警考核方法的，如《公安民警考核方法通论》（王光主编，群众出版社2005年版）。警察管理或者公安管理方面的研究更多，也有一些国外警察管理方面的研究。但很显然，以上侦查管理、警察管理或者公安管理方面的研究，相对于侦查绩效考核而言，仍然是一个比较宏观的、庞大的研究体系，大多数研究成果中只言片语式地提及考核，对如何具体的实施考核、绩效考核标准、绩效考核程序等内容，基本上没有涉猎。

  侦查评估的研究现状。从研究书籍来看，与侦查考核或者侦查绩效考核研究书籍严重缺乏类似的是，专题研究侦查评估或者侦查绩效评估的成果也几乎没有，但有一些从公安工作评价或者警务绩效评价方面的研究，还有其他侦查机关的绩效评估研究。从研究论文来看，在中国知网以"侦查评估"为篇名关键词检索，可以得到13篇论文，其中期刊文章8篇、硕士论文1篇、报纸文章4篇；发表年度分别为2013年5篇，2016年、2011年均为2篇，2015年、2014年、2012年和2008年分别为1篇；作者包括公安警察院校教师7篇、检察系统4篇、普通高校2篇。

第二章

法治指数背景下的侦查评估体系

第一节 法治政府中的各类法治指数介绍

一 法治政府与法治指数的关系

(一) 法治政府的提出及具体目标

法治政府是对政府权力依据、运行方式、坚持原则的基本要求，更是我国依法治国方略的重要内容和核心环节。法治政府要求政府在行使权力、履行职责过程中，坚持法治原则，严格依法行政，使政府的各项权力都在法治轨道上运行。法治政府要求各级政府，从决策到执行、从事实到监督的整个过程，都纳入法治化轨道，权力与责任紧密相连、互为衬托，集阳光政府、有限政府、责任政府、诚信政府于一体，并通过法律手段加以确定，即成为法治政府。法治政府的关键是要推进各级政府的法制建设和法治程度，建立、健全政府行政的法律依据和督促政府依法行政的法律体制。

依法行政、建设法治政府，是全面落实依法治国基本方略的重要内容，成为当代中国政府施政的基本准则。多年来，我国政府采取一系列措施，以切实地推进依法治国，实现依法行政，建构法治政府。1999年11月8日，国务院颁布《关于全面推进依法行政的决定》（国发［1999］23号文），从七个方面提出法治政府的具体目标和思路。2004年3月22日，国务院印发了《全面推进依法行政实施纲要》（国发［2004］10号文），在十一个大的方面42个小目标上，提出了此后10年全面推进依法行政的指导思想和主要任务。2008年5月12日，国务院发布了《关于加强市县政府依法行政的决定》（国发［2008］17号文），从八个方面30项制度上充分认识加强市县政府依法行政的重要性和紧迫性。2010年10月10

日，国务院印发《关于加强法治政府建设的意见》（国发〔2010〕33号文），从九个方面29个目标上提出全面推进依法行政，进一步加强法治政府建设的要求。目前，我国各级政府的行政权力已基本纳入法治化轨道，规范政府权力取得和运行的法律制度基本形成，依法行政取得了重要进展。

（二）法治指数的提出及理性认识

如果说，20世纪末21世纪初是我国依法治国方略的概念提出及理论发展完善阶段的话，近年来的研究则表明，我国的依法治国方略已经实现从理论框架建构到具体思路设计、支撑制度体系、相关细节研究等的发展进程。如何更好地将依法治国方略从理论框架应用到具体的治国理政行为中，需要学习和参考国外的先进做法；如何评价依法治国方略在各地区、各级政府的应用程度与现状，需要学习借鉴新近的评估经验。与西方国家现代化法治进程几乎同步的是，国际上风起云涌的社会指标运动。何谓社会指标运动？社会指标（social indicator），是指反映一定社会现象的数量、质量、类别、状态、等级、程度等特性的指标项目。社会指标最初是由美国社会学家R. A. 鲍尔在1966年的《社会指标》一书中提出，现在已经成为社会学中一个非常重要的概念和课题。从20世纪60年代开始，美国的一些经济学家、社会学家、统计学家和规划、计划、管理、未来研究等方面的专家学者，在社会研究（Social study）领域中掀起了一场规模不大但却具有一定影响的社会指标运动（Social indicator movement）。[1] 这场运动对社会学研究影响非常重大和深远，在某种意义上可以这么说，其改变了传统的社会学领域"书斋研究＋田野调查"模式，提出了精细化、数字化的研究方向和途径。

社会指标运动在20世纪70年代曾经有过短暂的沉寂，80年代开始又掀起了一股研究和应用的新热潮，我们称之为社会指标浪潮复兴阶段。[2] 有关文献表明，起源于美国的社会指标运动经历了理论研究阶段、初期应用研究阶段和生活质量指标研究阶段。社会指标运动作为理念、理论和方法传播的手段，以指标设定、权重设置和指标体系构建为中心，在

---

[1] 秦麟征：《关于美国的社会指标运动》，《国外社会科学》1983年第2期。

[2] Wouter van Dooren & Maria P. Aristigueta, *The Rediscovery of Social Indicators in Europe and the USA: an International Comparison*, Paper for the EGPA Annual Conference (in Berne, Switzerland), 30/08-03/09 (2005), p. 2.

不同的学科中得到承继和发展。1983年7月,在国家统计局社会统计司综合处的主持下,由我国一些著名的统计学及其他社会科学的专家、学者参加,借鉴国外的一些经验,共同研究和草拟了我国第一部《社会统计指标体系》。后经过修订,编成15个大类、72个中类、1300多个指标的体系方案。① 在法学领域内,这种基于科学方法而开展的法治评价研究,主要起源于美国的社会指标运动。通过对法治评价的发展及演变历程的回顾,我们可以肯定其历程几乎与美国社会指标运动的几个重要阶段重合,可以说法治评价活动受到社会指标运动较大的影响。② 如何进行法治评价? 其中的一个重要方法或者途径,就是通过法治指数来实现。通过法治指数的确立或者变化,说明一个地方、一个政府的法治现状和发展变化,从而论证社会的变革与发展进步。

在社会指数运动和法治评价体系大背景下,法治指数(the Rule of Law Index)产生了。一般认为,法治指数是分析、判断、评价一个国家的法治状况(Rule of Law)及其发展程度的量化标准和评估体系。从产生时间上看,法治指数产生于21世纪初。2005年,世界银行在其发布的《国别财富报告》中,正式界定了法治指数的概念,并设计出一套法治指数。稍后,我国香港学者也开始推出法治指数体系,并以此对香港的法治状况进行评估。2007年我国内地杭州市余杭区首次以法治指数考量区域法治水平的实践。当然在国际上影响最大的,当属"世界正义工程"(the World Justice Project)提出的法治指数评估体系。世界正义工程由泛太平洋律师协会、泛美律师协会、美国律师协会等组织发起,其提出的法治指数评估体系得到世界各国响应,成为衡量一国法治状况的重要量化标准。2008年7月2—5日、2009年11月11—14日,世界正义工程在奥地利维也纳先后举办了两届世界正义论坛the World Justice Forum,论坛号召通过各国政府和非政府机构的共同努力,共同促进公平正义的早日实现、法治在世界范围内的逐步发展。在这两次论坛中,世界正义工程的重要贡献之一就是提出了法治指数的概念,并通过努力在不断发展和完善。法治指数的提出过程,是世界正义工程经过与世界上一百多个国家的17个专业领域的专家、学者等的长期沟通和研讨后逐步形成,绝对不是少数研究者或

---

① 公安部公共安全研究所编著:《你感觉安全吗?——公众安全感基本理论及调查方法》,群众出版社1991年版,第8页。

② 屈茂辉、匡凯:《社会指标运动中法治评价的演进》,《环球法律评论》2013年第3期。

者官僚在实验室、办公室拍脑袋想出来的。法治指数提出了定义法治工作的四项基本原则：政府及其官员均受法律约束；法律应当明确、公开、稳定、公正，并保护包括人身和财产安全在内的各项基本权利；法律的颁布、管理和执行程序应公开、公平、高效；司法职业担纲者应由德才兼备、独立自主的法官、律师和司法人员组成，这些人员应数量充足、资源充沛并具有一定代表性。① 这四项对法治工作的界定，为各国所能够普遍接受，成为法治评估的重要标准和尺度。

作为一个判断、衡量一个国家的法治状况及其程度的量化标准和评估体系，法治指数的产生无疑具有其历史开创性和现实进步意义，对于更好地认识不同国家法治现状及其发展变化颇具引导价值。在我国依法治国的进程中，学术研究界以及一些地方政府也在积极学习和借鉴法治指数的做法，提出了具有自身特色的各类法治指数，这一点无疑值得赞同和认可。不过，正如有学者指出的那样，我国法治指数的设计，必须特别关注国家现实背景下的若干思想维度，包括法治指数的虚与实维度、法治指数的中国与世界维度、法治指数的普遍性与特殊性维度、法治指数的诚信与虚构维度、法治指数的理想与现实维度、法治指数的定性与定量维度、法治指数的建构主义思维与法治的渐进主义逻辑以及法治指数的科学与人文维度。② 笔者对以上认识，非常赞赏和认可。确实，作为一个新生事物的法治指数，一方面我们应当肯定其在对社会科学研究和法治评价领域中的突破性地位和作用；另一方面我们也应当清醒地认识到，法治指数毕竟只是一个数字，是一个由具体的个人统计（或者计算）出来的数字，因此要明确法治指数是为我们法治建设服务而不是相反，通过法治指数的变化我们能够认识到我们在特定领域的差距和距离，从而更好地提升我们的法治建设水平。另外，法治指数毕竟还是一个新生事物，各国在对其的选择性应用的过程中，必然也会发现其存在某些方面的问题或者缺陷，这也需要世界正义工程不断修改完善，更需要不同国家根据自己的国家适度的、科学的、合理的理性借鉴和相对吸收。

（三）法治政府与法治指数之关系

法治政府的建设是当前我国政府建设的重要目标和前进动力。自

---

① 刘敏：《地方法治进程评价体系研究》，《湖南工程学院学报》（社会科学版）2012 年第 2 期。

② 姚建宗：《法治指数设计的思想维度》，《光明日报》2013 年 4 月 9 日第 11 版。

《关于全面推进依法行政的决定》《全面推进依法行政实施纲要》以及《关于加强法治政府建设的意见》后，我国的法治政府建设获得了较大的发展。为了更好地推动和进一步提升政府法治建设水平，2015年12月，中共中央、国务院印发《法治政府建设实施纲要（2015—2020年）》，提出了法治政府建设的总体目标是：经过坚持不懈的努力，到2020年基本建成职能科学、权责法定、执法严明、公开公正、廉洁高效、守法诚信的法治政府。在实施纲要第三部分《组织保障和落实机制》中，明确提出了"强化考核评价和督促检查"机制，各级党委的政绩考核指标体系建设中，均将法治建设成效作为重要的衡量尺度，据以考核各级领导班子和领导干部工作实绩，充分发挥考核评价对法治政府建设的重要推动和促进作用。由此可见，法治政府与法治指数的目标相同，都是为了更好地实现法治建设目标，都是为了实现最终的法治社会。

当然，法治政府与法治指数两者的具体定位不同。法治政府是一个现代化社会、小康社会对政府的基本要求，其建成需要通过实施全面依法治国、全面从严治党的战略布局，围绕建设中国特色社会主义法治体系、建设社会主义法治国家的全面推进依法治国总目标，坚持依法治国、依法执政、依法行政共同推进，坚持法治国家、法治政府、法治社会一体建设，深入推进依法行政，加快建设法治政府，培育和践行社会主义核心价值观，弘扬社会主义法治精神，才能最终形成职能科学、权责法定、执法严明、公开公正、廉洁高效、守法诚信的法治政府。而法治指数毕竟只是一套评估体系中的指标数据。近十年来，尽管学界对法治评估存有不同的声音，有观点认为量化法治是全球法治发展中的一种潮流，它既有助于改善投资环境，吸引外国投资，又有助于衡量本国法治发展水平；也有观点认为量化法治并以法治指数诱导地方政府推进法治的构想，有将法治建设务虚化、简单化的倾向，它不外乎是利用专门术语来掩饰空洞的内容，看似专业，但实质多余甚至有害等。[①] 但不可否认的是，法治指数在法治政府的建设中已经发挥越来越大的作用，我们不能简单地否定量化法治对于当下中国法治建设的重大意义，当然同时也不能过高地信奉法治指数的决定效果，而应当将法治评价视为现阶段法治政府建设过程中的重要推手和"可量化正义"的工具，让法治指数以及量化法治为我国法治政府建设更

---

① 陈林林：《法治指数中的认真与戏谑》，《浙江社会科学》2013年第6期。

好地服务。

　　法治政府与法治指数两者虽然定位并不相同，但却有着千丝万缕的联系，主要表现在三个方面：其一，法治政府与法治指数的互相配合关系。法治政府的建设需要科学、合理的法治指数来评估，法治指数需要通过法治政府提供各类法治行为和相关法治数据。社会学意义上的指数研究，在西方社会早已有之，诸如幸福指数、责任指数、腐败指数，等等。法治指数是在当代世界各国现代化进程中，为了更好地解决和评估民主法制建设领域存在的问题，而启动的一项社会指标运动。法治政府的建设一般相对比较宏观、抽象，如何评价和认识地方各级政府的建设水平以及公职人员的执法能力，需要一套科学、合理的指标体系，法治指数应运而生。法治指数在将各类社会法律现象展现为可以衡量、比较的量化数据，在以描述、说明、分析、比较和判断一个区域的法治状况的过程中，需要各地区不同级别政府的积极配合，需要各地区、各级政府提供各类可信的、翔实的数据。其二，法治政府与法治指数的互相制约关系。法治政府的建设范围决定了法治指数的评估范围，法治指数的浮动变化制约着法治政府的发展完善。从我国《全面推进依法行政实施纲要》中确定的七点法治政府目标，到《法治政府建设实施纲要（2015—2020年）》中的六点法治政府目标，这些目标决定了法治指数的评估范围，法治指数如果脱离了法治政府建设目标，则南辕北辙、不知所云。实践证明，建设法治国家的最大难题在于政府，立法的公正被打折扣、司法的独立被侵蚀，其实都与政府难脱干系。[①] 因此，一旦某个法治指数标准确定，不同年度政府得分的变化可以明显地反映出政府法治建设的缺陷与不足，这种法治指数的变化直接制约着法治政府的发展建设方向和步伐。其三，法治政府与法治指数的互相促进关系。法治政府建设的好坏与法治指数的完善与否有着直接的相互促进关系，法治政府的建设可以促使法治指数更加完善、科学与合理，法治指数的进一步完善可以推动法治政府的建设目标的实现。近年来，我国一些研究机构开展的法治指数评估，对地方政府的发展建设促进作用很大。以中国政法大学法治政府研究院为例，该院自2013年来连续多年在全国范围内针对地方层面法治政府建设水平进行整体评价，发布《中国

---

① 傅达林：《"法治政府指标体系"应植入更多的民意基因》，《民主与科学》2008年第4期。

法治政府评估报告》（已出版 2013 年版、2014 年版、2015 年版、2016 年版、2017 年版、2018 年版、2020 年版），报告对中国 100 个重要城市的法治政府建设状况进行评估和观察。报告指出，中国仍然有超过三分之一的被评估城市的法治水平处于不及格状态。这种评估报告虽然不具有直接的法律效力，但对社会群众对各地政府法治建设的认知和各地政府下一步的建设发展，均具有良好的促进和推动作用。

二　国外的各类法治指数的内容

国外社会学、管理学发展成果显著，各类指数研究层出不穷。据近期估计，可供用户使用的治理指标大约有 140 种，包括数千个单项指标（World Bank Insititute, 2006）。这些指标的扩散又催生了数个治理指标"指南"或"目录"。[①] 在这些指标体系中，与法治指数关系比较密切或者说具有较大社会影响的几类指数，分别是世界银行的世界治理指数、世界正义工程的法治指数、联合国开发计划署奥斯陆治理中心的治理指标、英国海外发展组织的世界治理评估和贝特斯曼基金会的转型指标。

（一）世界银行的世界治理指数（WGI）

世界银行（World Bank，缩写为 WB），原名国际复兴开发银行（the International Bank for Reconstruction and Development），是为发展中国家资本项目提供贷款的国际金融机构，是联合国属下的一个专门机构，是负责长期贷款的国际金融机构。为了更好地从世界范围内消除贫困，推动外商直接投资和国际贸易，为国家间资本投资提供便利，世界银行从 1996 年开始连续推出年度《全球治理指数报告》，这个指数已经成为世界范围内各国投资决策者和民间团体衡量和评估一国政府施政水平的重要依据。《全球治理指数报告》中提出的世界治理指数（Worldwide Governance Indicators，缩写为 WGI），被认为是可供用户使用的综合治理指标中，严谨度高、影响力大、使用面广的综合指标之一。

世界治理指数的最初设计，包括三个基本方面：法治、政府效能与贪污。随着研究的深入，1999 年由丹尼尔·考夫曼（Daniel Kaufmann）领衔开发，最初合作者为阿尔特·克莱（Aart Kraay）和帕夫罗·索伊多-

---

[①] ［德］克里斯蒂纳·阿尔恩特、［美］查尔斯·欧曼：《政府治理指标》，杨永恒译，清华大学出版社 2007 年版，第 15 页。

洛瓦顿（Pablo Zoido-Lobaton），后来加入了马西莫·马曲子（Massimo Mastruzzzi），所以这套 WGI 治理指标也被称为 KKZ 指标或者 KKM 指标，他们试图用该指数来衡量全球经济的治理水平，指数最终形成了六大指标序列：第一，表达与问责（Voice and Accountability，缩写为 VA）；第二，政治稳定与无暴力程度（Political Stability and Absence of Violence，缩写为 PV）；第三，政府效能（Government Effectiveness，缩写为 GE）；第四，监管质量（Regulatory Quality，缩写为 RQ）；第五，法治（Rule of Law，缩写为 RL）；第六，腐败控制（Control of Corruption，缩写为 CC）。"WGI 采用综合聚类方法形成此六项指标，较单独数据来源包含了更丰富的内容，让治理问题的相关探讨更加实证化"。① 世界治理指数指标覆盖了 212 个国家和地区，依据世界范围内 32 个组织创建的 35 个独立数据源中提取的数百个单独的反映治理的变量而做出。

据学者统计，国际上的法治评估最早出现于 20 世纪 90 年代，当时美国国际开发署曾经对柬埔寨的法治状况进行过评估，而世界银行 1996 年推出这个治理指数可以算是国际上第一个法治指数。② 世界治理指数中的法治指标 WGI-RL，是世界治理指数六大指标中的第五个。WGI-RL 每年对世界上 200 多个国家的政府法治现状和水平进行评估，每个国家每年的测评分为五项：评估分（Estimate，对政府治理绩效的评估，从表示"弱"的-2.5 分到表示"强"的 2.5 分不等）、标准误差（StdErr，反映了围绕治理绩效评估的变率）、数据源数量（NumSrc，评估所基于的数据源的数量）、国家百分位数（P-Rank，所有国家中的百分位数，范围从最低的 0 到最高的 100）、下限（Lower，政府治理的 90% 置信区间的下限，以百分位数排序）、上限（Upper，政府治理的 90% 置信区间的上限，以百分位数排名）。WGI-RL 在很大程度上反映了被调查者对该国家社会规则，特别是合同执行的质量、产权、警察和法院的信任程度以及对犯罪和暴力的可能性的看法。

（二）世界正义工程（WJP）的法治指数

2006 年美国律师协会（American Bar Association，简称 ABA）主席威

---

① D. Kaufmann & A. Kraay, Governance Indicators: Where Are We, Where Should We Be Going? *The World Bank Research Observer*, Vol. 23, No. 1, 2008, pp. 1—30.

② 孟涛：《中国大陆法治评估运动的回顾、述评与前瞻》，《人大法律评论》（2014 年卷第 2 辑），法律出版社 2015 年版，第 43—70 页。

廉·纽康姆（William H. Neukom）倡议，创立一个名为世界正义工程的非营利项目。2009年开始，该项目正式成为一个独立的、跨学科的非政府组织，承担推动法治研究、编制法治指数、促进全球合作的三大使命。① 世界正义工程的办公室，位于华盛顿特区和美国华盛顿州的西雅图。

作为一个独立的、致力于推动世界各地法治发展的多学科组织，世界正义工程（The World Justice Project，简称WJP）认为，有效的法治可以减少腐败，消除贫困和疾病，保护人们免受大小不平等的影响；有效的法治是和平、平等社区，机会均等发展，负责任的政府和尊重基本权利的基础。传统上，法治被视为律师和法官的领域，但世界正义工程认为，日常安全、权利、正义和治理问题，其实影响着我们所有人；每个人都是法治利益的相关者。世界正义工程在2008年发布了一套独立的法治指数。最初这套法治指数设计得比较简单，参与和覆盖的国家也只有6个。随着时间的推移，其内容由2009年的4大板块、16项因素、35个国家，扩展到2016年的4个普遍原则、9大主因素（2019年后改为8个，删除了非正式司法）、47个分因素（2019年改为44个）、参与和覆盖的国家达到113个，再到2019年和2020年的126个。② 从最近几年的统计来看，大的板块和原则、因素基本稳定，覆盖国家呈逐步上升趋势，说明其影响力在逐步扩大。

与20世纪70年代的法律制度分析结构以及20世纪90年代的世界银行治理指数相比，世界正义工程的法治指数存在着六个方面的突出特点：第一，法治指数是由非政府组织独立完成；第二，法治指数是第一个完整、明确地以法治为内容的指数；第三，法治指数建立在第一手资料的基础上；第四，法治指数以认知性指标为基础，着重考察的是专家与社会公众对法治运行状况的感知，并将其称为普通人的视角，影响普通人日常生活的法治；第五，法治指数试图在彼此冲突的法治观之间寻找中间项。法治指数巧妙地将弱法治与强法治的需要交叠、混合，既满足了在策略上推广法治的现实需要，也满足了发达国家民主与人权爱好者的热切愿望；第

---

① 周尚君等：《法治定量：法治指数及其中国应用》，中国法制出版社2018年版，第9页。
② WJP： *The World Justice Project Rule of Law Index* 2016, https://worldjusticeproject.org/our-work/publications/rule-law-index-reports, 最后访问时间：2020年6月2日。

六，法治指数最终绘制出了一幅世界法律地图。① 目前，世界正义工程吸引来自全球各地的公民和领导人，以及来自多个工作学科的人，以共同促进世界范围内的法治建设。WJP 通过研究项目和奖学金制度、法治指数和民众参与，最终提高公众对法治的基础重要性的认识，促进各国政策的改革，并制订切实可行的实地计划，以加强和扩大法律规则的影响力。2011 年世界正义工程法治指数中，首次对中国的法治状况进行评估。

2011—2020 年世界正义工程八类数据的中国排名情况

	2011	2012—2013	2014	2015	2016	2017—2018	2019	2020
1. 政府权力限制	37	86	92	87	104	100	119	123
2. 根除腐败	31	40	49	41	52	43	48	51
3. 政府公开	25	32	74	87	89	83	96	92
4. 基本权利	64	94	96	99	108	108	121	126
5. 秩序与安全	26	69	29	38	41	28	30	40
6. 执法监管	43	80	78	66	80	69	78	67
7. 民事司法	44	82	79	67	62	57	60	64
8. 刑事司法	25	39	51	47	55	54	57	62
该年度评估测量国家数量	66	97	99	102	113	113	126	128
中国的总排名	43	32	76	71	80	75	82	88

（三）联合国开发计划署奥斯陆治理中心的治理指标项目

联合国开发计划署（The United Nations Development Programme，简称 UNDP）成立于 1965 年 11 月，是世界上最大的多边技术援助机构。UNDP 的前身是 1949 年设立的"技术援助扩大方案"和 1959 年设立的"特别基金"。奥斯陆治理中心（Oslo Governance Center，简称 OGC）是联合国开发计划署六个全球政策中心之一，成立于 2002 年，自 2015 年 5 月根据延长的任务继续运作，工作地设在挪威的奥斯陆。

治理指标项目（Governance Indicators Project，简称 GIP）是 UNDP 治理评估领域的一个招牌项目。作为提升成员国民主治理能力计划的一部分，该项目让成员国自己评估本国的民主治理并为其提供援助，GIP 由

---

① 鲁楠：《世界法治指数的缘起与流变》，《环球法律评论》2014 年第 4 期。

OGC 具体负责。① 在 UNDP 的治理指标项目中，他们从强调穷人优先和性别敏感指标的角度出发，为项目国提供可供参考的一个原则性的民主治理评估框架。该框架包含三个重要内容：（1）民主治理的基本价值：参与（Participation）、代表（representation）、责任（accountability）、透明（transparency）、回应（responsiveness）、高效（efficiency）和平等（equity）；（2）尤其考虑贫穷（pro-poor）和性别（gender-sensitive）因素；（3）将治理指标应用于议会发展（parliamentary development）、选举制度和过程（electoral systems and processes）、人权（human rights）、司法（justice）、获取信息和接触媒体（access to information and the media）、分权和地方治理（decentralization and local governance）、公共管理改革和反腐败（public administration reform and anti-corruption）等七个领域。其中，第四个领域司法部门包括刑事和民事司法系统，包括各种正式和非正式的争辩方法。在司法领域的治理方面，存在六种必备的能力：保护、意识、接近、判决、执行和监督。② 围绕着这六种能力，可以提出一系列的问题。

（四）英国海外发展组织的世界治理评估

英国海外发展研究组织（Overseas Development Institute，简称 ODI），是英国领先的专业研究国际发展和人道主义问题的独立的智囊团。ODI 是一个独立的智囊团，拥有 230 多名员工，包括研究人员、传播者和专家支持人员。ODI 主要运作了 12 个核心研究项目，其中一个就是政治和治理（Politics and Governance）项目，政治和治理项目的核心内容之一就是世界治理评估（World Governance Assessment，简称 WGA）。

世界治理评估如何工作？WGA 设想了六个治理领域，分别是：公民社会（civil society）、政治社会（political society）、政府（government）、官僚（bureaucracy）、经济社会（economic society）和司法机构（the judiciary）。评估基于对每个国家的知情人（Well Informed Persons，简称 WIP）的调查，收集对六个治理原则平等分布的 36 个指标的意见。这些原则是：参与（Participation）、得体（Decency）、公平（Fairness）、责任

---

① 周红云：《国际治理评估指标体系研究述评》，《经济社会体制比较》2008 年第 6 期。
② 俞可平主编：《国家治理评估——中国与世界》，中央编译出版社 2009 年版，第 89—98 页。

（Accountability）、透明（Transparency）和效能（Efficiency）。世界治理评估项目，分别从六个领域和六项原则来对治理进行评估，形成了一个6×6的矩阵（如下表）。

ODI 的世界治理评估 WGA 的指标体系矩形

领域/原则	参与	公正	得体	责任	透明	效能
公民社会	1. 结社自由	2. 非歧视的社会	3. 言论自由	4. 对政府规章的尊重	5. 新闻自由	6. 政策制定的考虑因素
政治社会	7. 立法的社会代表性	8. 政策反应公共偏好	9. 政权的和平竞争	10. 立法者对公众负责	11. 政党的透明	12. 立法的效能
政府	13. 内部的政府咨询	14. 适当的生活标准	15. 公民的个人安全	16. 安全部队服从文职政府	17. 政府信息公开	18. 行政机关的效能
官僚	19. 公务员塑造政策	20. 公务员的机会平等	21. 公务员尊重公民	22. 公务员的责任制	23. 公务员决策的透明	24. 招募以功绩为基础
经济社会	25. 私营经济参与政策咨询	26. 规则适用的平等	27. 政府尊重私人财产权	28. 规范私营部门以保护工人	29. 国际贸易政策的透明	30. 免于腐败
司法机构	31. 冲突解决的非正式过程	32. 所有公民平等地获取司法服务	33. 国际人权纳入国家法律行为	34. 司法工作人员负责	35. 司法透明度	36. 司法系统的效能

（五）贝特斯曼基金会的转型指标（Bertelsmann：Transformation Index）

在一个民主国家，必须能够依靠其公民的主动性和意愿工作。根据这个信念，德国商人 Reinhard Mohn 在 1977 年 2 月 8 日创立了非营利的贝特斯曼基金会。贝特斯曼基金会所提出的贝特斯曼转型指标（Transformation Index BTI），希望通过项目分析和比较全球的民主和市场经济的转型过程，找出成功的改变策略。

贝斯特曼转型指标有三大测量维度：民主、社会市场经济和管理。在这三个维度中，17 个指标被分解成 49 个问题。此外，有些年度的指标还会以性别为基础管理进行单独设计。每个问题会有四个答案选项，分别对应不同值的分数。分数计算过程中，先对这 17 个问题分别取算术平均值，然后分别计算三个维度的分值。形势指数最后取民主分值和市场经济分值的平均数。民主维度中包括 5 个指标：国家性、政治参与、法治、民主制度的稳定性、政治和社会融合。第三个指标"法治"涉及四个问题：

3.1 权力分立：在多大程度上，权力分立存在，并在实际中得到了贯彻？

3.2 司法独立：在多大程度上，司法是独立的？

3.3 对滥用行政职权进行起诉：在多大程度上，对那些滥用职权的官员进行法律或政治上的处罚？

3.4 保证公民权：在多大程度上，公民权得到了保障？在多大程度上，公民要求对受到侵犯的公民自由进行救济？

三　国内的各类法治指数的内容

2002年前后，国内一批来自管理学界、社会学界、法学界和实务界的研究人员分别承担了各类不同的"法治建设指标体系""城市的法治指标""城市法治环境评价"等研究课题，开启了中国法治评估运动的序幕。经过十多年的发展，法治评估运动在中国渐渐蓬勃兴起，对于法治建设的推进、法治观念的传播和法治理论的改造产生了不可估量的影响。① 在各类法治评估体系中，法治指数的研究无疑是其中的重中之重，具有核心引导作用。下面是几个比较重要的国内法治指数的内容及介绍。

（一）国家、省级层面的法治指数之框架体系

自1999年《关于全面推进依法行政的决定》和2004年《全面推进依法行政实施纲要》发布以来，在国务院的集中、统一要求和部署下，各地方、各部门结合地方实际，狠抓纲要的贯彻和落实，做了大量的工作，也取得一些显著的成效。2009年12月，在北京召开的全国法制办主任法规司司长会议上，提出我国正在酝酿在全国范围内推行建设法治政府的指标体系，希望推进法治政府建设的量化考核机制。这次会议上提出的《关于推行法治政府建设指标体系的指导意见》（讨论稿）中，提出法治政府建设指标体系总体框架，共8项一级指标、50项二级指标、187项三级指标。② 但由于种种原因，这个讨论稿性质的指导意见，一直没有正式下发。

2015年12月底，中共中央、国务院印发了《法治政府建设实施纲要

---

① 孟涛：《中国大陆法治评估运动的回顾、述评与前瞻》，《人大法律评论》（2014年卷第2辑），法律出版社2015年版，第43—70页。

② 谢能重、周礼仙：《法治政府建设进程中的依法行政考评》，《华南理工大学学报》（社会科学版）2016年第3期。

（2015—2020年）》，提出了为深入推进依法行政、加快建设法治政府、如期实现法治政府基本建成的奋斗目标。其中，在第三部分"组织保障和落实机制"的"43.强化考核评价和督促检查"中，要求各级党委要把法治建设成效作为衡量各级领导班子和领导干部工作实绩的重要内容，纳入政绩考核指标体系，充分发挥考核评价对法治政府建设的重要推动作用。但该纲要并未对具体的考核评价办法或者考核指标体系加以规定或说明。

在国家依法行政、建设法治政府的宏观背景和各类决定纲要的规划下，我国各地政府先后开展了多种多样的法治政府建设指标体系的建设工作。2008年年底，深圳在我国率先实行"法治政府指标"的尝试。在省级政府层面上，湖北、四川、北京、江苏、辽宁等地方政府也先后推出了依法行政指标体系或建设法治政府指标体系。据不完全统计，到目前为止，我国已经有超过20个的省级政府发布了各类法治政府或者法治建设的指标体系。

（二）市级层面的法治指数之框架体系：以法治昆明为例

在市级政府层面上，在我国率先实行"法治政府指标"尝试的深圳市政府，将法治政府指标设置为三级：一级指标12项、二级指标44项、三级指标225项。其后，其他市级地方政府也开始了这个方面的有益尝试。

在以上这些市级层面的法治指数中，搞得最有特色、最有影响、持续时间最长的，当属昆明市政府的综合法治评价体系。在昆明市委、市政府的领导下，昆明市委法治昆明建设领导小组办公室于2010年完成了《法治昆明综合评价指标体系》的课题研究，并在2012年4月24日公布"2011昆明法治指数"最终分值。昆明的首次法治评测工作整体委托给独立的第三方评估团队具体负责实施；评测所使用的所有数据和资料由评估团队经独立渠道获得；针对《指标体系》中"法治的社会环境指标""法治的制度环境指标"，由内部评估组、社会评估组以及专家评估组三个对照性组别独立进行评价；针对《指标体系》中"法治的人文环境指标"，由评估团队另行委托独立且具有公信力的调查机构具体实施社会民意调查。[1] 法治昆明综合评价体系首次测评指标包括13项：社会安全、市场

---

[1] 孙建：《我国法治城市评估的发展与现状研究》，《中国司法》2014年第3期。

有序、社会廉洁、法律资源、依法执政、民主政治、规范立法、依法行政、公正司法、法制宣传教育、法律监督、公众评价性指标、独立的问卷调查。其中，社会安全指标由3个评估组别（内部组、外部组和专家组）分别进行独立评价打分，最后加权计算获得平均值；公众评价性指标——"政府治理能力评价指数"，则直接引用全国性评价数据《中国城市竞争力报告2011》；公众体验性指标——社会安全感指数、对昆明法治环境的满意指数，通过独立第三方的独立问卷调查得出。① 通过严谨、周密的计划和安排，运用三个层次的法治量化评估方法，并尊重社会指标评价和运算的科学原理，对昆明政府和社会运作的法治状况加以评估，最终得出分值。2014年，昆明市再次启动《法治昆明综合评价体系》运用的第二次评测工作。

（三）区县级层面的法治指数之框架体系：以法治余杭为例

在区县级政府层面，浙江省杭州市余杭区在这方面走在了前列，2007年浙江省杭州市余杭区出台的《"法治余杭"量化考核评估体系》最为典型。② 在中国社会科学院、浙江大学等多个单位的专家密切合作和协助下，杭州市余杭区从2006年开始规划建设"法治余杭"，在中国内地首次推出法治指数，并连续五年在中国社会科学院的《法治蓝皮书》、司法部的《中国司法》上发布法治指数报告，《人民日报》《光明日报》《法制日报》等多家媒体均对其予以报道和关注。

余杭法治指数的基本思路是"设计一个法治指数、建立四个评估层次、进行九项满意度调查"的"149"结构，即：1（一个法治指数）+4（区本级+区级机关部门+乡镇街道+农村社区）+9（9个方面问题的民调）。这是一个横向到边、纵向到底的法治指数测定模式。余杭法治指数的九项评估目标在具体评估中，均被细化为相对的子指标及标准，评估目标下面具体包括主要任务、考评内容、考评标准和标准分等数据。

（四）高校学术界的法治政府研究评估报告（三个版本）

关于法治政府的建设及其评估的研究，我国相关高校和研究机构的研

---

① 储皖中、施怀基：《昆明年内测评法治指数——人文环境指标数据全部来自公众》，《法制日报》2010年9月3日第2版。

② 本部分内容主要参考钱弘道主笔《中国法治指数报告（2007—2011年）：余杭的实验》，中国社会科学出版社2012年版。

究也不容忽视。中国人民大学法治评估研究中心 2016 年 3 月顺利成为首批"中国法学会法治研究基地";中国社会科学院法学研究所甚至成立了专门从事国家法治指数研发、法治国情调研的非实体学术研究机构——国家法治指数研究中心。下面我们主要介绍三个目前影响较大、成果较多的学术界关于法治政府研究评估报告。

《中国法律发展报告》是由中国人民大学法学院朱景文主持,得到洪范法律与经济研究所"中国法律与发展"项目研究课题、福特基金会的资助。该报告试图通过社会指标和相关分析的方法,对改革开放以来中国法律发展的各个方面——立法、法律实施、法学教育与法学研究的基本情况及其与社会发展的关系进行总体研究。研究特点上注意采用定性与定量分析、相关分析和省际研究相结合。

《中国法治政府评估报告》是由中国政法大学法治政府研究院承担并进行的一项法治政府评估报告。中国政法大学法治政府研究院是依托中国政法大学建立的北京市哲学社会科学重点研究基地之一,同时是教育部青少年法制教育研究基地,是学校直属、与院(部)平行的实体性研究机构。为贯彻落实党的十八大精神及党的十八届三中全会决定,中国政法大学法治政府研究院设立"全国法治政府评估项目",着力研发一套可以适用于全国、覆盖全面、力求科学、注重操作、兼顾定性与定量评价的法治政府评估指标体系。[1]

中国社会科学院法学研究所的国家法治指数研究中心,各类研究报告的范畴显得更加广泛。从国家法治指数研究中心网站 http://iolaw.cssn.cn/xxsz/fzzs/可知,该中心在法治指数指标体系、考核标准的研究、实施方面处于国内领先地位,已成功研发了政府透明度指数、司法透明度指数、检务透明度指数、教育透明度指数、中国立法指数、公信法院指数、政府采购指数,并受国务院办公厅委托对全国政府信息公开进行第三方评估,受最高人民法院委托分别对中国法院信息化和基本解决执行难进行第三方评估,在学术界和实务界产生广泛影响,直接推动相关制度的实施和完善。

---

[1] 中国政法大学法治政府研究院编:《中国法治政府评估报告(2013)》,中国人民大学出版社 2014 年版,序言。

第二节 法治指数与侦查评估指标的关系

一 法治指数中有关侦查的指标数据

国际上有可供用户使用的140多种治理指标及数千个单项指标，国内伴随着依法治国进程和依法行政的要求，目前各类、各级别的法治评价以及法治指数也呈现出百花齐放、百家争鸣的态势。不过，在这浩瀚的指标体系特别是数量庞大的法治指数中，有多少关于侦查的指标数据呢？严格意义上说，几乎没有。不过，一些法治指数的具体单项指标中，体现了大量与侦查有关的内容。以下，分别从国外和国内两个层面介绍这种侦查有关数据。

（一）国外法治指数中有关侦查的指标数据

美国商务部和人口调查局官方编辑的美国《社会指标》中，共分设11章，"公共安全"是其中的一章。"公共安全"包括美国联邦调查局通过警方进行的"犯罪统一报告"和司法统计局直接从居民中抽样调查得出的"犯罪受害调查"。英国通过最权威的犯罪调查报告《英国犯罪调查》（BCS），对公共安全指标进行统计。日本社会生活指标体系和人口统计指标体系中，也设置了交通安全、消防安全、犯罪与防范等9类社会治安方面的指标。[1] 当然，我们这里主要统计各类世界上影响较大的法治指数或者治理指数中的有关侦查的指标数据。

世界银行的世界治理指数WGI有六大指标序列，部分内容涉及侦查的相关信息。在表达与问责序列中，全球风险服务机构（DRI）关注要素为犯罪的损失和代价（犯罪在从"0"到"10"的量表中，每年增加一个点）、绑架外国人（范围、强度、频率的扩大，使得本地生产总值的增长率降低2个百分点）；经济学智能组织（EIU）则重点关注暴力犯罪、有组织犯罪、公平的司法程序、司法程序的运转速度；世界经济论坛全球竞争力报告（GCS）则关注共同犯罪、有组织犯罪给商业增加成本，警察的

---

[1] 公安部公共安全研究所编著：《你感觉安全吗？——公众安全感基本理论及调查方法》，群众出版社1991年版，第11—12页。

质量，司法机构独立于官员公民或公司的影响；盖勒普世界民意调查（GWP）则关注于对于警察的信心、对于司法体系的信心和是否曾为犯罪的受害者；非洲民主动态调查（AFR）则提出"根据你的经验，你从警察努力获得帮助的难易程度"；拉丁美洲民主动态调查（LOB）和范德比尔特大学美洲晴雨表调查（VAB）都十分关注对于司法的信任、对于警察的信任和是否曾为犯罪的受害者。

世界正义工程 WJP 由于是专门对法治指数进行研究的项目，所以其九个主因素的内容基本上都与相关法律联系紧密。WJP 的九个主因素分别为政府权力限制、根除腐败、政府公开、基本权利、秩序与安全、执法监管、民事司法、刑事司法和非正式司法。在这九个主因素中，40 多个分因素中相当比例与侦查或者警察有关联。因素 8：刑事司法是与侦查活动联系最紧密的一个主因素，包括七个分要素：8.1 刑事侦查制度有效、8.2 刑事审判制度及时有效、8.3 惩教制度有效减少犯罪行为、8.4 刑事制度是公正的、8.5 刑事制度没有腐败、8.6 刑事制度不受政府不当影响、8.7 正当法律程序和被告的权利。这是因为侦查是刑事司法的重要环节之一，侦查制度是否有效、公正，直接影响到后续的刑事审判和惩教制度，以及对被告人的权利产生直接的影响。

联合国开发计划署（UNDP）奥斯陆治理中心（OGC）的治理指标项目 GIP，将治理指标应用于议会发展、选举制度和过程、人权、司法、获取信息和接触媒体、分权和地方治理、公共管理改革和反腐败等七个领域，其中司法包括刑事和民事司法系统。与侦查联系密切的当然是刑事司法系统，其中的说明性指标主要包括与贫困有关的指标和对性别敏感的指标，以及相关可能的数据来源。[①] UNDP 奥斯陆治理中心（OGC）的治理指标项目（GIP），也曾经在蒙古、菲律宾、马拉维等国家开展，其中有些领域也涉及侦查或者警察的相关内容。在马拉维国家发展计划治理指标中，次级领域治理项目中的"安全"指标中，关键指标就包括犯罪识别率、警民比、设有警察执行机构的乡村的百分比、看守与罪犯比率等内容。

在英国海外发展组织的世界治理评估和贝特斯曼基金会的转型指标体

[①] 俞可平主编：《国家治理评估——中国与世界》，中央编译出版社 2009 年版，第 98—99 页。

系中，均未直接体现出侦查或者警察的相关行为与数据。不过，在世界其他各类治理项目或者指数中，仍然有很多与侦查或者警察有关的内容。在经济合作发展组织（OECD）主要关注测量民主、人权和治理的 Metagora 项目运作过程中，在墨西哥的定性访谈工作就围绕着个人和当地警察、司法机构的行政人员构成的关系网建立起来，同时草拟了关于"不正常现象""权力滥用""不公平待遇"的访谈指导建议，甚至要对个人和警察进行深度访谈，作为问卷调查的基础。在世界经济论坛的全球治理倡议、丹麦人权研究所的人权责任指标等数据中，都或多或少有关于安全与秩序、犯罪与人权方面的内容。虽然并未直接体现侦查机关或者警察职权的内容，但其核心均体现了这方面的精神。

（二）国内法治指数中有关侦查的指标数据

近年来，随着依法治国方略的实施和依法行政步伐的加快，我国国家层面的法治政府建设纲要和实施意见逐步制定和推行。这些纲要和意见中，虽然没有直接规定侦查的有关指标数据，但多从宏观上对秩序与安全、依法行政与权利保障进行了合理的规定。《关于全面推进依法行政的决定》中，国务院要求全面推进依法行政，各级政府和政府各部门及其工作人员（当然也包括侦查机关及其侦查人员）的一切行政行为必须符合法律、法规规范，切实做到依法办事、严格执法。决不允许滥用职权、执法犯法、徇私枉法。《全面推进依法行政实施纲要》中已经提出要推行行政执法责任制，建立公开、公平、公正的评议考核制和执法过错或者错案责任追究制，积极探索行政执法绩效评估和奖惩办法。在国务院办公厅《关于推行法治政府建设指标体系的指导意见（讨论稿）》的 8 项一级指标、50 项二级指标和 187 项三级指标中，都是一些关于法治政府建设指标体系的总体性的、宏观性的框架，并没有直接针对某一个机关或者人员具体行政行为的要求，更无专题规定侦查甚至犯罪方面的内容。1983 年形成的《社会统计指标体系》中，就包括第 12 大类"社会秩序与安全"的 63 项统计指标。[①] 中央文件层面中，还有一个与公安执法密切紧密的，是 2013 年 6 月 26 日在第十二届全国人民代表大会常务委员会第三次会议上，公安部部长向国务院所作的《关于公安机关执法规范化建设工作情

[①] 公安部公共安全研究所编著：《你感觉安全吗？——公众安全感基本理论及调查方法》，群众出版社 1991 年版，第 9 页。

况的报告》，其中提及公安部加强质量管理。严格开展执法质量考评，坚持日常考评、阶段考评与年度考评相结合的考评模式，强化对执法重点环节、执法安全等情况的考评，注重民意导向、社会评价。建立个案评查制度，强化日常执法检查，及时发现并纠正执法过错。

省级层面的法治政府建设意见、法治政府建设指标体系以及依法行政考评的办法不少，不过基本上也没有专题对侦查特别是侦查指标数据进行规定的。市级、区县级层面看，其做法基本与省级层面的相关规定一致。毕竟，市级、区县级政府的这些文件、规定或者办法，都是严格按照省级文件的规定执行，当然其在一定基础上有了进一步的细化和具体化。不过，如果从各地法治政府建设以及法治指数建构的角度出发，就可以发现不一样的结果，有不少体现侦查内容的指标和数据，如法治昆明综合评价体系中的社会安全、公正司法，法治余杭中的依法打击违法犯罪数据等。显然，地方政府的法治评估或者第三方进行的法治评估，涉及的内容相对而言更加细致、更加务实、更加具体，各类侦查破案的数据容易被重视和纳入其中。

高校学术界的三个版本的法治政府研究评估报告中，中国人民大学朱景文教授的《中国法律发展报告》专章规定了"公安"的内容，三节分别是机构设置和人员状况、刑事司法活动和行政执法活动；第二节《刑事司法活动》包括公安机关的职能、立案数和立案率、刑事案件构成、盗窃案件数量变化的特别解释、破案率、关于立案率和破案率两个指标等内容。中国政法大学法治政府研究院的《中国法治政府评估报告》中，三级指标几乎未提及刑事执法。中国社会科学院法学研究所国家法治指数研究中心的《法治蓝皮书》和《地方法治蓝皮书》中，没有对侦查的专题分析研究。

二 侦查指标在法治指数中地位辨析

从法治指数中有关侦查的指标数据的系统归纳，可以看出侦查在这些法治指数中地位的尴尬和"卑微"：大多数法治指数中几乎未涉及侦查指标或者数据；极个别指数体系中即使有相关的内容，也多是从人权保障、依法行政、权力制约的角度出发的。相比较而言，只有法治昆明和法治余杭的具体数据搜集和实务考评标准中，有关于立案率、破案率、命案侦破率等内容。侦查指标在法治指数中地位如此之"低"，何以会出现如此情况呢？不外乎以下几种原因：其一，侦查只是刑事诉讼（刑事司法）中的一个环节，刑事司法（刑事法律实施）也只是整个法治体系的一个环节而已，法治体系的庞大决定了侦查在其中所占比的"微小"；其二，侦查权的性质界定存在行政权和司法权的争议，这使得法治政府和依法行政中是否应当包含对侦查活动的要求，存在一定的质疑；其三，侦查活动具有秘密性，很多信息和内容因为涉密等原因不便对外，使得指数调研和统计存在难度。

法治指数需要研究的法治体系到底有多么庞大？严格意义上说，法治体系与法律体系、法制体系不完全相同。法律体系、法制体系是相对静态的，而法治体系是相对动态的；法律体系、法制体系的"法"既包括规范公民行为、社会生活和市场秩序的法，也包括规范国家、政府、政党治理行为的法，而法治体系的"法"主要是指规范国家、政府、政党治理行为的法；法律体系、法制体系相对于法治体系，前者是手段，后者是目的。完善法律体系和法制体系是为建设法治体系和法治国家服务的。[①] 此外，从产生时间和发展历史来看，法律体系、法制体系到法治体系，应当是一个逐步出现、缓慢进展、稳步推进的过程。2011年1月，由全国人大常委会召开的形成中国特色社会主义法律体系座谈会上，时任全国人大常委会委员长的吴邦国同志指出：一个立足中国国情和实际、适应改革开放和社会主义现代化建设需要、集中体现党和人民意志的，以宪法为统帅，以宪法相关法、民法商法等多个法律部门的法律为主干，由法律、行政法规、地方性法规等多个层次的法律规范构成的中国特色社会主义法律体系已经形成。[②] 我国的法治体系，专指中国特色社会主义法治体系。中国共产党第十八届中央委员会第四次全体会议提出，全面推进依法治国，总目标是建设中国特色社会主义法治体系，建设社会主义法治国家。何为法治体系？十八届四次会议作了明确的五点界定：完备的法律规范体系、高效的法治实施体系、严密的法治监督体系、有力的法治保障体系、完善的党内法规体系。法治指数应当是在法治体系这个基石上开展运作，应当围绕着法治体系的发展完善而提出并发展建设。侦查只是法治实施体系中的一小部分，当然其在法治体系中的占比更小，法治指数的研究对其没有

---

① 姜明安：《法治中国向法治体系迈进》，《北京日报》2014年10月27日第17版。
② 张文显：《中国法治40年：历程、轨迹和经验》，《吉林大学社会科学学报》2018年第5期。

太多的关注，也是符合常理的，毕竟法治体系中需要研究的东西太多。

关于侦查权的权力属性争议与侦查机关的管辖归属界定。侦查权的权力属性是侦查学的研究重点和争议焦点，从"司法权说"到"司法行政权说"再到"行政权说"，如何界定我国的侦查权是一个难题，我国学术界对侦查权权力属性的争议主要集中在"行政权说"和"司法权说"上。"司法权说"认为，我国侦查权属于司法权（诉讼权）而不是行政权，主要理由包括：公安机关的侦查活动属于司法活动，侦查人员也被立法确认为司法工作人员（刑法第94条）；侦查权的实际运作体现出司法权的性质；侦查行为的不可诉性表明了侦查权的司法性。"行政权说"认为，侦查权属于行政权是当今世界上的主流观点，侦查权显然不符合司法权的基本特征而符合行政权的基本属性，比如侦查权的执行性、主动性、优益性，以及侦查权不具有完全的终局性，都与司法权的特征不同。[①] 侦查权的这种"司法权"和"行政权"的争议，使得很多时候法治指数对侦查权的研究显得"有点尴尬"：做，可能是错；不做，可能也是错。此外，虽然很多时候我们也认可侦查权是刑事诉讼（刑事司法）中的一项重要权力，且其在行政诉讼法上具有不可诉性，但行使侦查权的主要主体确实是各级政府内部的公安机关，应该列入各级政府的行政考核范畴。各级政府所属部门包括政府组成部门、直属特设机构、直属机构、办事机构和部门管理机构，即使是垂直管理机构或者相对独立性很强的部门，也要接受所在地政府的考核，只不过存在双重领导和双重管理罢了。从这个意义上说，对公安机关侦查活动的考核似乎于法有据、合情合理。

侦查行为的秘密性与侦查指标的公开性并不矛盾。大多数法治指数没有将侦查行为或者侦查相关数据纳入评估范围，还有一个重要的原因就是：侦查行为的秘密性。侦查秘密性，也称为侦查不公开原则，该原则传统上有两层含义：一是对嫌疑人保密，即侦查机关不得以违反侦查目的的方式把侦查的情况向嫌疑人泄露；二是对于社会成员保密（主要是对新闻媒体），即除法律另有规定或者经过权利人同意或者法官批准外，侦查机关及有关知情人不得对外泄露侦查情况以及侦查过程中了解的情况。[②] 侦查不公开原则是当今世界上各国通用的一个原则，许多国家刑事诉讼法

[①] 黄豹：《侦查权力论》，中国社会科学出版社2011年版，第31—40页。
[②] 孙长永：《侦查程序与人权——比较法考察》，中国方正出版社2000年版，第34页。

中均予以明文规定。即使是比较注重在审前程序中保护公民个人权利的英美法系国家，对侦查的秘密原则也是予以肯定的。甚至有学者认为：英美法系国家对于侦查的秘密性比大陆法系控制得更为严格，这不仅表现在对于新闻媒体具体报道特定案件侦查情况的基本禁止，还表现在侦查过程中对于嫌疑人和辩护律师的防备性方面。[①] 不过，侦查行为的秘密性是否必然产生侦查指标的秘密性呢？这是一个问题的两个不同的方面，侦查行为之所以需要秘密进行或者说需要保密，主要是因为犯罪事实还不清楚、犯罪嫌疑人尚未确定或者尚未归案，需要采取秘密性的侦查行为才能够获取很多在公开的时候可能灭失的证据或者抓获在公开的时候可能逃逸或者自杀的犯罪行为人；过早地公开侦查机关的侦查行为，可能会暴露侦查机关的侦查思路，为犯罪行为人逃避法律的制裁提供机会和帮助。而侦查指标不同于具体个案中的侦查行为，侦查指标不需要了解具体个案中侦查机关的侦查思路或者侦查策略、具体侦查行为或者侦查措施等，它只需要掌握一个特定范围内（比如省市区、县市等）、特定时间内（比如一年内）的侦查相关数据，包括立案数（率）、破案数（率）、羁押数（率）、侦查阶段律师介入数（率）等数值，这些数值与具体个案侦查并没有任何关系。以"侦查活动需要保密"为由，拒绝提供各类侦查数据、拒绝对外界透露任何侦查的信息，其实是一种懒政行为，是一种不负责任、缺乏监督制约、不思进取的落后思想。

三 法治指数与侦查指标的辩证关系

法治指数是一个国家对其法治发展现状的科学、合理评估方式，这种方式需要评估覆盖面的广泛性和代表性。侦查指标是刑事司法依法运作、依法程序的重要标志之一，是法治指数不可或缺的重要组成部分。法治指数的存在对侦查指标的发展完善具有引导作用，侦查指标的发展完善对法治指数的全面科学具有查遗补漏作用。

（一）侦查指标是法治指数不可或缺的重要组成部分

前面所提及存在的三点原因，一定程度上决定了侦查指标在法治指数中的缺失与不足。何为侦查指标，或者说何为侦查指数？严格意义上说，现在没有一个现存的、科学的、权威的界定，甚至说这方面的研究严重匮

---

① 孙长永：《侦查程序与人权——比较法考察》，中国方正出版社 2000 年版，第 36 页。

乏。不过，我们可以从法治指数的概念推断出侦查指标或者侦查指数的基本含义。侦查指标是判断、衡量一个国家或者地区的侦查状况及其程度的量化标准和评估体系。从经济统计学角度出发，指标和指数不一样，指标（多指统计指标），是反映实际存在的社会经济现象总体某一综合数量特征的社会经济范畴。一项完整的统计指标应该由总体范围、时间、地点、指标数值和数值单位等构成，统计指标反映总体数量特征的名称和数值。它在总体同质性的基础上，按一定统计方法对总体各单位标志的表现进行登记、核算、汇总、综合，就形成了各种说明总体数量特征的统计指标。[①] 指数（多指统计指数）有广义和狭义之分。广义的统计指数是指同类事物变动程度的相对数，包括动态相对数、比较相对数和计划完成相对数等，即所有的动态比较指标。狭义的统计指数是综合反映多种不同事物在不同时间上的总变动的特殊的相对数，即专门用来综合说明那些不能直接相加和对比的复杂社会经济现象的变动情况。概而言之，通常意义上的指数应该是指标的一种，专指指标中的指标数值。不过在实践应用中，两者经常被混用。侦查指标是反映一国或者一个地区的侦查机关侦查总体平均水平或者侦查相关统计指标的指数。侦查指标所涉及的内容很广泛，除了常规的侦查机关侦查人员侦查权力的行使情况外，更多地将涉及一些以公民权利、财产权利等密切相关的内容，比如羁押状态，以及其他各类与社会治安综合治理密切相关的内容，比如社会安全感、群众满意度、刑事案件的发案率等。

侦查指标是法治指数形成和确立过程中不可或缺的重要组成部分。以世界正义工程的法治指数为例，早期的设计包括四项基本原则，分别是政府及其官员均受法律约束；法律应当明确、公开、稳定、公正，并保护包括人身和财产安全在内的各项基本权利；法律的颁布、管理和执行程序应公开、公平、高效；司法职业担纲者应由德才兼备、独立自主的法官、律师和司法人员组成，这些人员应数量充足、资源充沛并具有一定代表性。[②] 根据这四项基本原则并经过广泛调研与试点，总结出具有世界代表性的评估一国法治状况的法治指数。该指数体系共分为4组，共计16个一级指数和68个二级指数。在这些指数中，除了对整个政府依法行政的

[①] 杨劲松：《住房公积金财务指标评价》，《经营管理者》2013年第23期。

[②] 赵昕编译：《可以量化的正义：衡量法治水平的十六项"法治指数"（上）》，《人民法院报》2010年6月18日第5版。

要求外，大量涉及警察机关及相关权力的规制。如指数 4 中的四个问题，均是关于确保军队、警察和监狱工作人员依法行事的机制和手段，包括依法对渎职行为承担责任、强制履行法定职责或避免非法行为。指数 11 中提到，要求警察队伍应当训练有素、数量充足、装备精良且具有广泛的社会代表性。[①] 世界正义工程在修订后的九大构成因素和 47 个次级因素的法治分析框架中，大量内容都是对政府权力的限制、司法及军警廉政问题、有效保障公民生命和安全、法的正当程序和被告权利保障、秩序与安全方面包括抑制犯罪、刑事司法包括侦查的效率等内容。虽然世界正义工程没有直接提及侦查指标或者侦查指数，但其法治指数分析构建过程中的许多内容，都是侦查指标需要研究和吸收的数据体系。如果没有这些具体的数据支撑，很难想象缺乏侦查数据的法治指数如何能够令人信服，又如何能够形成一个合理的数据体系框架。

(二) 法治指数对侦查指标的发展完善具有引导作用

侦查指标是法治指数的重要组成部分，法治指数必须在侦查指标等系列指标的基础和支撑下，才能形成和发展完善。当然，从产生时间和发展渊源来看，法治指数产生的时间早于侦查指标，法治指数的研究远远超越侦查指标的研究。从研究发展现状来看，经过多年的起步和完善，法治指数在国内外已经基本形成了百花齐放、百家争鸣的态势，一个欣欣向荣的评估环境已经成型；而侦查指标则完全不同，从概念的提出到体系的建构，基本上处于空白状态，是一个亟待开发的"处女地"。虽然我们前面提及在各类法治指数中，均有相当比例的涉及侦查的相关内容，但这种相关性比较勉强，完全缺乏一个相对独立的研究体系应当具有的特性和内容。因此，日益完善的法治指数对侦查指标的提出、发展以及完善具有重要的引导作用，这种引导性表现在概念界定、内容体系、运作方式、实现目标等方面。

在概念界定上，侦查指标完全可以借鉴法治指数已经相对成熟的概念界定方式。依据我国法律的规定，侦查是指公安机关、人民检察院对于刑事案件，依照法律进行的收集证据、查明案情的工作和有关的强制性措施。对侦查指标的概念界定，当然应当围绕着这个主题，借鉴法治指数的

---

① 赵昕编译：《可以量化的正义：衡量法治水平的十六项"法治指数"（下）》，《人民法院报》2010 年 6 月 25 日第 5 版。

概念，对一个国家或者地区的侦查状况及其程度进行量化评估。在内容体系上，法治指数引导侦查指标研究范围的合理界定和相对规范。法治是一个宏大的系统工程，社会科学领域的大多数项目均可列入法治指数的研究体系。所以，相对合理、科学的法治体系的确立，是一个法治指数实现的重要保障。如何更好地设定法治指数的研究体系？前面我们所列举的国内外各类法治指数中已有一定的论述，内容体系（范围）方面，合同执行的质量、产权、警察和法院的信任程度以及对犯罪和暴力的可能性的看法，各有不同。虽然各类法治指数中的指标系数或者级别指标不完全相同，但研究法治核心问题的做法却可以给我们提供一个侦查指标内容体系建构的思路。在运作方式上，法治指数运作中的主观指标与客观指标相结合的做法，为侦查指标的建构提供了很好的范例。在法治指数的设计中，主观指标与客观指标的关系是重要的基础性问题。目前国际社会通行主观指标，而国内则相对重视客观指标。结合我国目前法治指数建构的相关文件规定和实务做法，专家提出，法治主观指标与客观指标是两类性质、特点非常不同的测评手段，应该在两者之间建立起一种相互参照、相互比较和验证的关系。[①] 侦查指标体系的建构过程中，当然要合理地学习和借鉴主观指标与客观指标的优劣势，结合我国侦查工作的实际和国家对侦查的要求，做出合理的设计。在实现目标方面，侦查作为刑事司法一个重要的环节，必然与整个法治的运作紧密吻合。建立一套法治指数的主要意义，基本上可以概括为以下几个方面：对不同社会体制和文化进行比较分析；为改造权力结构提供更清晰的蓝图；使法治建设的具体举措和绩效的评价趋于统一化。[②] 提出世界法治指数的世界正义工程，最初推出法治指数的目的，也就是借此作为世界各国改善法治环境的参考。侦查指标的推出目标，也基本上是围绕这些法治指数的目标而进行，也是为了改善各国侦查环境，实现对各国、各地区侦查行为的统一性评价。

（三）侦查指标对全面的法治指数具有拾遗补漏作用

坦率地说，从社会指标的提出到社会指标运动的蓬勃发展直至现在，也不过60年左右；从法治指数的提出到现在，也不过20年左右。从这个意义上说，法治指数仍然是一个非常年轻、极具生命力和活力的社会指标

[①] 蒋立山：《中国法治指数设计的理论问题》，《法学家》2014年第1期。
[②] 季卫东：《以法治指数为鉴》，《财新周刊》2007年第21期。

体系。"年轻"意味着它还不成熟,还需要不断地发展完善;"生命力和活力"意味着它还能够不断地吸收营养以更好地成长、壮大。作为法治指数的重要组成部分和不可或缺的环节,侦查指标对于全面的、完善的、科学的法治指数具有重要的拾遗补漏作用。这种拾遗补漏体现在:在指标体系上,侦查指标为法治指数的全面提供了重要的补充;在具体内容上,侦查指标为法治指数的广泛覆盖提供了必需的数据;在社会影响上,侦查指标为法治指数特定领域的数据提供了直接的支撑。

  法治指数指标体系的涵盖面到底应该有多大?现在学术界尚未形成一个置之四海而皆准的标准。从本章第一节所列举的国内外各类法治指数的搜集情况来看,大多数法治指数的形成不是孤立的、单独的、片面的,而是通过对一系列相关领域调查指数的合理吸收的基础上,形成的最后的、综合的、全面的指数统计样本。以联合国开发计划署治理指标项目为例,其数据指标的可能的数据来源非常多,包括各国政府数据、公民社会组织CSO 的相关资料、人权培训项目政策、法院记录及司法部记录、人口普查记录、透明国际的国家报告等;世界银行的世界治理指标数据来源则是依据世界范围内 32 个组织的 35 个独立数据源中提供的数百个单独的反映治理的变量而做出的,主要来源有住户和公司调查、商业信息提供者提供的数据、非政府组织和公共部门组织的数据等。侦查指标体系的建构,为法治指数的全面提供了重要的补充,可以作为法治指数的重要数据源之一,解决法治指数在刑事司法领域(特别是刑事审判前领域)相对空虚、务虚的现实困境。在具体内容上,由于目前各类法治指数中对侦查指标的关注极少,甚至一些法治指数完全忽略了对侦查数据的搜集,侦查指标体系为法治数据的广泛覆盖提供了必需的数据内容。以群众的安全感和满意度为例,自 2001 年以来,我国国家统计局每年都在全国范围内对群众安全感作抽样调查。在问及哪类治安问题最影响群众安全感的时候,回答"刑事犯罪"的连续 4 年占居首位。"刑事犯罪"对公共安全感的影响高于"公共秩序混乱""交通事故""火灾"等其他因素。[①] 可见,侦查相关问题在国家安全、社会秩序等领域中的地位和作用,是不容忽视的,缺乏侦查指标的法治指数是不完整的、不全面的。侦查领域的很多指标、指数,比如刑事立案数、刑事破案率、命案发案率、刑事羁押率等内容,在

---

① 王守宽:《关于刑侦绩效管理的思考》,《山东警察学院学报》2008 年第 2 期。

社会上对公民人身权利、财产权利影响很大。完善这些指标数据，可以为法治指数在特定领域的数据渊源提供重要的支撑。

第三节 侦查评估指标的构建意义与价值

一 侦查评估指标在法治建设中的建构意义

法治评估实际上是一种法治的推进机制，也是一种制度创新。法治评估为法治建设确立了目标，它不仅是一种法治建设的倒逼机制，而且是一种公众参与机制。[①] 同理，侦查评估在我国法治建设过程中，也具有相应的重要意义，是侦查机关全面推进依法治国、依法行政的重要标志；是侦查机关依法侦查、严格遵循侦查程序的客观需要；是提高侦查机关法治化和社会认知度的重要渠道。

首先，建构侦查评估指标是侦查机关全面推进依法治国、依法行政的重要标志。为贯彻落实党的十八大作出的战略部署，加快建设社会主义法治国家，2014年10月23日，中国共产党第十八届中央委员会第四次全体会议通过了《中共中央关于全面推进依法治国若干重大问题的决定》，重点研究了全面推进依法治国若干重大问题。提出全面推进依法治国，总目标是建设中国特色社会主义法治体系，建设社会主义法治国家。在保证司法公正部分，提出优化司法职权配置。健全公安机关、检察机关、审判机关、司法行政机关各司其职，侦查权、检察权、审判权、执行权相互配合、相互制约的体制机制。公安机关作为我国最重要的、最核心的侦查机关，是我国侦查权力的重要执行者。作为侦查权力的主要执行者，建构侦查评估指标，有利于全面推动公安机关法治建设和制度建设，有利于更好地规范公安机关的刑事执法活动，有利于保障诉讼参与人特别是犯罪嫌疑人的人权，有利于维护宪法权威和法律至上的原则，有利于促进和实现社会公平正义。

其次，建构侦查评估指标是侦查机关依法侦查、严格遵循侦查程序的客观需要。法治是人类社会发展到一定历史阶段、一定社会时期的社

---

① 钱弘道：《中国法治评估的兴起和未来走向》，《中国法律评论》2017年第4期。

会治理选择，是凝结着人类几千年历史智慧、为当前各国人民所向往和追求的一种国家最佳治理状态。法治建设是人类的实践活动，要贯彻实施就必须转化为具体的、可操作的指标。[①]《中共中央关于全面深化改革若干重大问题的决定》中就明确提出"建立科学的法治建设指标体系和考核标准"；国务院《全面推进依法行政实施纲要》中，提出建立公开、公平、公正的评议考核制和执法过错或者错案责任追究制，评议考核应当听取公众的意见，要积极探索行政执法绩效评估和奖惩办法；国务院办公厅《关于推行法治政府建设指标体系的指导意见（讨论稿）》中要求，以贯彻落实《全面推进依法行政实施纲要》为主线，紧紧围绕《全面推进依法行政实施纲要》确定的法治政府建设目标，充分体现法治政府建设的要求，完善和量化法治政府建设的指标。各级地方人民政府可以根据当地情况不断丰富和发展各地政府法治建设指标的具体内容，并根据不同地区、不同阶段的优先顺序选择不同的评价指标。作为各级政府组成部门的公安机关，侦查评估指标的建设是公安机关依法侦查、严格程序的客观需要。建设公安评估指标，是对法治公安的本质要求和精神实质的细化、量化，可构成法治公安侦查建设实践中的一个个具体的微观目标，避免法治公安建设目标因概括抽象而流于口头化、形式化和盲目化。[②] 侦查评估指标是法治公安建设的必然内容，法治公安建设需要运用侦查评估指标考察法治公安建设的进展和成效，了解法治公安建设中存在的问题和不足，从宏观上客观把握法治公安建设的现状和未来发展趋势，从而最终能够有效推动法治公安建设、法治政府建设，乃至于最后的法治中国建设步伐。

最后，建构侦查评估指标是提高侦查机关法治化和社会认知度的重要渠道。法治是国家治理的基本形式，社会治理是国家治理的重要内容。推进国家治理现代化，必须加快社会治理法治化进程，提高社会治理法治化水平。过去，我们的社会治理方式主要是命令型、控制型，已难以适应社会发展和转型的需要。在推进法治社会建设过程中，必须根据社会发展和社会治理转型的实际，从价值理念和具体手段两个层面，推动治理方式从

---

① 胡荣才、屈茂辉：《法治湖南建设评价指标体系的建构思路与框架》，《湖南大学学报》（社会科学版）2014年第4期。

② 殷炳华：《法治公安评价指标研究》，《中国人民公安大学学报》（社会科学版）2016年第1期。

命令向协商、从单向向合作、从强制向引导、从单一向多元转变。① 对犯罪行为进行侦查和惩处，是侦查机关侦查活动的主要社会治理方式，相比较而言，传统的侦查活动只强调结果（破案），不重视过程；只强调惩罚（对犯罪行为人），不重视社会和谐（对家庭、对被害人等），因此侦查工作虽然取得了很大的成就，但是法治化程度不强、社会认可度不高，这是非常遗憾的事情。侦查评估指标的建构，对于提高公安侦查法治化水平有着重要意义和价值。一方面，侦查评估指标可以增强刑侦干警的法治意识。侦查评估指标就像"监控器""测振仪"，持续地、不间断地跟踪评价有助于防止、预警、纠正各类破坏法治、违反程序的行为发生，推进公安队伍法治化建设；另一方面，建构侦查评估指标，对常规侦查工作的指挥和引导，更加具体、更加直接、更加具有操作性，从而可以提升社会对侦查机关的认知度。侦查评估指标就像"方向标""航道灯"，可以引导刑侦干警的具体侦查行为，减少侦查执法过程中的偏差和错误。此外，这种全国性的评估指标与各地公安机关侦查法治化建设成效进行对比，激励先进、鞭策后进。通过这种法治化建设和激励，加深社会对侦查机关的关注力度，提升社会对侦查机关侦查行为的认知度。

二 侦查评估指标在刑事司法中的主要功能

侦查的起源，可以追溯到无阶级人类社会的初始阶段。进入阶级社会后，侦查职能作为国家政权的重要组成部分，逐步设立和得到强化。虽然侦查评估指标尚未得到正式的确立，但对侦查活动进行考核的机制在刑事司法中一直存在。传统对侦查的考核机制正是我们现在构建侦查评估指标体系的基石，在刑事司法活动中均具有重要的功能，主要表现在：

熟悉、认知功能。对一个事物或者现象的熟悉和认知，是了解该事物或者现象的最基础的、最前提性的内容。侦查活动在传统的刑事司法中显得比较秘密，对社会群众而言也常常停留于"警察抓小偷""国家惩罚犯罪的工具"的层面。这种现状显然不符合依法治国的理念和要求，也不契合当前的权力制约与监督机制。因此，有必要建构侦查评估指标体系，形成科学的、合理的、公开的侦查评估制度，为依法治国、依法行政积累

---

① 徐汉明、张新平：《提高社会治理法治化水平》，《人民日报》2015年11月23日第7版。

有益经验。以细化、量化法治政府建设中的原则要求为着眼点，运用科学标准和态度，选择和确定具有代表性的、能够反映侦查工作实践的重要指标，组成侦查评估指标体系，综合测算我国依法侦查的现状和水平。同时，在认真总结各地区、各机关、各部门推进依法侦查工作的经验和做法的基础上，寻找推进依法侦查过程中存在的问题及其解决办法。对我国已经应用的各地区、各机关、各部门法治政府建设中的侦查绩效考核结果进行横向、纵向比较分析，通过不同的绩效评价的比较，对不同侦查机关的做法形成比较全面、客观的认识，形成一定的定量基础依据，避免单纯依靠主观印象起误导作用。要增加社会推广和网络宣传作用，要勇于公开一切可以公开的侦查程序规则和侦查考核评估依据，定期公开公布全国性、地区性、单项性的侦查评估结果，提升社会群众对侦查工作的熟悉和认知，接受社会群众的监督与批评。及时发现依法侦查效果良好、侦查评估指标数据高的先进典型并总结推广其经验、发挥其示范带头作用；及时发现制约和影响依法侦查、侦查评估的主要问题、薄弱环节及其根源所在，从而制定相应对策，加强法治政府中的依法侦查、侦查评估的建设工作。

考核、评价功能。考核、评价是侦查评估指标的最重要、最核心的功能。一般说来，侦查考核工作在我国已经运作多年，基本上形成了一套相对务实的、可操作的系统。考核功能为侦查机关依法侦查设置考核标准，通过绩效评价，上级公安机关可以考核下级公安机关、本级公安机关可以考核本机关内部各级管理层以及侦查人员的业绩和管理水平。一个侦查机关的绩效状况首先取决于这个机关的领导能力与素质，绩效评价有利于侦查队伍特别是侦查管理层的优胜劣汰。美国纽约州司法行政管理部门1989年开始推行的"执法认证项目"，项目的四个基本目标非常明确：促进执法机构尽可能地利用现有的人员、设备和设施，以提高其工作效率和效能；促进执法机关和其他刑事司法机构之间的协调与合作；确保执法人员得到适当的培训；提高市民对执法机构的信任和信心。[①] 这里的四个目标中，前三个基本上都与考核、评价密切相关，息息相通。能够依法侦查、依程序进行侦查评估，不仅为社会各界所普遍关注，而且直接关系到法治政府建设目标能否实现及实现的进度。侦

---

① 顾俊：《从纽约州"执法认证项目"看美国的警察机构评估》，《云南警官学院学报》2012年第4期。

查评估指标试图在法治政府范畴内，建立一个相对客观、能为社会认知侦查衡量的评价体系。通过这个体系，可以测评一定时期内各地侦查工作的依法推进程度、破案追凶效率，通过对侦查工作的测评，最终实现对法治政府建设水平的评估和判断。

引导、促进功能。引导，是指通过引导人的行为，帮助被引导人走出困境，或是引导人引导被引导人朝着某个目标前进，走出原有的思想和行为困境。通过侦查评估指标，为依法侦查指明努力的方向，实现对侦查机关侦查行为取向的引导，调动侦查机关及其侦查人员依法侦查、高效侦查的积极性，促进各项侦查工作的顺利发展。侦查评估指标对侦查立法有方向性的引导作用，通过侦查评估指标的发展完善，促进和推动侦查相关立法的建设；侦查评估指标对侦查实践有直接的引导作用，其指标的数据内容和变化趋势，可以引导侦查机关及其侦查人员的侦查工作，明确侦查工作的重点和方向；侦查评估指标对侦查认知的正面引导和有效提升。在建设法治政府和推进依法行政的进展中，要警惕对侦查工作的引导力度自上而下逐级递减、干与不干一个样、干多干少一个样、干好干差一个样的现象，警惕可能导致建设法治政府、法治侦查的目标停留在口号上的行为。在工作中，将法治政府、法治侦查的具体原则和要求予以分解、细化和量化，转化为一个个易判别、可操作的具体指标、具体任务，组成宏观与微观结合、个性与共性相辅的体系。

预测、挖潜功能。预测功能意味着，由于法律或规律的存在，可以预先估计某些主体如何相互表现。法律预测的对象是人的行为，包括公民之间、社会组织之间、国家之间、企业与机构之间以及它们相互之间的行为预测。社会由人的交往行为组成，社会规范的存在意味着行为期望的存在，行为期望是社会秩序的基础和社会存在的原因。通过侦查评估指标，可以发现各地区、各级别、各部门不同侦查机关之间的差距，通过对差距的分析、解读、归纳、研究，可以预测侦查机关、侦查人员、侦查对象（如犯罪嫌疑人）以及相互之间的可能组织发展趋势以及行为发展趋势，对相关侦查行为发展进行预判，同时并采取相应应对措施，以达到发挥各个侦查主体优势、克服侦查主体之间劣势，挖掘侦查机关内部潜力，进一步提高各个侦查主体绩效的目标。在实现预测功能的同时，要加强挖潜功能的发挥。挖潜，就是挖掘蕴藏的潜力。通过预测研判，可以对不同侦查机关以及侦查人员的潜在能力和力量进行了解，熟悉其内在的没有发挥出来的力量或能力，深入实际、立足现有，积极推进挖潜增效、提质增能工作，达到工作的最佳效果。借助侦查评估指标体系的评估结果，可以掌握侦查进程中各项指标的变化情况和规律，从而预测依法侦查的发展态势和未来走向。

三 侦查评估指标在警察绩效管理中的价值

法治指数对法律程序内制度运作状况的定量研究具有管理意义，无论是立法公开征求意见的次数、获得法律学位的执法者的数量，还是司法系统的各种统计，如上诉率、改判率、调解率等，更多地是方便了"排排坐"，方便了"绩效考核"。[1] 作为法治评估的重要组成，侦查评估指标对警察队伍绩效管理具有重要的价值，主要体现在：

侦查评估指标具有职责明确、管理体制清晰的长效机制管理价值。国务院法制办在贯彻《全面推进依法行政实施纲要》的问答中，针对建设法治政府与行政管理体制改革的关系的问题提出，行为规范、运转协调、公正透明、廉洁高效的行政管理体制是法治政府的基础。建设法治政府，必须深化行政管理体制改革。侦查评估指标是政府行政系统内部的侦查机关开展长效管理机制的重要工具之一，其对于如何凸显侦查机关职能、深化侦查管理体制改革，提出了明确要求。通过职责明确、管理体制清晰的长效侦查机制改革，解决其他主体对侦查机关管理职能的"越位""缺位""错位"，解决公安机关内部原有侦查管理方式单一、职权交叉等突出问题，理顺上下级侦查机关之间、侦查机关与其他行政机关之间的关系，实现侦查机关治安管理职能与侦查机关刑事司法职能的适度分开，以此实现国家所确立的行为规范、运转协调、公正透明、廉洁高效的行政管理体制和侦查管理体制，为建设法治政府、法治侦查提供良好的体制性环境和制度性支撑。

侦查评估指标具有合理配置、高度优化的人力资源应用管理价值。公安机关作为公务员的一个特殊序列，它的管理制度也是由录用、考核、职务任免、升降、奖惩等制度构成。要正确地贯彻实施好各项制度，就要对侦查部门进行全面考察，作出客观公正的评价，为部门的科学管理提供依

---

[1] 伍德志：《论法治评估的"伪精确"》，《法律科学》（西北政法大学学报）2020 年第 1 期。

据。实事求是地对民警作出客观公正的评价，分清功过优劣，从而有效地激发队伍活力。① 传统刑侦绩效管理的引入，可以改变传统侦查工作不计成本、不讲投入的体制性障碍，从制度上解决"头重、腰粗、腿细"的高成本机构设置弊端，解决"因人设事、因人设岗""能上不能下"的高成本人事管理制度弊端，解决"经验决策""风头决策""不惜代价、不计成本"的决策体制的弊端。通过整合、优化资源配置，提升刑侦效能，减少刑警运行成本；通过改进管理方式，提高行政效率，降低行政成本。② 虽然侦查评估指标并不完全等同于侦查绩效管理，但其相当比例的数据、评估成绩，均来自对侦查绩效管理的借鉴与吸收，因此其对侦查管理具有人力资源上的应用价值。

侦查评估指标具有内外结合、体系科学的规范管理体制价值。数据是侦查评估指标的关键，同时也是政绩考核的关键，数据化治理成为目前最时髦的一种治理理念。为了适应这种理念和趋势，一些过分追求数字绩效的地方政府花样百出、昏招频现、穷于应付。在制造各类外表"正确"数据的本领上，一些国人拥有"无穷"的智慧，这种数据造假也蔓延到了侦查绩效考核中，2014 年年底的《兰州晨报》报道的一起民警为完成刑事侦破案件的考核指标，虚构、伪造不存在的刑事案件，让事先商量好的犯罪嫌疑人主动"认罪"的犯罪事实，可见不规范的侦查绩效考核极容易产生走样的"指标"。因此，近年来我国各类侦查考评数据越来越重视外部性的介入，比如业内外专家和学者、当事人或者当事人的利害关系人。一些内部考核指标也开始越来越依赖于外部数据，如打黑除恶数据来源于人民法院、五类侵财犯罪起诉率来源于人民检察院，这是一种好的发展趋势。③ 2018 年 1 月 22—23 日，党的十九大后的第一次中央政法工作会议在北京召开，会议要求，运用新技术提高风险防控的精准性，建立以社情、警情、案情、舆情为基础的社会稳定指数信息系统。侦查评估指标体系正是这种社会稳定指数信息系统的重要环节，其不同于传统的侦查绩效考核，一个重要因素就是制定及实

---

① 李敏、朱晓熔编著：《公安绩效管理理论与实务》，清华大学出版社 2014 年版，第 12—13 页。

② 王守宽：《关于刑侦绩效管理的思考》，《山东警察学院学报》2008 年第 2 期。

③ 黄豹：《我国侦查考核评估指标体系之实案解读》，《侦查学论丛》第 17 卷，中国人民公安大学出版社 2016 年版，第 139—143 页。

施的主体不同,前者外部性非常显著甚至由完全独立第三方负责,而后者最多只是在必要时吸纳部分外部数据。相比较而言,侦查评估指标的客观性、公正性、正确性更高,也更容易得到外界的认可,因此其在体系科学、规范管理方面走在了前列。

第三章

侦查评估指标体系理论基础研究

第一节 依法治国理论

一 依法治国理论的基本内容

（一）我国法制（法治）思想的历史源流

我国依法治国方略的形成，与我国历史上存在久远的法治思想和理念密切相关、一脉相承。不过，早期历史上的法治思想，与其说是法治，毋宁说是法制。一般认为，我国早期的法制萌生于春秋时期。夏、商、周三代实行的制度是一种家族式的宗法制，国家的人际关系都按礼的原则来建立。进入春秋时代以后，礼崩乐坏、家族宗法制开始解体，法家适应这一时代的需要，提出了法治的主张——扩张君权、以法治国。

以法治国理论在我国历史上最早是由春秋时期法家的先驱者管仲（公元前723—约前645）提出的。《管子·明法第四十六》记载："是故先王之治国也，不淫意于法之外，不为惠于法之内也。动无非法者，所以禁过而外私也。威不两错，政不二门。以法治国则举错而已。"以法治国的标志性事件是公元前536年，郑国子产"铸刑书于鼎"（刑即为法）；公元前513年，晋国"铸刑鼎"，这在当时有着划时代的意义。春秋之际，中国的法律形态开始逐步发生改变，从原来的以德治国、法理不分形态，发展演变为伦理道德与法律相对分离、法与刑统为一体的"法律"形态。这个过程是从"铸刑鼎"开始，到商鞅建立秦律完成。[1] 法家的集大成者韩非提出，以法治为中心，法、术、势相结合的政治思想体系。

---

[1] 庆明：《"铸刑鼎"辨正》，《法学研究》1985年第3期。

"术"最先由法家另外一位代表人物申不害提出，但申不害与商鞅没有很好地平衡"术"与法的关系，前者重术不讲法，后者重法不讲术；前者使得新旧法令相互抵触、前后矛盾，后者难于对官吏察辨"忠"和"奸"，导致国君的大权旁落于大臣之手。因此，韩非子主张"法"和"术"必须结合，二者缺一不可。

近现代我国最早宣传并明确提出法治概念的是梁启超。在翻译、介绍、学习和宣传西方法律思想的过程中，梁启超逐渐接受和认可了西方资产阶级的法治思想，并表示："今天立法以治天下"，"今世立宪之国家，学者称为法治国者，谓以法为治之国也。"西方资产阶级的法治思想和法学理论，成为梁启超法治思想形成的重要思想渊源。梁启超曾经表示："末学肤受如鄙人者，偶有论述，不过演师友之口说，拾西哲之余唾，寄他人之脑之舌于我笔端而已。"[1] 孙中山也是我国近现代积极推动法治理论推广的先驱人物之一，据初步统计，在《孙中山全集》中，提及"法治"二字达20处之多。孙中山将法视为治国的一大法宝，"夫国家治乱一系于法"，"今日办法只有以人就法，不可以法就人"。他甚至将法律提高到关系国家存亡的高度加以阐释，"国无法则不立""国家之治安，惟系于法律"。[2] 不过，由于特定历史形态的局限和所处半封建半殖民地时期的尴尬，梁氏和孙氏的思想更多停留在纸面上，根本无法得到实施和践行。

（二）我国依法治国方略的提出与推进过程

将法治作为国家的基本战略，是中国共产党的十一届三中全会之后。邓小平同志提出了一系列发展社会主义民主、健全社会主义法制的主张，形成了比较完整的社会主义法制思想。1993年11月，党的十四届三中全会通过了《中共中央关于建立社会主义市场经济体制的决议》，根据建立社会主义市场经济体制的需要，党和国家把法制建设提高到战略地位加以考虑。不过需要注意的是，此时的中央文件，界定的词语还是"法制"而不是"法治"，说明我国的法治进程是逐步的、缓慢的、渐进的。

1996年3月，八届人大四次会议明确提出了"依法治国，建设社会主义法制国家"的构想。1997年9月，党的十五大明确指出了"依法治

---

[1] 邱远猷：《梁启超的法治思想》，《光明日报》1998年11月13日第7版。
[2] 转引自汪志国、章礼强《论孙中山的法治思想》，《现代法学》2003年第4期。

国，建设社会主义法治国家"的伟大目标，从"法制"到"法治"，一字变化却意义深远。1999年3月，第九届全国人大第二次会议通过了宪法修正案，将"中华人民共和国实行依法治国，建设社会主义法治国家"的内容正式纳入宪法，将党的法治主张提升到宪法高度，并将其作为我国最高的治国方略，使党的法治方略获得国家的合法性基础。2002年11月，党的十六大报告提出"坚持党的领导、人民当家作主和依法治国统一起来"，这意味着坚持党的领导是依法治国根本保障，在此前提下不断提高我党依法治国理政的能力和要求。

2013年1月的全国政法工作会议上，习近平同志向全国政法机关提出了新要求："要顺应人民群众对公共安全、司法公正、权益保障的新期待，全力推进平安中国、法治中国、过硬队伍建设"，这是我国历史上第一次正式提出"法治中国"的概念。2013年11月，为贯彻落实党的十八大"加快建设社会主义法治国家"和"全面深化改革"的战略部署，党的十八届三中全会通过了《中共中央关于全面深化改革若干重大问题的决定》，提出"推进法治中国建设"的战略目标，将"推进法治中国建设"上升为党的战略任务和执政目标。"法治中国建设"是对依法治国、建设社会主义法治国家基本方略的进一步丰富和升华。从"依法治国"到"法治中国建设"，标志着我国的法治实践已迈入了新征程。[1] 2014年10月，党的十八届四中全会继续法治实践新征程，开始对全面推进依法治国进行了系统的、全面的部署。2014年12月，习近平同志在江苏调研时，第一次明确提出了"四个全面"的战略布局，"全面推进依法治国"是其中的重要一环。

（三）依法治国方略及理论的主要精神内容

社会主义法治理念基本内涵，曾经存在不同的理解，但现在基本可以形成五个方面的共识，即依法治国、执法为民、公平正义、服务大局、党的领导。依法治国，是社会主义法治的核心内容，是我们党领导人民治理国家的基本方略。在党的十五大报告中，党中央深刻地揭示了依法治国的科学含义：依法治国就是广大人民群众在党的领导下，依照宪法和法律规定，通过各种途径和形式管理国家事务，管理经济文化事业，管理社会事务，保证国家各项工作都依法进行，逐步实现社会主义民主的制度化、法

---

[1] 陈洪玲：《全面依法治国的内涵及其战略地位》，《山东社会科学》2015年第7期。

律化，使这种制度和法律不因领导人的改变而改变，不因领导人看法和注意力的改变而改变。① 但对于依法治国的主要内容，一些专家学者从不同的角度对依法治国进行了解释和界定。社会主义法制建设基本要求的十六字方针与依法治国基本要求的新十六字方针，形成了较好的一一对应关系。

依法治国方略在我国第四代党中央集体的决策中，得到进一步的践行，并且具体细化到法治中国的建设理念。2013年2月，在中共中央政治局集体政治学习时，习近平同志进一步阐释了"法治中国"的理念："坚持依法治国、依法执政、依法行政共同推进（简称"三个共同推进"），坚持法治国家、法治政府、法治社会一体建设（简称"三个一体建设"）。依法治国、依法执政、依法行政，三者相互关联、层层递进。依法治国需要依法执政的方式来体现，依法执政最重要的是依法行政。依法执政是依法治国这一治国方略的具体化，为了进一步落实依法执政，还需要国家机关工作人员始终坚持依法行政。依法行政是依法治国的核心和重点，一个国家的所有管理活动，主要是靠各级人民政府进行的。在现代法治国家里，法治政府行使行政权力所普遍遵循的基本准则，就是实现依法治国的根本保证。没有法治政府，法治国家就会缺乏坚实的基础。法治国家建设目标的实现程度，取决于法治政府建设任务的完成程度。法治政府建设的目标是否实现，是衡量法治国家建设目标是否实现的最重要指标。建设法治政府也是建设法治社会的基础和前提。② 可见，法治政府的要求，也完全符合法治理念的内容和依法治国的方略。

二 依法治国与侦查评估指标

在依法治国方略从治国理念进入治国实践的今天，侦查是否应当被纳入依法治国的大范畴，这是一个毋庸置疑的话题。

（一）依法行政、法治政府与侦查权权力属性争议

对侦查权的权力属性一直存在争议。有人认为侦查权是一种司法权，有人认为侦查权是一种行政权，还有人认为侦查权是一种司法行政权。司

---

① 张力：《正确理解和把握民主法治建设的新要求》，《山东人大工作》2017年第12期。
② 王学成：《法治社会须建立在法治政府基础之上》，《人民政协报》2014年10月23日第3版。

法权也好，行政权也罢，其实都属于舶来品，均最初来源于西方的三权分立学说。三权分立是西方一种关于国家政权架构和权力资源配置的政治学说，其理论发源可以追溯到古希腊的亚里士多德，他将政府权力分为三个要素：讨论、执行和司法。为了制约封建王权，17世纪的英国学者洛克把国家权力分为立法权、行政权和对外权，并指出立法权应高于行政权。在发展和完善洛克的分权理论的基础上，法国的孟德斯鸠主张将立法、行政和司法三种权力，分别交给三个不同的国家机关管辖，既保持各自的权限，又要相互制约保持平衡。

侦查权的权力属性争议，其实与三权分立学说密切相关，与不同法系国家对国家权力的属性和定位密切相关。在英美法系国家中，无论是各类刑事警察或者司法警察行使的侦查权，还是享有侦查职能的检察机关行使的侦查权，在性质属性上都归属于行政权。甚至以追诉为主要内容的公诉权，根据其权力行使的主动性也理所当然地被归入行政权中。在大陆法系国家中，一般说来侦查权也被认为是一种行政权，当然一些国家认为侦查权具有明显的司法属性和特征，如德国刑事诉讼法规定指挥侦查的检察机关拥有客观义务。按照我国人民警察法的规定，我国的公安机关既享有治安管理权（即行政权），又享有侦查权（一般认为是刑事权或者司法权），但这种界定实际是不同国情背景下对行政权的不同理解。我国没有实行三权分立制度，因此西方将行政权理解为与立法权、司法权相对应权力的这种分类，在我国毫无意义。对行政权的范畴与界定，我国常常理解为与刑事权、民事权相对应的权力。按照这种理解，容易产生治安管理权和侦查权分属于行政权和刑事权的错误认识。其实，这里所说的刑事权也应当属于行政权（这里指与立法权和司法权并列的权力）。

当今世界各国为了更好地保障侦查程序中犯罪嫌疑人的权益，对权力强大的侦查机关的侦查权予以约束和制约，大多规定了司法审查制度，从而形成了侦查程序中司法权的介入。有人据此提出：侦查权已经不是传统意义上的上下位的管理结构了，而表现出了典型的三方诉讼结构，因此，侦查权属于司法权或者至少可以说侦查权司法化了。对此，需要谨慎看待，不能仅仅凭借一两个阶段或过程就"管中窥豹"。从整体上看，侦查程序呈现出上、下位的管理构造体系，在案件侦查过程中，不存在唯一的、绝对固定的被追诉人，司法所要求的三方主体在很多时候是不存在的。另外，侦查活动中可能存在不确定的多方主体。当然，承担侦查工作的侦查人员居于国家权力行使者的主体地位，而所有处于侦查对象的嫌疑人，彼此利益完全可能是多维的、发散的，显然不是"齐心协力"共同对抗国家侦查权力的另一方主体，而是存在相互利益冲突和矛盾的多方主体。侦查权的主体是居于支配地位的警察，被调查的公民都是侦查行为的相对人。[①] 因此在大多数情况下，侦查程序与其他行政构造体系没有太大的区别。当然，侦查程序中也常常会表现出三角形的构造，但是这种三角形与传统意义上的司法三角构造还是有区别的。三角构造的部分存在与以三角构造形态运作是不同的。

（二）侦查权司法化的认识误区及应有的正确解读

对于侦查权的司法化命题，也很令人困惑：何谓"司法化"？按照《现代汉语词典》的解释，"化"作为后缀加在名词或形容词之后构成动词，表示转变成某种性质或状态，如机械化、电气化等。那么侦查权的司法化就应当是指侦查权转变成司法权的状态或者具有司法权的性质。从用语上看，侦查权司法化虽然没有绝对肯定地说"侦查权就是司法权"，但是承认侦查权具有司法权的诸多特征，甚至说侦查权已经开始了向司法权过渡的过程。以我国为例，警察机关（公安机关）作为行政机关，却在行使着众多的类司法权力，如原来曾经存在的收容遣送、收容教养等权力。在西方三权分立国家，这些权力应当由侦查机关向中立第三方申请，由中立第三方决定的限制公民人身自由的措施，在我国却由侦查机关按照行政程序作出决定。从我国公安机关在侦查阶段享有的这些权力来看，公安机关实际上的确在行使着部分司法权。按照我国学者的观点，中国司法改革所面临的重大课题之一，就是确立警察权的行政权性质，实现公安机关的非司法化。为此，一方面，公安机关所拥有的一系列治安行政处罚权……都应当纳入司法权之中，使公安机关变成一种申请者，而不是决定者。另一方面，对于刑事拘留、扣押、窃听等涉及在侦查领域剥夺、限制个人基本权益和自由的措施，也应一律纳入司法权的控制之下。[②] 这正是我国侦查领域迫切需要解决的问题，也正是我国侦查阶段冤案频发的

---

① 姜涛、冯慧：《侦查权性质论略》，《人民法院报》2001年4月23日第B2版。
② 陈瑞华：《问题与主义之间——刑事诉讼基本问题研究》，中国人民大学出版社2003年版，第28页。

核心所在。

当然，西方各国的侦查权力的实践和研究，几乎很难看出任何司法化的导向。如前所述，坚持三权分立的西方各国，基本上都将侦查权视为行政权。按照三权分立的要求，行政权当然应当受到立法权和司法权的制约，在具体侦查活动中，司法对行政（包括侦查）的控制较为严格。20世纪60年代正当程序革命中，在艾伦大法官的主导下，美国联邦最高法院通过一系列重大判例，同时通过对宪法第十四条修正案的灵活解释，将正当程序规则演变为一项实质性规则，将警察的强制侦查活动纳入了司法审查的视野。不过，纳入司法审查视野的侦查行为主要是强制侦查行为，大量不具有强制性的侦查行为仍然属于警察的自由裁量范畴。美国的《联邦刑事诉讼规则》甚至没规定多少侦查的内容，联系最密切的第4条"根据控告签发逮捕令或传票"实际上规定的是法官的职能，而不是警察的行为方式。

对司法权力和司法机关的理解，大陆法系国家虽然较英美法系国家略多，但其实并未延伸到审前的侦查阶段。在法国和德国的认识中，虽然检察机关常常被视为带有准司法性，法国人甚至将法官与检察官均称为司法官，法官为"坐着的司法官"而检察官是"站着的司法官"，但是这种对司法延伸的理解从未扩展到侦查阶段。法国警察虽然也分为治安警察和司法警察，后者的活动主要是与侦查犯罪有关的活动，包括承担现行犯罪侦查、根据检察官的旨意对案件预先侦查、实施犯罪调查、负责违警罪的处置等。与治安警察一样，法国的司法警察履行职责，要接受作为其行政上司的监督，当然还可能需要在检察官的指导下进行工作。根据《德国公务员法》的明确规定，德国的警察属于各级政府序列的公务员，警察机关内部、检察官对警察的管理，均带有明显的上令下从的行政色彩。

（三）依法治国视野下的侦查与侦查评估指标建构

被学者称为"行政权司法化"或者"司法权泛化"的现象说明，我国当前迫切需要恢复司法权的本来面目和权威，还原司法权和侦查权的真正属性，摆正司法权和侦查权在刑事诉讼中的真正地位。党的十八届四中全会提出，推进以审判为中心的诉讼制度改革，确保侦查、审查起诉的案件事实证据经得起法律的检验。以审判为中心要求侦查、审查起诉服务于审判，以审判为中心意味着审判在刑事诉讼中处于不同于侦查、审查起诉的中心地位，侦查、审查起诉活动要受到审判活动的制约。① 长期以来，司法权的权威和地位在我国没有得到确认，使得司法权在很多方面不得不保持沉默，从而引发了诸多的社会问题，引起了人们对司法公信力的怀疑和对司法认同感的丧失，这又在一定程度上刺激了非司法机关行使司法权的欲望和本能。

行政力量对侦查活动进行"插手"的实例恰恰多发生在我国将侦查权定位为司法权的时期，如因侦破思路不对而撤换刑警队长、因各种关系而调换侦查人员等，这种干涉活动并不因为侦查权的属性不同就停止。不仅仅如此，我国行政力量（很多时候实际上是以党委的名义）对司法的"插手"也并不鲜见，我国多次严打活动中，由各地党委政法委领导公检法司等机关从严、从快地打击犯罪，这与司法权的权力属性有关吗？侦查权从其本质属性上来看，应当是行政权，但是我国赋予了其部分司法权限和职能。对侦查权而言，当前我国亟须解决的问题，不是论证其司法属性的问题，而是如何剔除其行政属性上的司法职能问题，也就是侦查权的非司法化问题。侦查程序需要司法的介入，但是侦查权并不需要司法化，侦查权的非司法化有利于侦查权力属性的合理界定，有利于侦查行为的依法行使，有利于司法权对侦查权的监督和制约，有利于相对行为人诉权的行使。

侦查权是行政权、侦查机关是行政机关、侦查人员是行政人员，则侦查评估指标理所当然地属于政府绩效评价的重要组成部分。在理顺了侦查权的权力属性以及地位以后，对侦查活动的绩效评价乃至于侦查评估指标的研究，相对而言就更加清晰、具体、明确。相比较于单纯的司法机关而言，我国各级政府近年来的政府绩效管理和绩效评价工作，开展得风生水起、有声有色。政府机关作为行政机关，在依法行政的基础上追求行政效率，是其存在和发展的应有之义。政府绩效管理由诸多的管理环节所构成，政府绩效评价是其中重要和关键的内容。政府绩效评价是一个重要的管理控制工具，"简政放权"改革需要强化绩效评价的作用。② 当然，由于我国长期以来对侦查权的权力属性的争议，使得各类研究主体对侦查行为的绩效考核评估几乎没有涉猎，除了公安部刑侦局内部的考核外，外界

---

① 张泽涛：《推进以审判为中心的诉讼制度改革》，《人民日报》2016年7月13日第7版。
② 施青军：《政府绩效评价：概念、方法与结果运用》，北京大学出版社2016年版，第68—72页。

（包括各级政府内部以及政府外部）对其的工作效率、成绩效果几无了解，更没有深入、系统、规范的研究。这种现状显然不符合依法治国方略的纲要，不符合依法行政的要求，不符合依法侦查的目标。建构侦查评估指标体系，必须以依法治国理论为依据，坚持法治政府的目标动向和侦查行为的效率取向；必须围绕着依法行政的规范程序和制度要求，践行绩效管理理论的核心内容和科学评估理论的精神精华，更好地为我国的法治中国建设服务。

第二节 绩效管理理论

一 绩效管理理论的基本内容

在管理学领域，对绩效含义的定位存在三种不同的学说：绩效行为说、绩效结果说和绩效综合说。作为管理学领域的难题之一，绩效管理与工作绩效、劳动绩效紧密相连。早期的绩效管理来源于国家和社会、群众对企业经济效益的重视，随着国家两权改革（经营权和所有权的分离）的深入，作为指导企业发展和运作的重要向导标签之一的绩效管理，开始发挥出越来越重要的作用。在政府行政管理过程中，为了更好地实现政府行政职能和社会长治久安目标，政府对流行于企业管理中的绩效管理进行学习借鉴并引入，开始了政府绩效管理之路。

（一）绩效管理理论的发展渊源及主要阶段

根据学者考证，中国西周时期的《周礼·大司徒》中记载的乡里教化察举制度和欧美19世纪初建立的公务员制度，是东西方最早见诸文献的"制度性考核"。[①] 1494年，意大利数学家、会计学家卢卡·帕乔利（Luca Pacioli）出版了《算数、几何及比例概要》一书，第一次系统阐述了复式记账原理及其应用方法，标志着近代会计的诞生，推动了绩效管理初始理论的奠基。进入到资本主义工业时期，随着管理科学的迅猛进步，规范化、制度性的考核在社会各类机构组织中，才有了产生的土壤和广泛的应用。从时间上来看，国外绩效管理理论的发展大致经

---

① 王继承：《绩效考核操作实务》，广东经济出版社2003年版，第16页。

历了以下三个阶段①：

第一，成本绩效管理时期（也称为绩效管理理论形成阶段，19世纪至20世纪初）。早期成本思想很简单，就是追逐利润、寻求利益最大化。成本计算就是这样一种简单的以盈利为目的的计算方法，这一阶段的绩效管理带有统计的性质。19世纪以前，各国各类企业的规模普遍较小，企业主的评价主要集中在企业本身的盈利状况上，企业绩效多以观察性绩效评估为主。19世纪晚期第二次工业革命爆发后，企业开始扩大规模，经济优势开始使得产品生产效率受到更多重视。绩效的两大方面，效益和效率都得到了关注。1903年美国杜邦公司创立了杜邦分析体系，成为财务领域中较有影响力的绩效管理体系；1911年美国会计工作者哈瑞（Harry）设计了标准成本制度，用积极、主动的事前预算和事中控制替代被动的事后系统反应分析；1917年福布斯提出了开展绩效比较的资产报酬率指标；1928年亚历山大·沃尔（Alexander Wole）推出沃尔信用指标体系。

第二，财务绩效管理时期（也称为绩效管理理论发展阶段，20世纪初至20世纪末）。在资本主义市场经济进入垄断竞争阶段的20世纪初，西方各国开始出现一些多种经营的综合性企业，为企业绩效管理体系进一步发展和创新提供了样本。学者们提出了著名的委托代理理论、经济增加值指标和MM理论等，目的是为了更加真实地、客观地反映企业绩效。1954年，祖籍荷兰的美国现代管理学之父彼得·德鲁克（Peter F·Drucker），在其代表性著作《管理实践》（The Practice of Management）一书中，提出目标管理的绩效管理概念，并指出利润最大化虽然是企业的主要目标，但绝对不是唯一的目标，其他非财务指标都可能影响到企业绩效，这种提法开创了综合目标管理的新时代。20世纪70年代，美国管理专家麦尔尼斯（Mclnnes）提出，最常用的绩效管理指标应当是投资报酬率和净资产回报率，其次才是预算比较和历史比较。从20世纪80年代开始，企业绩效管理不断发展完善，形成了以财务指标为主、非财务指标为补充的管理体系。

---

① 本部分内容主要来源于李敏主编《绩效管理理论与实务》，复旦大学出版社2015年版，第18—19页；陈琴《双元绩效管理体系应用探讨——SD连锁公司案例研究》，硕士学位论文，厦门大学，2009年，第8—9页。

第三,绩效管理创新时期(也称为绩效管理理论完善阶段,20世纪末至今)。20世纪90年代开始,欧美的一些大公司感觉主要依赖短期财务指标的绩效管理体系,无法正常应对企业在新的历史时期的经济问题,于是开始建立一套新的绩效管理体系,提出以顾客为中心、以社会责任为主体的理论,并且更加关注企业的柔性发展。1991年,Lynch R 和 Cros SK 在原有绩效度量矩阵的基础上,引入了贯穿整体的分层次度量概念,提出了新的战略度量和报告技术(SMART 金字塔)。1992年,美国哈佛商学院罗伯特·S. 卡普兰(Robert S. Kaplan)和复兴国际战略集团创始人戴维·P. 诺顿(David P. Norton)创建了平衡计分卡,希望通过四个方面的综合考察,实现对企业绩效的科学评价,从而彻底摆脱了传统的"奖惩——评估"的方法。2002年,英国克兰菲尔德大学(Cranfield University)企业绩效管理中心的学者,提出了绩效棱柱模型,该模型将平衡计分卡的股东、客户和员工利益扩大到了其他利益相关者的范畴,实现了全息式绩效管理的新突破。

(二)绩效管理理论的理论基础及核心内容

在形成和发展过程中,绩效管理理论吸纳了各种管理理论的重要思想和基本方法。现阶段管理理论中,对绩效管理影响较大、可以成为绩效管理依据的观点可分为两个层次:一是系统论、控制论、信息论,以及社会交换理论、人性假设理论等,它们构成绩效管理的一般理论基础;二是工作分析理论、目标管理理论、激励理论和组织公平理论等,他们构成绩效管理的直接理论基础。

绩效管理的一般理论基础包含系统论、控制论、信息论、社会交换理论和人性假设理论等。系统论(System theory)、控制论(Cybernetics)和信息论(Information theory)是20世纪40年代先后创立并获得迅猛发展的三门系统理论的分支学科,在系统科学领域合称为"老三论"(对应的"新三论"是指耗散结构论、协同论、突变论)。美籍奥地利生物学家贝塔朗菲是系统论的创始人,这种理论要求把事物当作一个整体或一个系统来研究,并使用数学模型的方式去描述和确定系统的结构和行为。在绩效管理的运作过程中,系统论提出一种理念上的指导,从战略角度对绩效管理进行全面的、宏观的研究,使学者在绩效管理具体问题的研究中,更加注重相互之间的关系及其相互之间产生的影响。在自觉地适应近代科学技术不同门类相互渗透与相互融合的发展趋势中,美国著名数学家维纳

Wiener N 与合作者创立了控制论，这种理论研究系统的功能、状态、变动趋势及行为方式。通过对控制系统稳定性的研究，揭示不同系统的共同的控制规律，使系统按预定目标运行。在绩效管理的形成、评价指标的确定和绩效管理的运行等方面，信息论的指导作用相当明显，在绩效管理中形成一种领先局面。

　　社会交换理论是 20 世纪 60 年代兴起于美国，随后在全球范围内得以广泛流传的社会学理论。这种理论比较强调对人类行为的心理因素的重视，因此也被称为行为主义社会心理学理论。社会交换理论主张从经济学的投入与产出关系的视角研究社会行为，主张人类的所有社会行为，都受到某种能够带来激励机制或者刺激诱因的交换活动所支配。公平理论是社会交换理论的一个分支，是对人们在交往过程中公平性的要求进行的概括。人性假设是指管理者在管理过程中对人的本质属性的基本看法。随着管理实践的发展，人们对管理中人性的认识也在不断深化，经历了经济人假设、社会人假设、自我实现者假设、复杂人假设和决策者假设等阶段。人性假设正是管理者关于被管理者需要的观念。所以，人性假设就成为研究管理绩效的人性论基础，不同的人性假设对提高管理绩效具有不同意义。人性假设不仅决定着管理理论的形成与发展，同时还制约着人类的管理实践活动，因此对于人性的正确、深刻认识和理解之于管理效果好坏、管理成败的意义就十分重要。

　　绩效管理的直接理论基础——工作分析理论、目标管理理论、激励理论和组织公平理论等。工作分析是现代人力资源管理所有职能（包括人力资源获取、保持与激励、控制与调整、整合、开发等职能工作）的基础和前提，只有做好工作分析与工作设计，才能据此有效地完成各项人力资源管理的具体工作。开展工作分析，有助于全面地了解各类工作职务的特征、工作行为的模式、工作的程序及方法，其结果可应用于人员招聘、职工培训、绩效评价、工资管理等许多方面。① 彼得·德鲁克的目标管理（Management By Objective，简称 MBO），是根据目标进行管理，即围绕确定目标和实现目标开展一系列的管理活动。MBO 的关键不是"目标"，而是"管理"。一切管理行为的开始是确定"目标"，执行过程也是以"目

---

　　① 周亚新、龚尚猛主编：《工作分析的理论、方法及运用》，上海财经大学出版社 2010 年版，第 32 页。

标"为指针，管理行为的结束以"目标"的完成度来评价管理效果。[①]MBO 的思想批判地吸收了古典管理理论和行为科学的优秀成果，逐渐成为当代企业管理体系的最为重要组成部分之一，甚至被称为"管理中的管理"。激励理论（Incentive theory），是行为科学中用于处理需要、动机、目标和行为四者之间关系的核心理论。[②] 行为科学认为，人的动机来自需要，由需要确定人们的行为目标，激励则作用于人内心活动，激发、驱动和强化人的行为。激励理论是业绩评价理论的重要理论基础，其目的在于激发被评价对象的积极行为动机，调动行为人的主动性和创造性，以实现成绩最大化和业绩最优化。

（三）我国政府绩效管理的发展阶段及现状

绩效管理是西方管理界的舶来品，在我国的正式应用（特别是在企业管理领域的广泛应用）是在改革开放之后，我国的管理学者和实践专家引进吸收了大量国外的先进管理经验和方法，仅在绩效管理领域就有关键业绩指标法、末位淘汰、目标管理、平衡计分卡、360 度考核等。作为一种管理手段，许多企业已充分认识到绩效管理的重要性和进步意义。改革开放后，我国开始与市场经济相适应的政府管理体制改革，绩效管理必然随着企业绩效管理的发展，推动和促进政府绩效管理的逐步提出和发展完善。我国政府绩效管理的发展可以简单地划分为三个阶段：

第一阶段：奖勤罚懒的主观考核时期（新中国成立前至 20 世纪 70 年代末）。早在新民主主义革命时期，各个根据地就对干部考核实行严格的审查制度，主要目的是防止和清除阶级异己分子，保持革命队伍的纯洁性。新中国成立后，干部考核由对干部的审查，变为对干部的鉴定。从审查到鉴定、从品德到作风、从工作到贡献，这种转变适应了我国特定历史时期国家主要矛盾和核心任务的发展演变，较好地实现了特定历史时期国家政府的特定历史任务。但由于强调阶级斗争为纲和工人阶级的国家主体地位，基本上没有什么绩效管理或者考核的提法。

第二阶段：德、能、勤、绩的客观考核时期（20 世纪 80 年代初至 90 年代末）。在这个历史时期，我国已经开始走上了改革开放的中国特色社会主义道路，各项工作开始步入正轨。企业开始试行综合的、全面的、宏

---

① 张双：《绩效管理理论溯源》，《商场现代化》2007 年第 1 期。
② 谢霞：《基于企业社会责任的员工激励途径探索》，《经营管理者》2011 年第 8 期。

观的考核体系，综合考察职工的方方面面，包括出勤率、工作能力、工作态度、实际业绩等多项指标。在党和政府管理领域，党的十一届三中全会后，全党工作中心发生转移，干部考核科学化、制度化、民主化问题被提上了议事日程。不可否认的是，虽然提出了德、能、勤、绩的具体的考核方面和内容，相比较我国原来的主观考核模式有了一定的进步，但由于历史的遗留和人事关系的复杂性，个别地方某些时候这种客观考核体系还只是停留在文件规定中，实际执行中仍然带有极强的主观色彩和领导意志。

第三阶段：目标管理导向下的政府绩效评价时期（21世纪初至今）。这一时期，西方很多先进的、高效的绩效管理理论和经验，开始被引入我国，在经济管理和企业管理领域尤其。目标管理不仅仅存在于企业管理中，我国政府绩效管理中也曾采用这种做法。我国政府绩效管理最大的变化，当属由于政府机构的改革带动了政府管理方式的变革，从而使得推行政府绩效管理和绩效评价已经成为政府运作的基本要求。2011年3月，国务院成立政府绩效管理工作部际联席会议，以此为标志建立推进政府绩效管理工作的领导体制和工作机制。我国的政府绩效管理已经从传统的绩效考核向现代的绩效评估过渡、从重视个体目标的任务考核向重视单位目标的整体评估转变。

二　绩效管理与侦查评估指标

公正与效率是刑事司法领域理论研究的两种重要价值目标。北京大学的陈瑞华教授认为，几乎所有刑事司法程序改革都有两个基本目标：一是使刑事诉讼活动的进行更有效率；二是确保诉讼参与人的权利，这与公正的要求密切相连。[①] 公正是刑事司法的灵魂和生命，一般说来，刑事司法的核心追求和终极目标就是公正。与公正相比较，效率作为一种价值选择，只能居于公正之后。不过，在刑事司法的不同阶段，对公正与效率的选择或者说偏向是不同的。毫无疑义，审判阶段是公正发挥效用的主战场，而在审前阶段（包括侦查阶段）的很多时候，对效率的追求必然成为一种工作上的要求。当然，公正与效率发生冲突的时候，效率不能违反公正。

（一）追求公正：刑事司法形成过程中的绝对目标

公正是公平、平等、正当、正义等系列司法价值的总和。司法公正的

---

① 陈瑞华：《刑事审判原理论》，北京大学出版社1997年版，第92页。

本质内涵，就是要在司法活动的过程和结果中，坚持和体现公平与正义的原则。既要求司法机关的诉讼过程遵循平等和正当的原则，也要求司法机关的诉讼结果体现公平和正义的精神。司法公正包含了程序公正和实体公正，我国传统对司法效率较为关注，司法公正则主要体现在对实体公正的追求上。刑事诉讼中的司法效率主要体现在简易程序的原则性规定上。从历史上看，我国的简易程序可以追溯到抗日战争时期陕甘宁边区的马锡五审判方式。

在具体司法实务中，简易程序的现状及效果没有达到预期效果。近年来，我国的犯罪案件总体趋势呈较为明显的上升态势，司法机关的负担在逐步加重。然而，有关专家统计：1996年刑诉法实施以来，司法实践中刑事简易程序的适用比例却一般只有5%左右。① 2012年刑诉法修改扩大了简易程序的适用范围，国家随即出台了关于刑事案件速裁程序的试点规定。基层法院适用简易程序的比例有大幅上升趋势，但尚未构成普遍的"大幅度"或"绝大多数"。② 比例上升趋势仍在一定程度上低于立法者最初的期待和司法实务的迫切需求，也低于大多数国家应用简易程序的比例。有学者根据研究得出结论：当适用简易程序的刑事案件占收案总数的55%至56%时，是体现适用简易程序经济性的最佳值。③ 不过，由于我国传统重罪思想的影响以及对"花钱买罪"的担心，要达到西方国家这个较高的数值，难度太大。

最高人民法院有关领导曾提出："公正与效率是21世纪人民法院的工作主题"，追求"公正与效率"应当成为各级人民法院的工作中心。但我国的刑事简易程序适用率为什么偏低，只强调公正不强调效率的刑事司法是一个可行的司法选择吗？一句古老的英国法谚其实已经揭示了这个问题的答案——"迟到的正义非正义。"我国实行的是职权主义模式，不同于英美法系国家的当事人主义模式，职权主义模式由于强调国家机关职权的配合，所以庭审对抗性本来就不强，诉讼效率相对较高，因而对简易程序的需求不迫切。从诉讼程序内容上看，我国法律规定的简易程序主要体现在审判阶段，仅仅在审判阶段对特定范围的案件可以简易审，但在启动

---

① 樊崇义主编：《刑事诉讼法实施问题与对策研究》，中国人民公安大学出版社2001年版，第512页。
② 刘玫、鲁杨：《我国刑事诉讼简易程序再思考》，《法学杂志》2015年第11期。
③ 姚建涛：《再析我国刑事简化审制度》，《临沂师范学院学报》2006年第2期。

主体、适用条件、简易程度等方面较为严格，使得适用简易程序难以成为法官的首要选择。由于我国传统"重打击轻保障"的诉讼理念，以及"重实体轻程序""重实体公正轻程序正义"的影响，使整个司法实务部门（尤其是审判机关）不愿过多选择简易程序审理案件，最终决定了刑事诉讼效率提升的难度和广度。

（二）提高效率：各国刑事侦查活动必然趋势要求

在价值观上，各国刑事司法实践中，开始了突出诉讼效率为价值主导的司法体制改革，这种改革趋势得到了立法机关和司法机关的认可。在理论基础研究上，犯罪控制模式理论由于以效率为价值取向，重新获得了理论上的肯定和看重。

如何提高刑事司法效率呢？当今世界各国均进行了广泛的、积极的探索，其中比较有代表性的当属大陆法系各国的刑事简易程序和英美法系各国的辩诉交易程序。当然，这两种程序本质上均是审判程序的简化，而不是整个诉讼程序的简化，更不是审前程序的简化。审判阶段对效率的追求和审前程序特别是侦查活动对效率的追求不同。审判阶段是在公正基础上适度追求效率，而在这一点上侦查活动不完全等同于审判活动，侦查活动强调在不违反公正、不违反程序规定的基础上，强化对效率的追求。从我国诉讼程序的阶段论角度出发，侦查程序当然属于刑事诉讼程序的一部分和前期重要环节，但侦查程序不同于审判程序，侦查程序的行政色彩较为浓厚，侦查活动的主要目的是通过揭露犯罪、证实犯罪、惩罚犯罪，从而实现社会秩序的和谐与国家秩序的稳定。因此，侦查效率当然地成为侦查工作追求的永恒的价值目标。很显然，一旦侦查的效率降低到一定的限度，丧失了其对犯罪行为起码的揭露和震慑功能，那么，公民的人身自由权利、财产权利、居住权利等就会惨遭犯罪行为的肆意侵害，人权保障便无从谈起。[①] 因此，侦查活动需要有效率、需要提高效率，只有高效率的侦查活动，才可能提升刑事司法惩罚犯罪、保障无辜的功能，才能够真正实现刑事司法人权保障的法律价值。

刑事司法中的侦查活动如何提高效率？从各国刑事诉讼法的相关规定来看，几乎没有直接对侦查效率进行规定的法条，究其原因主要是避免产生相关人权保障不力的攻击言论。侦查是刑事诉讼程序的重心之一，而在

[①] 任惠华：《法治视野下的侦查效益问题研究》，群众出版社2009年版，第24页。

此程序中，被告人人权之保障与侦查效率之维持两者立场之对立理应彰显侦查活动的高度争议性和问题层面的技术性。我国台湾地区学者指出，就检察官之心证而言，侦查之效率与人权之保障仅系于一念之间，一张纸之薄，其处分之妥当性如何，检视困难。① 因此在具体法律条文及制度设计上，对侦查效率的肯定基本上采取两种方式：其一，规定侦查行为的迅速性或者具体的侦查期限，明确对侦查效率的追求。其二，通过赋予侦查机关更大的侦查权力，特别是通过确立侦查秘密原则，使得侦查效率更高。

（三）公正与效率：特定历史时期的侦查评估指标

侦查活动应当在公正的基础上有效率。任何国家，无论经济发展的程度和财政投入的大小，在侦查阶段的投入必然都是相对有限的。在投入相对有限的情况下，各国侦查机关努力通过挖潜增效多破案、破大案，以实现侦查工作的最优化和侦查效率的最大化。通过寻找最佳的结合点，以最少的人力、物力和财力，在最短的时间内，最大限度地实现刑事侦查的目的。② 对侦查效率的追求要求侦查机关通过充分地、合理地运用侦查资源，降低侦查成本，以最小的成本获得最大的成果，侦查效率就是投入的侦查资源与取得的侦查成果之比例。

侦查程序中的效率与公正，并不是完全矛盾的两个目标，而是具有共同性、能够和谐共处的事物的正反两面。传统关于效率与公正的认识中，常常将公正与效率比喻为鱼和熊掌，是一种此消彼长的对立关系。这种认识不全面，效率和公正是司法活动（包括侦查活动）的两个方面，体现了刑事诉讼中追究犯罪与保障人权的两大价值目标。两者犹如车之两轮、鸟之双翼，同等重要，不可偏废。在侦查程序中，公正是侦查机关侦查追求的根本目标，效率则是实现公正的措施和保障，两者一荣俱荣、一损俱损。效率与公正相互依存、互相促进，当然在具体个案侦查的某个时期，两者可能存在临时性的对立关系，但不能因此否认两者的共通性。我国经济学领域认同"效率优先、兼顾公平"，侦查程序可以适当学习并予以借鉴。侦查机关在侦查过程中，常常容易危及普通公民的权利，如果过分强调效率优先有可能导致侦查机关为了发现案件事实真相而不顾一切，强大的侦查权力就可能被滥用。③ 但在坚持公正和依法的基础上，鼓励侦查机

---

① 陈运财：《侦查与人权》，中国台湾元照出版有限公司2014年版，第8页。
② 吴克云：《刑事侦查效率论》，《公安研究》2001年第2期。
③ 黄豹：《侦查构造论》，中国人民公安大学出版社2006年版，第164—165页。

关追求侦查效率并没有问题,追求效率本身没有错,只要是在不违反法律、不违反程序规定的基础上进行就没问题。

对侦查效率的追求,必然要求有一定的衡量尺度和标准。侦查效率的高低,最核心的评价要素有三:一是侦查质量,即侦查工作要达到法律规定的标准和要求:犯罪事实清楚;证据确实、充分,对所认定事实已排除合理怀疑;犯罪性质与罪名的认定正确;侦查活动合法,法律手续完备。二是侦查速度,即一定时间内的侦查工作量,主要体现为单位时间内的破案数,就具体的个案而言,侦查速度体现为一个具体案件侦破周期的长短。三是侦查投入,即侦查中除时间消耗之外,国家投入的人力、物力和财力的多少。三要素中,侦查质量是侦查效率的基础,没有质量的速度是乱作为、滥作为;侦查速度是侦查效率的关键,没有速度的质量相当于不作为、懒作为;侦查投入是侦查效率的必要条件,没有投入就不可能产生效益。[①] 以上衡量要素中,相当比例的要素需要通过一定的评估指标来计算、统计、比较。

第三节 科学评估理论

一 科学评估理论的基本内容

(一) 科学评估理论的提出及主要发展概况

评估是用一套客观、特定的方法或步骤,去测度具体被评估对象的发展状况或行为表现等内容的方法。在科学学领域,评估是一个新事物。评估的对象很多,既可能是某一个具体的方案,也可能是某一个具体的物品如房子,还可能是具体的人物或者事件等。评估是现代社会的一项发明。评估是一种工具,借助它,不仅可以对观测到的社会变革进行终结性的测量、分析和评价,也可以为过程的合理调控生成形成性的数据。[②] 我国非常重视科学评估工作,在国家层面,1997年在国家科技部下成立了国家科技评估中心(也称为科技部科技评估中心,简称NCSTE),中央编制委

[①] 毛立新:《刑事侦查中的公正与效率目标》,《中国刑事警察》2003年第4期。
[②] [德] 赖因哈德·施托克曼、沃尔夫冈·梅耶:《评估学》,唐以志译,人民出版社2012年版,第2页。

员会办公室 2004 年批准其成为具有独立法人资格的国家级专业化科技评估机构，主要为政府部门和社会机构及企业提供科技计划、项目评估、人才评估、评估研究等方面的服务。一些高校也成立了类似的专门研究机构，如武汉大学中国科学评价研究中心（简称 RCCSE）。

何谓科学？科学其实是一种态度、是一种方法，是运用范畴、定理、定律等思维形式，反映现实世界各种现象的本质和规律的知识体系，体现人类智慧结晶的分门别类的学问。社会科学和自然科学本质上都是人类认识自然界的认识活动，其目的都是要追求认知结果的真理性，因此都必须遵循人类认识活动的法则。在具体操作上，首先从理性检验来看，社会科学真理性的理性检验从来就是在检验者的直观逻辑合理性下被确认的；其次从经验命题来说，社会科学的大部分研究对象，一个命题所得到的经验事实的支持是否充分，是否存在着经验事实的反例，均是在评估者的经验中被直观地加以检验的。[①] 承认社会科学和自然科学的差异性，认可在社会科学和自然科学的科学性评价上的不同性，并不意味着就是只有自然科学领域才存在科学的判断和认知活动。只不过在社会科学领域，这种判断和认知的难度相对更大、主观性更强，为了避免主观认知的弊端以及学习借鉴自然科学评估的优势，社会科学领域也在探索吸收一些类似于自然科学的明确规则、具体指标、硬性杠杆等，从而形成相对客观真实、主观可控的评价体系，这就扩充了科学评估体系的研究范围，使得科学学科体系以及科学评估体系的应用更加广泛。

科学评估是一个发展中的动态概念，也是一个综合概念和集合概念，目前学术界尚未为其下一个明确的、统一的概念。不仅因为科学评估本身内涵广泛、范围无限、内容变化，而且还因为它蕴含着一系列下位概念，是一个概念集合体的总称。对科学评估（也有研究称为科学评价）的理解，目前有广义和狭义两种。广义上的科学评估是指运用科学的方法对自然界一切事物进行的评价，意指"科学地评价""评价科学化"；狭义上的科学评估是指以科学活动和科学研究活动为对象的评价，它覆盖的范围较窄。[②] 学者指出，科学评价应回归科学的本质，才可能使科学评价更科

[①] 卜卫、周海宏、刘晓红：《社会科学成果价值评估》，社会科学文献出版社 1999 年版，第二章、第三章部分内容。

[②] 文庭孝：《科学评价理论体系的构建研究》，《重庆大学学报》（社会科学版）2008 年第 3 期。

学、客观、公正。为此，管理工作者应尊重科学评价的独立性。[①] 目前，通常所指的科学评估是从狭义上来理解的科学评价，即专指以科学活动和科学研究活动为对象的评价。不过，本书为了研究的方便，是从广义上来理解和应用科学评估概念的。

（二）科学评估理论的主要观点及内容评述

与新兴学科的科学学比较类似的是，评估学也是一个新兴学科，也才刚刚起步。不过，由于涉及的知识领域范围较为宽广，其相关的理论渊源绝对源远流长。科学学领域存在评价理论的研究，涉及科学活动产生、科学活动发展以及由此而形成的科学计量学；管理学领域也存在评价理论的研究，涉及绩效管理、综合评价、人事管理、系统评估等。[②] 这些不同领域的有关理论，因为能够为科学评估工作提供一定的存在依据或者运作支撑，从而均可能成为科学评估理论的研究范畴。

20世纪末期，我国学者在科技成果评估中提出了科学评估的三个基础理论：对象——适用范围理论、价值——现值与估算理论、区别——假设与前提理论。对象——适用范围理论要求，科技成果评估工作在起步时，就要把界定科技成果评估工作的适用范围作为一个首要的任务，给它"定位"，这项工作尤为重要，直接关系到评估工作的成败。价值——现值与估算理论根据历史唯物主义的观点，提出评价任何事物都不能脱离当时的社会背景和条件。科技成果的市场价值是受科技成果的类型、技术更新周期、其他科技成果的开发情况和外界经济科技环境等因素的变化而变化，科技成果评估的价值是一个时点的价值，而且这个点必须是现值点，即评估工作的时点。但交易的时间最接近评估时点的时候，就是交易价值最接近评估价值的时候。区别——假设与前提理论提出，在分配制度和对事物及人的评价中，必须坚持没有区别就没有政策的观点。评估人员将资产价值的估算置于三种前提假设的限制之下，这三种前提假设分别是公开市场假设、继续经营假设和资产清偿假设。[③] 这种理论研究，虽然在一定程度上填补了科学评估理论的空白，但由于其针对对象仅仅是科技成果，且其研究方法主要是从经济学角度进行的，显得应用性、实务性、交易性

---

① 赵跃宇：《让科学评价回归科学》，《人民日报》2016年3月28日第20版。
② 王宏鑫：《评价学：从实践到理论的飞跃——读〈评价学 理论·方法·实践〉》，《图书情报工作》2011年第17期。
③ 齐敬思：《科技成果评估》，石油工业出版社1999年版，第14—20页。

太强，相关理论性、普遍性、宏观性明显欠缺。

由于科学评价对象不断的多样化、复杂化、综合化，科学评价的内容和范围日益扩大，科学评价正在由单项评价走向综合评价。科学评价理论框架本身也展现出跨学科、跨领域的特征，科学评价涉及的学科领域主要有政策学、决策学、经济学、工程学、管理学、社会学、心理学和逻辑学等，设计和实施科学评价活动需要跨学科、跨领域的综合方法，需要不同专业、学科、领域理论的整合和综合应用。[①] 这种理论的整合与综合应用，使得科学评估理论体系极为繁杂、宏大。相关理论研究的内容涉及的领域众多，在科学评估领域的应用也表现得覆盖面广、应用率高。作为一种评价学体系，科学评估理论还与科学学、预测学等学科内容密切相关，互为补充。根据学者的研究归纳，科学评估理论的内容主要包括价值论与认识论、劳动价值理论、计量学理论、比较理论和分类理论、信息论和系统论、科学管理与决策理论、信息管理与科学理论、数学与统计学理论等八大范畴，每一类范畴均涉及两至三个学科体系。

二 科学评估与侦查评估指标

侦查应当成为科学学和评估学的研究对象，侦查活动也完全可能成为科学学和评估学的研究范畴。科学评估理论涉及的领域很多，从心理学到逻辑学、从决策学到管理学、从社会学到行为学、从经济学到计量学，等等。而这些学科领域都当然地是侦查活动的重要依托和支撑，科学评估理论也当然地为侦查评估指标体系的建构提供了可能。

（一）从价值论看侦查评估指标体系的存在价值

价值论（axiology）是关于社会事物之间价值关系的运动与变化规律的科学。作为一个学科分支的历史形成，价值论是自古代以来，哲学经过高度分化之后，各种具体学科日渐成熟，并在实践中开始走向新的综合的产物。从学科层面看，价值论是继存在论（ontology，旧译本体论）、意识论（gnosiology，旧译认识论）之后形成、且与之在同等层次上并列的一大哲学基础理论分支。[②] 在传统的研究和理解中，价值论似乎是一种高高在上、高深莫测的"阳春白雪"，似乎是只有纯粹的、专业的理论研究者

[①] 文庭孝、邱均平：《论科学评价理论研究的发展趋势》，《科学学研究》2007年第2期。
[②] 李德顺：《价值论》（第2版），中国人民大学出版社2007年版，第6页。

才去研究的内容。然而在现代社会，价值论开始与人们的日常生活发生联系，人们的实际生活中价值处处可见。

侦查活动具有当然的价值性。侦查的产生可以追溯至无阶级人类社会的最初时期。原始社会的初民时期，没有国家、没有政府、没有法律、没有警察，但不意味着不存在伤害、抢劫、杀人等行为。初民时期氏族或者部落的首领或者长者，为了维系自己的权威以及氏族部落的利益，已经开始对某些违反秩序的行为进行调查和惩处。原始社会后期，人类开始出现类似于今天侦查活动的行为。人类社会正式认定犯罪之时，也就是正式的侦查活动萌芽之日。马克思主义认为，军队、警察、法庭、监狱是重要的国家专政机器，是国家机构的重要组成部分。在国家产生的同时，这些专政机器也就产生了。侦查活动是警察机关的核心活动之一，是国家专政活动的重要组成部分，也是现代国家国内安全保卫和社会治安秩序的维护者。可以说，当今世界上，存在没有军队的国家，但不存在没有警察的国家。

侦查评估指标也具有当然的价值性。侦查评估指标是对侦查活动进行评价和管理的重要环节和内容，是侦查管理活动的重要组成部分，当然更是国家刑事司法活动和司法政策统计不可或缺的内容。侦查评估是侦查活动和管理活动的交叉领域，是社会科学的边缘研究范畴。社会中的人类建立彼此之间的联系（包括法律上的）的目的，是为了获取一定的价值。作为统治阶级意志的体现，法律一方面能够保卫国家安全、保护各类权利，另一方面也能够保护生产力、促进生产关系的完善，为生产力和生产关系的发展，创造良好的政治环境和社会环境。站在国家专政的角度，侦查活动是维持国家秩序和社会秩序的稳定，来影响和推动各类社会行为、各种社会现象以及与生产力关系的发展，从而评价和解析具体事件、具体行为的产生、发展、变化过程。侦查评估指标体现了较高的价值论因素，侦查行为或多或少地与一定范围、一定领域的价值论存在着一定的联系，价值论是整个侦查活动开展和运作的基础理论之一，任何侦查行为中关于国家利益、社会秩序以及个人权利关系的理论与观点，都自觉不自觉地以某种价值论为前提。

（二）从认识论看侦查评估指标体系的认知必要

认识论是探讨认识的本质、认识的结构，认识与客观存在的关系的哲学学说。认识论也是人类认识社会的前提，是人类认识发生、发展的进程及其规律的基础,是认识的真理、认识的标准、认识的价值等理论的核心。法国学者认为,认识论一直到20世纪初的学术著作和哲学著作中才出现,取代了孔德和库尔诺先前使用的科学哲学的说法。认识论有别于17、18世纪的哲学家们所谓的认识理论。① 唯物主义认识论认为物质世界是客观实在,强调认识是人对客观实在的反映,坚持从物质到意识的认识路线。马克思主义哲学的认识论在唯物主义认识论的基础上,按照认识本身的过程考察认识,真正科学地揭示了认识产生、发展、深化的规律,真正用科学的眼光来理解认识的自觉性。

侦查活动其实就是一种认识活动,侦查学的理论和技术围绕着改善或者提高侦查人员的认识能力展开。一部侦查学的发展史在很大程度上就是侦查认识主体对犯罪事件认识能力的发展史。② 在具体侦查实践中,侦查认识就是侦查人员通过案件侦查过程,在头脑中形成的有关案件性质、作案人特征以及作案过程的一种反映、推测、意见和信念。反映是侦查人员通过观察而获得的案件条件方面的初步情况;推测是侦查人员在初步观察基础上对案件提出的各种猜测和假设;意见是侦查人员对案件情况的判断;信念是侦查人员对推测和意见求证之后所持有的确信谁是犯罪嫌疑人及其犯罪过程的思想状态。反映、推测、意见和信念是四种性质不同的侦查认识,随着侦查的进展,出现一定的承继关系,这就是侦查认识论的基本理论内涵。③ 侦查活动也符合认识活动的基本规律,与认识活动一致的是,侦查活动也具有反复性,对已发生的具体案件的认知过程是复杂的、变化的,其真实情况的暴露和展现有一个过程;认识具有无限性,侦查活动的对象是无限变化着的客观案件,随着侦查水平和认识能力的发展,追求案件真实的过程也是一个永无止境的过程;认识具有前进性和上升性,侦查活动对案件的真实的追求也是一种波浪式的前进或螺旋式上升过程。

侦查评估指标体系是社会对侦查活动认知的最佳表现形态。侦查活动本身就是一种人类的认识活动,是国家专政机关对已发生案件的认识过程。而对侦查活动的评估、考核、管理等活动,更是国家、社会、群众对侦查机关侦查活动的认识过程,且还是一种比较专业的、科学设计的、数字化考核的认识过程。认识的辩证法不仅表现在一个具体认识过程的形式

---

① [法]巴罗:《认识论》,王长明、尚中华译,商务印书馆1999年版,绪论。
② 杨立云:《侦查认识原理研究》,群众出版社2009年版,第1页。
③ 孙延庆主编:《狱内侦查学》,中国检察出版社2010年版,第16—17页。

中，更重要的是表现在认识发展的社会历史过程的形式中。列宁强调，按照马克思的理解，辩证法包括认识论，这种认识论"应该历史地观察自己的对象，研究并概括认识的起源和发展，从不知到知的转化。"① 对侦查活动的评估，就是一个历史地、辩证地认识侦查活动的过程。从早期的侦查机关内部奖励惩罚，到中后期的全国性侦查绩效考核，再到现在的法治政府视野下的内外结合的侦查评估，对侦查活动的认识已经发生了翻天覆地的变化。

（三）从计量学看侦查评估指标体系的可评价性

按照国际标准化组织（ISO）等国际组织联合制定的《国际通用计量学基本术语》（1993 年）的规定，计量学被定义为"测量学科"，并在注解中说明："计量学包括涉及测量理论和实用的各个方面，不论其不确定度如何，也不论其用于什么测量技术领域。"我国从 1953 年起就使用计量一词，到目前已有六十多年，计量的含义是什么，以前一直存在分歧。JJG1001—91《通用计量名词及定义》中对计量的定义是：实现单位统一、量值准确的活动。中国的计量一词过去采用与测量一词相同的英文，即 measurement，但定义却不相同。当前，专家学者们对计量的定义有三种：其一，计量是利用科学技术和监督管理手段实现测量统一和准确的一项事业；其二，计量是保证测量实现统一和准确的一门科学；其三，计量是利用技术的法制手段，实现单位统一、量值准确一致的测量。

目前广泛用于科学评价实践和研究的主要是文献计量学和科学计量学理论与方法，而在知识计量学和经济计量学理论与方法的应有上还研究甚少，成为将来科学评价理论研究突破的关键。② 文献计量评价方法是指利用出版物、专利、引文等科技绩效指标进行科研评价的一种定量评价方法。美国的埃利泽·盖斯勒教授认为，文献计量指标"可用于所有层次"的评价，小到科学家个人，大到一个学科乃至一个机构、国家。③ 侦查评估指标体系就是通过对系列出版物、引文、具体数据、群众认可度等系列绩效指标，对侦查活动的优劣、绩效进行科学评价的设计，并且从公安部

---

① 《列宁选集》第 2 卷，人民出版社 2012 年版，第 422 页。
② 邱均平、文庭孝等：《评价学 理论·方法·实践》，科学出版社 2010 年版，第 71 页。
③ ［美］埃利泽·盖斯勒：《科学技术测度体系》，周萍等译，科学技术文献出版社 2004 年版，第 158 页。

刑侦局近十多年的刑侦绩效考核工作来看，这种文献计量方法不仅是可行的，而且是必要的。当然，这种所谓客观的、高效的量化方法在科学发达国家不能大范围推广，因为量化方法本身存在一些根本性的缺陷。因此将文献计量学、科学计量学、知识计量学和经济计量学等计量理论与方法相互结合，并广泛用于科学评价还有相当的距离，还有很多的事情要做。[①]同样，在侦查评估指标体系中，计量理论与方法也只是为侦查评估服务的，文献计量等方法只是一个工具、一种手段，为指标体系的科学建构提供数据支撑，科学的指标体系需要适度地、合理地吸收计量理论的内容，但不能"唯数据论""唯计量结果论"，主次不能颠倒。

（四）从信息管理看侦查评估指标体系的科学评价

信息是人类社会的事物的当然存在状态和运动属性的外在形式。运动是一种由一套规则或习惯所约束、涉及体力和技巧的活动，包括物理运动、化学运动、生物运动、机械运动、思维运动和社会运动等。信息管理（简称IM）是对人类社会事物的存在状态和运动属性的管理活动。不同社会中，信息管理的手段方式不同，封建社会的狼烟传讯、现代社会的指纹打卡等，都是人类社会对信息进行组织、规划、控制和领导的社会活动。简单地说，信息管理就是具体的人或者单位组织通过一定的方式，实现对信息资源和信息活动的管理和控制。在管理过程中，需要进行信息收集、信息固定、信息传播、信息加工和信息分析等活动。

侦查活动是一个信息收集与管理的动态过程。在侦查活动中，传统上将信息称为情报，现代法治社会则更多地称为证据。当代美国刑事侦查学权威教材中就提到，可以把侦查员的工作简称为三"I"，即情报（Information，也被译为信息）、审讯（Interrogation）和仪器设备（Instrumentation）。在这三个"I"中，Information最为重要，因为它为后期的证据收集和指证认证奠定了基础。侦查员发现自己的处境就像是验算一道已得出答案的算术题，根据原有的知识和派生的公式，轻而易举地列出一道代数的等式，而不是作难地验证一条几何定理。[②] 刑事案件发生以后，随着犯罪现场勘查技术的发展，侦查人员逐渐意识到，犯罪现场包含着大量公开的或者隐藏的信息。通过对这些信息的解读和研判，能够建构犯罪嫌疑人

---

① 刘明：《科学计量学与当前的学术评价量化问题》，《浙江学刊》2004年第5期。
② [美]查尔斯·奥哈拉：《刑事侦查学基础》，群众出版社1990年版，第1—3页。

与犯罪现场之间的动态关联，证实或者驳斥犯罪嫌疑人的口供，或者据以发现其他的侦查线索。能够据以侦破犯罪的信息种类很多。包括从被害人处获取的信息、从证人处获取的信息、从犯罪现场/证据中获取的信息、从犯罪嫌疑人处获取的信息、从数据库中获取的信息、从档案材料中获取的信息等。[①] 如果说，侦查活动主要是一个对"谁作案"的发现真实的信息搜集管理过程，则对侦查活动的评估指标体系则是一个对如何搜集证据、如何掌握信息、如果推动诉讼程序的科学评价过程。

[①] ［美］李昌钰等：《李昌钰博士犯罪现场勘查手册》，郝宏奎等译，中国人民公安大学出版社2006年版，第17—34页。

第四章

我国现行侦查绩效考核机制解读

第一节 我国现行侦查绩效考核机制的形成

一 我国司法工作考核机制的历史渊源

我国的侦查绩效考核机制与现代意义上的警察制度密切相关，是伴随着现代意义上的警察制度的建立逐步发展并完善的。经考证，中国历史上，虽无"警察"之职业名词，但早有"警察"之汉语文字。在中国几千年的历代机构、职官表上，虽没有称作今日"警察"之职称的社会治安管理队伍，但早有行使今日"警察"之职能的机构和人员。这些行使今日"警察"之职能的部门和人员不叫"警察"，而是驻防军队或衙门里的军士或衙役。① 以下部分，我们就从这些历史上承担警察职能的机构或者人员的绩效考核工作入手，管窥传统侦查绩效考核机制的身影，从而提出我国现阶段侦查绩效考核的发展思路。

（一）我国古代社会的司法人员考核概况（19世纪以前）

我国古代社会司法制度中，司法与行政不分、刑民不分，因此要找到与今天侦查绩效考核完全一致的规定，几乎不可能。这里仅仅根据权力主体、相关职能以及具体内容等方面，简要介绍以下古代社会与侦查绩效考核相关的内容。奴隶社会主管刑狱的官员称为司寇。据《尚书》《左传》等文献记载，在周武王、周公时，司寇已是王朝的高官。周恭王、懿王时的铜器铭文中，已可见到有关司寇的记载。楚国改司寇名为司败②，也有

---

① 赵志飞：《首义警事：辛亥革命中的武汉警察》，群众出版社、中国人民公安大学出版社2011年版，第2—3页。

② 庞光华：《"司败"解》，《古汉语研究》2001年第3期。

的国家称刑官为上、理或尉。先秦以前对官吏的绩效考核，按照《周礼》的记载，主要是"八法治官府，六计课群吏"。从考核时间来看，《尚书·尧典》记载，尧舜时期官吏每三年进行一次考核，考核三次后决定对官吏的升降赏罚。《周礼》所述考核时间则更为频繁，主要分为短期考核、年终考核以及三年考核三种。考核方式在《周礼》中主要有文书考核、察访考核、巡狩朝勤考核三种。春秋战国时期，周王室严重衰落，各个诸侯国逐渐做大。随着周天子逐渐走下天下共主的地位，诸侯国开始进入群雄逐鹿的时代。相对应的是，各诸侯国对官吏考核也由原来的周天子转变为各诸侯国君，各诸侯国内部的专业考核官员开始逐步设立。

秦立国以后，很长时期一直落后于中原各个诸侯国。为了奋发图强赶超各国，秦孝公接受了法家思想，任用商鞅变法图强。法家坚持"人性本恶""人性好利"主张，认为作为个体的官吏都具有恶性，为官入仕主要是为了名利，必须对他们"申之以宪令，劝之以庆赏，振之以刑罚"。这种对官吏的奖励与惩罚的观点，其主要做法和实施方式就是绩效考核。秦朝对官吏的考核已经可以德、能、绩三个方面入手，分别考核道德修养（包括忠、正、礼、爱）、能力建设（包括通晓法律的能力、处理政务军务的能力和驾驭百姓、收拢民心的能力）和政绩（包括粮食产量、饲养牲畜的干草入库量、马牛畜养情况以及治安、断狱效果）等方面。[①] 治安、断狱方面的绩效，显然和今天的警察绩效、侦查绩效已基本一致。西汉时期对官吏的考课，主要有"上计制度""监察制度"和"选举考课合二而一"的仕进制度。上计制度着重考绩，以赏为主；监察制度着重考失，以罚为主；而选举考课合一的仕进制度着重是考能，以晋升为主。[②] 对地方官的考核内容包括了"户口垦田、钱谷出入、盗贼多少、移风易俗"等多方面内容，表现出考核应有的全面性与合理性。[③] 可见，对"盗贼多少"等社会治安现状的考察，是当时对地方官绩效考核的核心内容之一。

经历魏晋南北朝时期后，到了唐朝，我国对行政官吏的考核已实现制度化、规范化，标志性事件是当时的考核机构的正式确立和考核标准的相

[①] 李金鲜：《从云梦秦简看秦官吏考核》，《渤海大学学报》2013年第6期。
[②] 李勤：《中国古代"官吏考核制度"的分析》，《黑河学刊》2011年第3期。
[③] 王梅：《浅析汉代地方官吏考核制度的特点》，《青海师范大学学报》（哲学社会科学版）2013年第3期。

对精确。唐朝负责官吏考核的机构是尚书省下的吏部，吏部下设吏部司、司封司、司勋司、考功司四司，掌管天下文官的任免、考课、升降、勋封、调动等事务，其中考功司专司官吏考课。唐朝考核的标准主要是"四善"和"二十七最"，四善是指"德义有闻，清慎明著，公平可称，恪勤匪懈"，简单地说就是德、慎、公、勤四字。"二十七最"则是针对各个不同职位的具体工作而规定的不同要求，偏重对其在职才能的考察，与刑事司法有关联的有：六曰决断不滞，与夺合理，为判事之最；九曰推鞫得情，处断平允，为法官之最；十七曰明于勘覆，稽失无隐，为句检之最；二十五曰市廛不扰（《百官志》作"市廛弗扰"），奸滥不行，为市司之最。四善是对官员德才识能的考察标准，二十七最，则是对官员实际政绩的考察标准。宋朝在考核标准基本上沿用唐朝的四善和二十七最的基础上，新增了审官院（主要考核京官）和考课院（主要考核外官）对百官进行考核，并由御史台承担纠察监督百官的职责。元朝将隶属于尚书省的六部改为隶属于中书省，明朝废除了中书省的设置，六部直接对皇帝负责。明朝吏部下设文选清吏司、验封司、稽勋司和考功司。清朝有专门的考课法《清会典》，继续保留明朝的考功清吏司，并在清吏司下新设山东甲、江南甲、北直甲、广东甲四甲部门，分管各处官员功过，同时正式颁布了处分之法、议叙之法等，对各部门的考功进行系统规范。

（二）新中国成立前的侦查工作考核概况（19世纪末至1949年）

为更好地维护自己的既得利益，西方资本主义国家在近代中国的租界内设立巡捕房，维护租界内的社会治安。1854年7月11日，英、美、法三国驻沪领事成立租界殖民主义的统治机关——工部局，设立警务委员会，下设巡捕房为具体执行部门。我国学界一般公认1898年湖南保卫局的创立标志着中国近代侦查制度的萌芽。湖南保卫局的主要职责明确为："去民害、卫民生、检非违、索罪犯"，其中重要内容都是缉捕盗贼、审讯和安置人犯。[①] 不过，随着维新变法的失败，湖南保卫局在中国警政史上也就是昙花一现。1905年，清政府在北平建立巡警部，这是中国近代史上建立的第一个全国性的警察机构。

1911年中华民国成立后，南京临时政府将巡捕和巡警合并改称为警

---

① 倪铁等：《中国侦查体制演进研究——基于现代诉讼法治的视角》，复旦大学出版社2014年版，第174页。

察。1927年，国民政府扩充警察机构，设立内政部警政司，把各省、市、县的警察机关改为公安局，同时设立庞大的特务机构。1946年，设立内政部警察总署，各省、市、县警察机关改为警察局。根据孙中山五权宪法思想，南京国民政府设立了与立法院、行政院对应的考试院，考试院一项重要工作就是考绩，适用于对包括警务人员在内的一切国家公务员，但警官和长警①的考绩办法有所不同。警官的考绩适用公务员考绩办法，长警则另有专门规定。警官的考绩内容有工作、学识、操行三项，各按分评等。长警的考绩依《警长警士考绩规则》办理，每年年终进行考绩，考绩内容包括四项：工作的繁简、难易、勤惰、优劣、快慢如何；操行方面能否恪守纪律；学习方面有无进步以及理解记忆的程度；身体强弱与精神状况。② 不过，这里不论是对警官还是长警的考绩，均是一些公职人员常规要求的考核，未涉及具体的侦查内容。但在《警长警士奖励通则》中，对查获重要违警案犯、破获刑事案犯等情况，可以给予不同程度的奖励，这也算是对考绩体系的补充规定。

鄂东特委政治保卫局是中共历史上最早成立的基层政权保卫机构，同时也是当时当然的侦查机关。1929年6月9日，由鄂东北党组织发起，在河南光山县胡子石召开鄂东北、豫东南八县联席会议，同时成立肃反委员会，后更名为政治保卫局。③ 同时，当时的各个红色革命根据地和起义队伍中，都开始进行了建立相关的保卫组织和安全机构的尝试，有的称为肃反委员会，有的称为公安局，有的称为政治部保卫处。1932年中央执行委员会颁布的《中华苏维埃国家政治保卫局组织纲要》，对政治保卫局的内设机构和领导体制进行了规范，同时明确了保卫干部的管理体制和保卫人员的选拔条件、组织纪律等，这是我党历史上最早制定的有关侦查机关绩效考核方面的规定，当然也是我国公安机关行政管理体制的萌芽。

1937年，中共在陕甘宁边区的延安正式成立了延安市公安局，并建立了一支由35人组成的延安警察队，简称"边警"，这是我党、我国公

---

① 长警不同于警长。按照民国时期的相关规定，警长警士通常合称为"长警"，其地位比较低微，不入官阶等级，不属于"官"的范围，对他们也不称"任用"，而叫"录用"。——韩延龙、苏亦工等：《中国近代警察史》，社会科学文献出版社2000年版，第691页。

② 韩延龙、苏亦工等：《中国近代警察史》，社会科学文献出版社2000年版，第708—712页。

③ 赵志飞主编：《湖北警察史》，武汉出版社2009年版，第4页。

安史上第一支较为正规的人民警察队伍。1939年2月，中央书记处为加强公安工作作出的《关于成立社会部的决定》中提出，在党的高级组织内成立社会部，在人民政权中设立保卫机构或公安局。这一规定，标志着我国侦查队伍从党的机构向政府机构转变的雏形。此时的公安机关的职责不仅仅局限于社会治安领域，还可以和其他相关部门共同行使职权。1946年4月，哈尔滨市公安局作为新中国成立前最早成立的大城市公安机关，开始建立并发挥效用。1948年10月24日，中共领导的哈尔滨市府常委会通过了《哈尔滨特别市民事刑事诉讼暂行条例（草案）》，规定哈尔滨特别市公安局为该市刑事检察机关，对刑事案件有检举职权。……违警法罚款统属公安局处理。

不过，局限于特定历史背景和特定历史地位，新中国成立前不同历史时期我党的各个革命根据地虽然都建立了公安队伍，公安队伍也在执行社会治安治理和案件侦查方面发挥了相当的作用，但由于一直处于内外战争状态，军警单位及设置区别不大，不论是政府机关还是公安部门基本上难以找到关于绩效考核方面的规定，更谈不上对侦查领域专门的绩效考核要求。

二 我国公安队伍考核机制的产生演绎

（一）新中国成立后的公安队伍考核概况（1949年至20世纪末）

新中国成立后，我国公安队伍建设发展迅速。新中国刚刚成立的1949年10月15日，召开了第一次全国公安工作会议。11月5日，中央人民政府公安部成立，地方各级人民政府根据需要也先后成立了政府内部的公安机关，公安机关内部均设立了主管人事的部门或者机构，公安队伍的组织建设开始有了机构上和制度上的保障。建立初期，各级公安机关在全国范围内的主要职责是清匪反霸、搜捕特务、登记反动党团等系列工作。

由于国内安全形势的变化以及各地人民政府组织架构的欠缺，这一时期的刑事案件尚未独立，对其的侦查和处置仅纳入治安案件的管理[①]，公安部内部甚至没有建立专门的刑事侦查部门。新中国成立初期刑事案件的

[①]《陕西省志·公安志》编纂委员会编：《陕西省志·公安志》，陕西人民出版社2011年版，第485页。

侦查任务，则主要由公安部国家安全保卫局下设的治安处负责。1953 年，负责刑事案件和治安案件查处的治安处，从国内安全部门中分离出来，成立了公安部治安管理局，下设负责案件侦查的刑侦处。不过，在 1959 年公安部 14 个专业机构中，第十二局（技术侦察局）和第十四局（预审局）均属于刑事侦查的核心组成部分。在建设公安机关内部新机构的过程中，对公安队伍的考核等管理工作也开始在全国逐步试行。中央为此专门制定了《关于建立公安部门政治工作的决议》，公安政治工作体制开始形成，公安队伍内部的人事管理、进修培训、立功授奖和工资调整等制度，逐步开展和形成，这标志着公安机关队伍走向制度化、正规化和绩效化的道路。

1957 年 6 月 25 日，全国人大常委会第七十六次会议通过了《中华人民共和国人民警察条例》，第 8 条规定国家按照人民警察的现任职务、政治品质、业务能力和对革命事业的贡献，评定等级。对于人民警察的编制和管理机构，由国务院另行规定。1956 年和 1958 年，公安部先后制定并实施了《人民公安机关立功创模运动试行办法》《人民公安机关先进工作者运动试行办法》，这两个 20 世纪 50 年代出台的制度规定，对于形成我国早期的公安管理体制、探索公安表彰奖励工作、加强表彰奖励规范化建设起到了较好的规范作用和良好的制度基础。[①] 1958 年，第九次全国公安会议通过了《关于公安人员八大纪律十项注意的决议》，要求在全体公安人员内部深入开展纪律教育运动，使每个干警懂得八大纪律十项注意内容、精神与实质，严格遵守纪律、注意事项，这是新中国成立后较早形成的公安系统内部的激励机制和纪律约束机制。1963 年 12 月 25 日，中央公安部政治部《关于公安机关协助党委考察了解干部的试行办法》中规定，省、市、自治区公安厅、局除协助考察列入党委和公安部考察范围的干部外，一般还应对公安厅、县市公安局等领导干部进行协助考察。1966 年"文化大革命"开始，伴随着"砸烂公检法"的浪潮，全国司法机关的工作基本上陷入瘫痪，公安机关的侦查活动也不例外。

1979 年 7 月 1 日，第五届全国人大第二次会议正式通过了《刑事诉

---

① 张耀宇、刘洋：《无上荣光：共和国不会忘记》，《人民公安报》2009 年 9 月 4 日第 4 版。

讼法》，作为新中国历史上第一部刑事程序法典，标志着中国侦查制度开始走向制度化、法律化、正规化。20世纪70年代末80年代初，我国各地的刑事侦查工作正式从治安管理部门中独立出来，开始了其专业化、正规化、现代化的建设。1983年5月，刑侦处从公安部治安管理局分离出来，成立了刑事侦查局。[1] 经中共中央批准，从1983年1月1日起，公安、检察、法院、司法编制从地方行政编制中划出单列，由中央和省（市、区）统一管理。每年编制员额由中央政法委员会、中共中央组织部及国务院有关主管部门联合下达。从1984年开始，我国开始了国家公职人员管理的改革探索，开始将这些原来的国家干部逐步转变为国家公职人员。1984年开始起草《国家机关工作人员法》（1985年改为《国家行政机关工作人员条例》），这是《国家公务员暂行条例》的前身。1987年党的十三大正式宣布，我国将建立和推行具有中国特色的公务员制度。1998年公安部机构改革后，正式设立了刑事侦查局（五局），这是我国刑事侦查工作相对独立的重要标志。

随着全国范围内的公务员制度的产生和形成，公务员约束机制、评价机制、激励机制、出入机制、福利政策等，迫切需要法制化和制度化，既为国家公务员制度建设提供支撑，也为公安机关的组织队伍制度建设提供了政策上的、体制上的依据。1984—1994年间，国家先后颁布《警察内务条例》《关于吸收人民警察的规定》《关于公安机关辞退公安干警的规定》《警察警衔条例》等规定，公安机关队伍管理工作走向进一步的法制化和制度化。一些地方也作出了具体规定，如1985年3月30日，江苏省公安厅党组下发了《关于对公安机关领导干部加强考核管理的几项规定》，其中规定公安干部的管理，实行双重领导、以地方党委为主的体制。[2] 1986年，公安部公共安全研究所开展了对"公安统计指标工作"课题的研究，并在我国率先设计了一套"公安统计指标体系"。该体系分为四个层次，即三大部分、20个大类、55个中类、470个统计指标。1988年3月，根据国家计委的部署，经过公安部批准，成立了"社会秩序与公共安全指标体系"项目课题组，并于1988年5月底首先对"公众

---

[1] 马忠红：《公安机关现行侦查体制存在的问题评析》，《山东警察学院学报》2016年第4期。

[2] 江苏省地方志编纂委员会、江苏省公安志编纂委员会编纂：《江苏省志 第66卷：公安志》，群众出版社2000年版，第72—73页。

安全感指标研究与评价"课题进行了研究。① 1995年以后，公安机关内部的队伍管理和制度管理继续深入，相继发布了《中华人民共和国警察法》等法律、法规和办法，虽然没有直接体现侦查绩效考核的规定，但很多内容已经涉及公务员考核、警察行为评价的内容，对下一步正式的侦查绩效考核机制的建构，形成了很好的铺垫和基础。

(二) 我国公安执法质量考核的地方试点（1997—2001年）

随着侦查机关专业化、正规化步伐的前行，以及公安机关执行质量考核体系的逐步完善，侦查绩效考核逐步走入正轨并开始发挥积极效用。我国的公安执法质量考核是侦查绩效考核的母体，为侦查绩效考核的产生及完善提供了法律基础和内容支撑。不过，公安执法质量考核的产生，却沿袭了从地方试点到中央规定的自下而上的历程。

目前能够查到的关于我国公安执法质量考核最早的记载，是20世纪80年代中期一些省级公安机关的尝试。有学者指出，1986年黑龙江省公安厅，在全省范围内对各地市公安机关实行目标管理，是全国公安系统最早实行目标管理的代表之一，这标志着公安管理在逐渐地向科学化、规范化迈进。② 这种对地市公安机关实行的目标管理，也标志着公安队伍正规化建设走向了新的历史阶段，公安机关绩效考核开始得到更多的关注和重视。1986年，辽宁省各级预审部门继续推行目标管理。辽宁省公安厅修订目标管理方案和细则，提出五项要求的定量化标准及评价，使目标管理日臻完善。根据公安部的指示，辽宁省厅组成专门班子撰写《预审目标管理》的小册子和录像片脚本，从理论和实践的结合上进行综合和概括。③ 从以上记载可以看出，辽宁省公安厅在全省预审部门推行目标管理制度，显然还不是1986年才开始的，这里的"继续推行"意味着在1986年以前已经开始了相应的试点。

继续查找资料发现，1984年10月，辽宁省公安厅预审处就已经制发《关于全省预审工作检查评比的试行方案》，规定了五项指标、五项要求、五项严禁（简称"三五"标准）的评比条件和检查评比的步骤方法以及

---

① 公安部公共安全研究所编著：《你感觉安全吗？——公众安全感基本理论及调查方法》，群众出版社1991年版，第12、15页。
② 王光主编：《公安民警考核方法通论》，群众出版社2005年版，第13页。
③ 辽宁省公安厅史志编纂委员会编：《辽宁省公安志：1986—2000》，辽宁科学技术出版社2006年版，第286—287页。

奖励办法。1985年4月1日，辽宁省公安厅转发预审处《关于全省预审工作实行目标管理的试行方案》，将"三五"标准作为管理目标，实行岗位责任、检查考核、信息反馈、奖励升级等管理制度，使静态的"三五"标准变成了动态的管理活动。1985年10月25日至11月4日，公安部预审局派工作组对辽宁省公安预审工作实行目标管理的情况进行专题调查，并将辽宁省目标管理的试行方案、内容提要、评价核分细则等转发全国各地，对此目标管理经验予以充分肯定。① 预审工作是刑侦工作的重要组成部分，在1998年公安部石家庄侦审合一会议之前，预审工作在刑侦体制中处于相对独立地位，而在石家庄会议侦审合一以后，预审工作已经是刑侦工作的当然组成部分，其绩效考核在很大程度上可以代表我国公安机关侦查绩效考核的发展演变历史。

1999年6月11日，公安部发布了《公安机关内部执法监督工作规定》（该规定2014年6月29日根据《公安部关于修改部分部门规章的决定》修改），规定共有四章27条。第2条明确规定，公安机关的内部执法监督，是指上级公安机关、上级公安机关业务部门、本级公安机关分别对下级公安机关、下级公安机关业务部门以及本级公安机关内部所属业务部门、派出机构及其人民警察的各项执法活动实施的监督。虽然名为"执法监督"，但从其实际功能来看，除了执法监督功能之外，还具有执法质量考核评价功能。1999年6月11日，公安部还发布了《公安机关人民警察执法过错责任追究规定》（已被2014年1月14日《公安机关人民警察执法过错责任追究规定》替代），该规定共有四章30条，虽然从名称上看是关于公安民警执法过错责任追究的规定，但其内核与公安民警办案质量标准密切相关。2000年6月3日，公安部作出了《关于加强公安法制建设的决定》，在第三部分"（八）建立健全执法质量考核评议制度"中明确规定，要求各级公安机关要研究制定执法质量考核评议办法，并认真组织实施。考核评议的重点在县级公安机关和一线执法单位。各执法单位要建立健全执法档案，作为检查和考核评议执法情况的重要材料。上级公安机关对下级公安机关、本级公安机关对所属执法单位每年至少进行一次执法质量考核评议，考核评议的结果要作为衡量各执法单位工作成效的

---

① 辽宁省地方志编纂委员会办公室主编：《辽宁省志·公安志》，辽宁科学技术出版社1999年版，第352页。

重要指标。

三 我国刑侦绩效考核机制的形成发展

严格意义上说，在20世纪末21世纪初我国公安执法质量考核试点开始以前，我国不存在正式规定意义上的侦查绩效考核。不管是在立法层面，还是在执行层面，对侦查的绩效考核尚未形成一个相对独立的系统。但随着公安执法质量考核在各个地方公安机关的试点的铺开，侦查绩效考核机制也逐步得到了公安高层的重视和青睐，相对独立的侦查绩效考核机制开始出现并逐步形成体系。

（一）我国公安执法质量全面普遍考核（2001—2004年）

2001年9月14日，公安部部长办公会议通过了《公安机关执法质量考核评议规定》，自2001年10月10日正式发布施行，这是我国历史上第一次出台对公安机关执法质量考核评价工作作出系统的、比较具体的全国性的规定。该规定共五章24条，在第4条明确将公安机关执法质量考核评价的内容规定为五个方面，同时还对执法质量考核评议的具体程序和要求作出了规定，赋予了各个省级公安厅局相当的自主权。

2002年4月27—28日，公安部在河北保定召开了全国公安队伍管理长效机制建设座谈会，时任公安部部长的贾春旺同志，要求以县级公安机关为重点，尽快建立工作绩效评估机制。时任公安部政治部主任的孙明山同志指出，自2001年6月廊坊会议和2001年10月济宁会议后，全国公安机关在队伍管理长效机制建设方面取得了新的明显进步。以完善岗位目标责任制为核心，初步建立了量化考核指标体系。科学的考核是队伍管理工作的重要环节，也是落实责任、推动工作、鼓舞士气的重要手段。各级公安机关以此为切入点，在完善岗位目标责任制的基础上，着手建立量化考核指标体系。[①] 2003年11月20—22日，公安部召开第二十次全国公安会议，会议上明确提出当前和今后一个时期公安工作和公安队伍建设的主要任务及奋斗目标，要求队伍正规化建设取得全面进步，公安管理体制更进一步的完善。2004年，公安部颁布实施《公安机关年度工作综合考评规定》，规定对基层公安机关进行绩效评估，综合考评的结果向地方党

---

① 孙明山：《在全国公安队伍管理长效机制建设座谈会上的讲话》，《公安教育》2002年第6期。

委、政府通报，并作为单位评先评优、领导班子调整、干部职位调整的重要依据。

2005年，公安部印发《公安机关正规化建设2004—2008年纲要》，要求各省市公安机关建立客观、全面、科学的绩效评价体系，并选择了50个正规化建设试点城市，公安机关绩效考评工作开始步入科学化的轨道。2006年年初，公安部制定了《关于加强基层所队正规化建设的意见》，其中在"严格执法考评"部分提出，各省市区要完善考评标准，把基层所队的执法质量作为衡量基层工作、考核基层班子、检验基层队伍的重要指标，各地公安机关内部的法制部门，每个季度都要进行执法状况收集、整理、评比和通报。对执法质量优秀的所队，要予以表彰奖励。对不达标的所队，要及时调整领导班子；对发生致人重伤、死亡等重大执法过错，造成恶劣社会影响的，或者连续两年考评不达标的，所队主要领导要引咎辞职或者由上级公安机关对其予以免职。在这种公安执法质量考核评议大氛围的影响下，各个省级公安机关均在执法质量考核评议实施细则或者评分标准上做了一定的建规立制工作。

（二）公安执法质量考核+刑侦绩效考核开始并行（2004年至今）

2001—2004年间，正是我国公安执法质量考核评估全面建设时期。这一时期的重要标志，就是公安部《公安机关执法质量考核评议规定》的出台，使得全国公安执法有了统一的、普遍的、规范的标准。全国各地公安机关在考核评议规定指引下，全面地、积极地组织开展各个地方的执法质量考评活动，提升了公安机关的整体执法质量和执法水平，奠定了公安执法质量考评制度的基础和前提。2004年以后，我国公安执法质量考核评估相对稳定，进入了稳步发展完善的时期。与此同时，作为公安执法重要环节之一的侦查执法，开始进入相对独立的侦查工作绩效专门考核时期。需要说明的是，专门考核时期并不意味着公安机关执法质量考核评估工作的停止，侦查绩效考核只是公安机关执法质量考核评估工作中的重要一环。

2004年8月20日，公安部刑侦局发布《关于印发〈刑侦工作绩效考核办法（试行）〉的通知》（公刑［2004］1606号），这应该是目前能够检索到效力最高、时间最早的专门规定刑侦绩效考核的文件。为了更好地确保该年度刑侦工作绩效考核工作的推进，公安部刑侦局几乎同步发布了《关于2004年度刑侦工作绩效考核有关事项的通知》（公刑［2004］1607

号）。在这两个通知中，公安部刑侦局提出，为了考核各地刑侦工作绩效，充分调动各地侦查破案积极性和主动性，经公安部领导批准，刑侦局从2004年起对各地刑侦工作实行绩效考核，具体执行部门为刑侦局犯罪对策研究处。开展绩效考核是公安部刑侦局推出的一项重大举措，对充分调动全国各地公安机关刑侦部门侦查破案、打击犯罪的积极性和主动性，提升公安机关整体打击犯罪的效能，具有十分重要的意义和作用。根据2004年《刑侦工作绩效考核办法（试行）》的规定，刑侦工作的绩效考核对象是各省、自治区、直辖市公安厅、局及新疆生产建设兵团公安局刑侦部门，共32个考核对象，考核期限为一年时间。

2008年11月28日，中共中央政治局通过了《关于深化司法体制和工作机制改革若干问题的意见》。这是我党关于司法体制改革的最高指示，重点强调通过发展社会主义民主政治，实现加快建设法治国家的战略。司法体制改革意见中，部分内容也提及了队伍建设和考核管理的内容。为改革和完善公安机关执法质量考评工作机制，公安部于2011年2月11日印发《关于改革完善执法质量考评制度的意见》，其中提出六大方面的改革和21点完善意见。在"建立完善执法质量考评指标体系"中提出：第一，设立考评指标应当依法、科学、有效、统一；第二，取消不科学、不合理的考评指标；第三，建立征求政法等相关部门意见制度，避免政法部门间出现考评指标"打架"问题。同时在考评体系的设置方面，要求取消罚没款数额、刑事拘留数、行政拘留数、发案数、劳动教养数、退查率、破案率等不合理、不科学的指标；在考评范围方面，将社会矛盾化解、执法安全等纳入考评内容；在机制创新方面，坚持日常考评、网上考评、专项考评等形式互相补充；等等。[①] 公安部这个考评意见，规定非常细致、内容非常务实、针对非常明确，为各地区公安执法质量考核评价体系的完善提供了航标。

2015年年初，中央政法委要求各单位和各地政法机关对各类执法司法考核指标进行全面清理，坚决取消刑事拘留数、批捕率、起诉率、有罪判决率、结案率等不合理的五项考核项目。[②] 2015年11月4日，公安部出台《关于改革完善受案立案制度的意见》，提出了改进考评机制的具体

---

① 展万程：《论公安机关执法质量考核评价体系的构建》，《江西警察学院学报》2012年第2期。

② 饶德宏等：《有罪判决率、结案率等将取消》，《南方都市报》2015年1月22日A04版。

意见：坚决取消发案数、破案率等影响依法如实受案立案的不科学、不合理考评指标，增加案件当事人对公安机关接报案、受案立案工作满意度的评价比重，树立正确的考核评价激励导向。2016 年 1 月 14 日，公安部发布修订后的《公安机关执法质量考核评议规定》，在维持五章结构基础上，条文增加到 32 条，并将公安机关执法质量考核评议的内容，由原来的五大类别修改为九个方面，包括接处警执法情况；办理案件情况；实施行政许可、登记备案等行政管理情况；执法监督救济情况；执法办案场所和监管场所建设与管理情况；涉案财物管理和涉案人员随身财物代为保管以及证物保管情况；执法安全情况；执法办案信息系统应用管理情况；其他需要考核评议的内容。并在第 14 条继续明确各地公安执法质量考核评议的项目和指标，只能由省级公安机关统一确定；同时增加规定，要求各级公安机关内设部门、各个警种，不得以部门、警种名义下达执法质量考核评议项目和指标。各个省级公安机关在确定执法质量考核评议项目和指标时，应当把执法质量与执法数量、执法效率、执法效果结合起来。也就是说，公安部对各地公安机关执法质量的考核，既有质又有量、既强调效率又强调效果，要求经济效益和社会效益的双丰收。在这种背景下，要求考核评议项目能够激励民警执法办公的标准是"又好又多"，"好"是质量上的要求、"多"是数量上的要求。同时，排除了若干不科学、不合理考评指标，诸如刑事拘留数、发案数、破案率等。

第二节　我国刑侦绩效考核项目指标的解读

设计者有什么样的法治观念，在其设置法治指标体系时会通过不同的法治指标来体现，具体表现为用数量不同的事实描述性指标、诊断预测性指标以及目标考核性指标来评估法治建设水平，这些指标的类型可能因评估目标不同而表现为不同的比例组合。[①] 从 2004 年开始，公安部刑侦局对全国省级公安厅局刑侦工作的绩效考核，开始走上了定期化、常态化、稳定化的道路。根据 2004 年《刑侦工作绩效考核办法（试

---

① 周尚君等：《法治定量：法治指数及其中国应用》，中国法制出版社 2018 年版，第 22 页。

行）》的规定，考核项目分为固定项目和临时项目两个类别。不过，这个分类方法似乎没有坚持多久。2007年开始，不直接按照固定项目和临时项目分类来考核；在其后的考核年度中，基本上沿袭这种做法。特定年度也会增加固定项目或者临时项目的种类，如2010年增加办案质量项目、将打击电信诈骗犯罪专项行动项目列为该年刑侦工作绩效考核的临时项目等。在具体考核项目类别上，几乎每年都有适度微调。下表是公安部刑侦局从2004—2018年间刑侦工作绩效考核的具体考核项目类别的比较表格（见下页表）。

以下，我们以2014年《全国刑侦工作绩效考核方案》为蓝本，将我国刑事侦查绩效考核项目分为侦查破案、执法办案、基础工作三大块，结合其他年度的考核方案内容，对相应指标进行适度解读。除了以上三大块考核指标外，每年还涉及一定的加分项目和扣分项目，以及不同年度临时增加或者删除的一些特殊项目。

一 我国刑侦绩效考核项目：侦查破案

（一）侦破命案工作（2004年至今）

命案是所有刑事案件中，影响最大、社会危险性最高、造成后果最严重的案件形式。公安部刑侦绩效考核中的命案是有固定指代的，在2004年公安部组织的全国范围侦破命案专项行动中，公安部虽然没有给命案下明确的概念和范围界定，但在《公安部关于实行"侦破杀人案件工作机制"的通知》（公通字［2004］14号）中，规定考核各地侦破杀人案件（包括故意杀人案件，实施爆炸、放火、投毒等危害公共安全犯罪中致人死亡的案件，以及进行抢劫、强奸、绑架等犯罪活动中致人死亡的七类案件，不包括过失致人死亡案件、伤害致人死亡案件）破案率。各地杀人案件破案率，以"全国杀人案件信息系统"的统计为准，按破案率高低排列名次。公安部侦破命案专项行动办公室在随后颁布的《关于上报2004年伤害致人死亡案件的通知》（公刑［2004］1921号）中，又将故意伤害致死人命案纳入命案之列。所以，现在公安机关侦破命案工作的考核对象是八类命案，包括故意杀人、故意伤害致死和致人死亡的爆炸、投毒、放火、抢劫、强奸、绑架案件。侦破命案工作考核项目在2004年被称为侦破命案专项行动，2011年至今则简称侦破命案。

2004—2018年公安部刑侦局刑侦工作绩效考核项目类别比较

年代	数量	具体考核项目类型									
2004	6+1	打击处理增长率	侦破命案专项行动	打黑除恶工作			追逃工作		现场指纹协查工作	刑警大练兵	刑讯逼供致人死亡
2005	9+1	打击处理增长率	侦破命案工作	打黑除恶工作	两抢一盗专项斗争	刑事科学技术室等级达标率	追逃工作		现场指纹协查工作	刑警大练兵	刑讯逼供致人死亡人数
2006	9+1	打击处理增长率	侦破命案工作	打黑除恶工作	两抢一盗专项斗争		追逃工作	刑侦缉毒工作	现场指纹协查工作	全国刑警大练兵	刑讯逼供致人死亡人数
2007	9+1	打击处理增长率	侦破命案工作	打黑除恶工作	打击两抢盗专项斗争	刑事科学技术工作	追逃工作	刑侦缉毒工作	指纹信息工作	刑警大练兵	刑讯逼供致人死亡人数
2008	8+1	起诉数增长率	侦破命案工作	打黑除恶工作	打击盗抢抓逃犯专项斗争	刑事科学技术工作	追逃工作	刑侦缉毒工作	指纹信息工作		
2009	8		侦破命案工作	打黑除恶工作	打击犯罪新机制	刑事科学技术工作	追逃工作	刑侦缉毒工作	刑侦信息化工作	开门接访工作	
2010	10		侦破命案工作	打黑除恶工作	打击犯罪新机制	刑事科学技术工作	追逃工作	刑侦缉毒工作	刑侦信息化工作	打击电信诈骗	扣分项目

责任区刑警队等级评定（2009）

续表

年代	数量	具体考核项目类型
2011	9	侦破命案、打黑除恶工作、打击犯罪新机制、打拐、刑事科学技术、办案质量、刑侦信息化、刑侦缉毒、打击电信诈骗；扣分项目
2012	12	侦破命案、打黑除恶工作、打盗抢暨打击犯罪新机制、打拐工作、灭枪行动、刑事科学技术工作、追逃工作、办案质量、刑侦信息化工作、刑侦缉毒工作、警犬工作、打击电信诈骗；加分项目、扣分项目
2013	14	侦破命案、打黑除恶工作、打击盗枪保民安、打拐、灭枪、刑事技术、追逃、办案质量、打击非法调查、刑侦信息化、刑侦缉毒、警犬技术、打击电信诈骗、打击犯罪新机制；加分项目、扣分项目
2014	11	侦破命案、打黑除恶、打击侵财犯罪、打击拐卖犯罪、打击涉枪犯罪、刑事技术、追逃、办案质量、打击跨区域犯罪、刑侦信息化、刑侦缉毒；打击质量、加分项目、扣分项目
2015	14	侦破命案、打黑除恶、打击侵财犯罪、打击拐卖犯罪、打击涉枪犯罪、刑事技术、追逃、办案质量、打击跨区域犯罪、刑侦信息化、刑侦缉毒、警犬技术工作、打击严重暴力犯罪、4.29专案行动；加分项目
2016	14	侦破命案、打黑除恶、打击侵财犯罪、打击拐卖犯罪、打击涉枪犯罪、刑事技术、追逃、办案质量、打击跨区域犯罪、刑事情报、打击电信网络新型违法犯罪、打击质量、4.29专案行动、刑专系统建设；加分项目
2017	9	侦破命案、打黑除恶、打击侵财犯罪、打击涉枪犯罪、打击跨区域犯罪、三台一体作战平台建设、打击电信网络新型违法犯罪、打击质量、侦查指令；加分项目

续表

年代	数量	具体考核项目类型							
||| 侦破命案	打击传统盗抢骗犯罪	打击涉枪犯罪	刑事技术破案会战	打击跨区域犯罪	三合一作战平台建设	打击电信网络新型违法犯罪	打击质量	文物犯罪	加分项目
2018	9										

注：加分项目常包括侦办中央、公安部交办案件、抓获公安部A级、B级通缉令通缉在逃人员，侦破命案积案，入选全国"信息战"典型案例等。

扣分项目主要是刑讯逼供致人死亡，涉案人员非正常死亡，还包括出现冤假错案，追抓半年前已破命案逃犯，侦破命案错误或不及时撤销致使无辜群众或当事人被错抓，运用跨区域办案协作平台工作中违规操作，未按要求完成上级公安机关转办涉枪案、在逃人员信息填写错误，在考核中弄虚作假等。

大多数项目的考核方法，公安部刑侦局均采用三档计算：设各地每个考核项目（侦破命案工作另行计分）的单项得分为 X，保留小数点后 2 位。设各考核项目的最高分为 A，如打击处理增长率和打黑除恶专项斗争的最高分为 64 分，其他项目的最高分为 32 分；设各考核项目的最低分为 B，如打击处理增长率的最低分为 2 分、打黑除恶专项斗争的最低分为 0 分，其他项目的最低分为 1 分；刑讯逼供致人死亡数考核项目无最高、最低排名分。设各考核项目上各地的原始最高成绩为 C、原始最低成绩为 D，被考核地方的原始成绩为 E。公式表述为：

$$X = B + (A-B) \times \frac{E-D}{C-D}$$

对命案侦破工作的考核，公安部刑侦局先后用了四种方法：2004—2006 年间基本上沿用以上公式，但设置了原始分和排名分。2007—2011 年间在沿用以上公式的同时，简单将全国各省市区侦破命案工作绩效得分分为三档，1—11 名为第一档，绩效考核得分为 64 分；12—22 名为第二档，绩效考核得分为 48 分；23—32 名为第三档，绩效考核得分为 32 分。

2012—2013 年将命案破案率分为三块：现行命案破案率、命案积案破案情况和协作配合情况。其中，现行命案破案率的权重系数为 2.5，计算公式为：命案破案率=破现案命案数/命案现案发案数，全国 32 个单位从高到低赋予排名分（33—排名，下同），小项分数=排名分×权重系数。命案积案破案情况的权重系数为 2.5，A 项：全国 32 个单位按照破获积案数从高到低赋予排名分；B 项：全国 32 个单位按照破获命案积案率（破获命案积案数/命案积案底数）从高到低赋予排名分；小项分数＝（A 项排名分+B 项排名分）/2×权重系数。协作配合的权重系数为 1，全国 32 个单位按照破获外地命案数（抓获外地命案逃犯的计为破获外地命案）的数量从高到低赋予排名分；计算公式为：小项分数=排名分×权重系数。

2014—2017 年的考核方案中，侦查命案工作得分标准为全国八类现行命案破案率第 1 名得 150 分，每低于全国第 1 名 0.01 个百分点扣 0.1 分。八类现行命案破案率计算公式如下：

$$\frac{八类现行命案破案数}{八类现行命案发案数} \times 100\%$$

考核数据来自全国重大刑事案件信息系统。各省级刑侦部门应当在每个考核年度的年初在系统内上报逮捕证等有关材料，公安部刑侦局审核认定并打分。

（二）"打黑除恶"工作（2004—2017年）

改革开放以来，一些恶势力团伙和带有黑社会性质的组织偶有露头，严重危及人民群众的生命安全和财产安全。黑恶势力犯罪历来都是政法机关的惩治重点，中央先后于2000年、2006年部署并开展了两次打黑除恶专项斗争，2001年4月至2002年12月在全国范围内掀起了以打黑除恶为龙头的严打整治斗争。① 2006年2月，中央政法委部署全国范围的打黑除恶专项斗争，成立了中央打黑除恶专项斗争协调小组，并组建全国"打黑办"（设在公安部）。

可以说，"打黑除恶"工作是我国当前乃至今后很长一段时期公安工作的重点之一。黑恶势力一直和各类严重暴力性犯罪紧密相关，黑恶势力犯罪已成为严重危及人民群众生命安全和财产安全、严重破坏社会主义市场经济秩序、严重侵蚀基层政权和政法队伍的突出问题。② 对黑恶势力的预防和打击力度，是我国各级公安机关工作绩效考核的重要内容，公安部刑侦局自2004年开展全国刑侦绩效考核以来，也一直将"打黑除恶"工作作为重要的考核项目。在2004年的考核办法中，规定"打黑除恶"工作的考核，各地以《刑法》第294条罪名（即组织、领导、参加黑社会性质组织罪；入境发展黑社会组织罪；包庇、纵容黑社会性质组织罪）向法院提起公诉的案件数；各地向法院提起公诉的案件数，以各地检察机关的《起诉书》为准，按提起公诉案件数量排列名次。2004年的"打黑除恶"工作考核，其实仅仅涉及了"打黑"工作，而忽略了"除恶"工作。在2014年的考核办法中，除了规定三大类涉黑类犯罪以外，还规定了包括强迫交易罪、敲诈勒索罪、寻衅滋事罪、聚众斗殴罪、非法拘禁罪、故意毁坏财物罪、组织卖淫罪、强迫卖淫罪、开设赌场罪等九类涉恶类犯罪。2014年"打黑除恶"考核工作中，主要考核各地判决涉黑涉恶类犯罪人数，得分标准为：

$$150 \times \frac{本地判决涉黑涉恶类犯罪人数}{全国第1名判决涉黑涉恶类犯罪人数}$$

本地判决涉黑涉恶类犯罪人数，2014年和2017年的考核方案计算公式不同，2014年和2017年的计算公式分别为：

---

① 熊选国主编：《打黑除恶办案手册》，法律出版社2011年版，前言。
② 黄明：《关于基层基础建设的几个问题》，《公安研究》2006年第4期。

$$\frac{35（权重系数）\times 涉黑类犯罪判决人数 + 涉恶类犯罪判决人数}{本地民警数} \times 100 （2014年适用）$$

$$\frac{35 \times 涉黑类犯罪一审判决人数 + 8 \times 恶势力犯罪集团一审判决数 + 涉恶类犯罪生效判决人数}{本地民警数} \times 100 （2017年适用）$$

根据2017年考核方案的规定：涉黑类犯罪包括《刑法》第294条规定的三类罪名。恶势力犯罪集团是指符合《刑法》第26条第2款关于犯罪集团的法定条件，主要实施强迫交易、故意伤害、非法拘禁、敲诈勒索、故意毁坏财物、聚众斗殴、寻衅滋事、开设赌场、组织强迫妇女卖淫以及聚众扰乱社会秩序、聚众扰乱公共场所秩序、交通秩序等妨害社会管理秩序类违法犯罪活动的犯罪组织。涉恶类犯罪维持了2014年考核办法规定的九类罪名。"打黑除恶"考核数据来自最高人民法院、各高级人民法院和公安部政治部、省级公安机关政治部。各省级刑侦部门上报恶势力犯罪集团、涉黑类犯罪一审判决书，公安部五局审核认定恶势力犯罪集团、涉黑类犯罪人数。

2018年1月下旬，中共中央、国务院发出《关于开展扫黑除恶专项斗争的通知》。值得关注的是，在我国已经沿用十多年的"打黑除恶"专项斗争，演进为现在的"扫黑除恶"专项斗争。"扫黑除恶"与以往的"打黑除恶"，虽然只有一字之差，却区别很大：第一，重视程度不一样。这次"扫黑"，党中央国务院对其重视程度，远超过原来的"打黑"。第二，打击范围不一样。过去"打黑"主要是点对点地打击黑恶势力犯罪；这次"扫黑"扩大了打击范围，要求更全面、更深入地打击犯罪的同时，还要打击各类违法行为。第三，全面性不一样。过去"打黑"打得多、防得少；这次"扫黑"更加重视综合治理、源头治理、齐抓共管。第四，参与部门不一样。过去"打黑"参与部门一般10多个；这次"扫黑"参与部门增加到近30个。① 从以上四点可以看出，从"打黑除恶"到"扫黑除恶"，黑恶势力的范围已经不仅仅局限于刑事犯罪，治安违法行为也纳入了打击范围。据中央政法委主办的《长安》杂志整理，有8种情形的黑恶势力属于重拳打击范围：

---

① 杨维汉、刘奕湛：《从"打"黑除恶到"扫"黑除恶，一字之变有何深意?》，《中国经济周刊》2018年第5期。

中央界定需要重拳打击的黑恶势力范围

1.把持基层政权、操纵破坏基层换届选举、垄断农村资源、侵吞集体资产的黑恶势力；
2.利用家族、宗族势力横行乡里、称霸一方、欺压残害百姓的"村霸"等黑恶势力；
3.在征地、租地、拆迁、工程项目建设等过程中煽动闹事的黑恶势力；
4.在建筑工程、交通运输、矿产资源、渔业捕捞等行业、领域，强揽工程、恶意竞标、非法占地、滥开滥采的黑恶势力；
5.在商贸集市、批发市场、车站码头、旅游景区等场所欺行霸市、强买强卖、收保护费的市霸、行霸等黑恶势力；
6.操纵、经营"黄赌毒"等违法犯罪活动的黑恶势力；
7.非法高利放贷、暴力讨债的黑恶势力；
8.插手民间纠纷，充当"地下执法队"的黑恶势力。

《长安》杂志整理的八类需要重拳打击的黑恶势力范围

值得注意的是，在2018年11月底公安部刑侦局下发的《关于转发2018年全国刑侦工作绩效考核方案的通知》中，扫黑除恶工作还作为第二项考核项目，总分设置为300分，主要考核各地2018年公安部扫黑办下发线索的按期反馈率、办结率和办结数。但在2019年2月公布的全国刑侦工作绩效考核结果中，"扫黑除恶"没有列为刑侦工作绩效考核项目。究其原因，可能是因为参与"扫黑除恶"工作的国家机关越来越多，该项工作已经成为国家层面的任务，不再简单是公安系统内部的考核工作。

（三）打击侵财犯罪工作（2005—2008年、2012年至今）

如果说，命案涉及犯罪后果的严重程度，黑恶案件涉及社会恶性影响面，而侵财类犯罪则涉及犯罪的覆盖面。入室盗窃、公交扒窃、电信诈骗、手机抢劫、首饰抢夺等，近年来，各类侵财型犯罪在我国进入多发时期。多发性侵财案件在刑事案件的绝对数量中占比很高，超过三分之二，是推动刑事案件发案数总量上升的决定因素，其侵害的对象多为普通人民群众，使得人们对社会安全感产生较大忧虑。[①] 此类犯罪虽然涉案金额不高，但损害群众合法财产权益，严重影响群众安全感。针对侵财型犯罪多发的态势，公安机关始终坚持既破大案又破小案，一方面重点打击命案、黑恶案件，另一方面也重拳打击涉及民生的侵财型犯罪。打击侵财犯罪工作并不是一直就存在于公安部刑侦局刑侦工作绩效考核中，2004年考核六个固定项目中没有相关规定。

---

① 李蕤：《多发性侵财犯罪研究》，《中国人民公安大学学报》（社会科学版）2006年第3期。

2005—2006年开始规定为临时考核项目，名称为"两抢一盗专项斗争"。2007年公安部刑侦局决定正式将打击"两抢一盗"等多发性侵财犯罪工作列入2007年度绩效考核临时项目，考核内容主要包括打击盗抢汽车犯罪情况、打击地域性侵财犯罪职业群体战果、侦破系列侵财案件战果、起诉"两抢一盗"犯罪嫌疑人情况等。2008年绩效考核项目名称改为"打盗抢抓逃犯"专项斗争，为该年度唯一的临时项目。2009年新增加"打击犯罪新机制"（或称"打击侵财犯罪"）规定考核项目一项，2010年、2011年继续维持"打击犯罪新机制"考核项目。2012年考核项目为"打击侵财暨打击犯罪新机制"，2013年考核项目在"打击犯罪新机制"基础上增加了"打盗抢保民安"，2014年以后考核项目开始稳定为"打击侵财犯罪"，2018年又改名为"打击传统盗抢骗犯罪"。作为考核项目之一，依据2014年考核办法，打击侵财犯罪工作主要考核各地起诉盗窃、抢劫、抢夺、诈骗以及掩饰、隐瞒犯罪所得、犯罪所得收益五类侵财犯罪人数的增长率。得分标准：起诉五类侵财犯罪人数增长率全国第1名得100分，每低于全国第1名0.01个百分点扣0.02分。起诉五类侵财犯罪人数增长率计算公式为：

$$\frac{2014年起诉五类侵财犯罪人数-2013年起诉五类侵财犯罪人数}{2013年起诉五类侵财犯罪人数}\times100\%$$

在2016—2018年的考核方案中，打击侵财犯罪考核的案件类别由五类改为了四类，将抢劫剔除出本类考核的对象。考核方式为考核各地起诉盗窃、抢夺、诈骗以及掩饰、隐瞒犯罪所得、犯罪所得收益四类犯罪人数与本地前三年平均起诉人数相比的增长率。以2018年考核方案为准，起诉人数增长率计算公式为：

$$\frac{2018年起诉四类犯罪人数-前三年平均起诉四类犯罪人数}{前三年平均起诉四类犯罪人数}\times100\%$$

根据增长率的正负不同，各个考核对象的得分情况分别如下：

$$正增长单位得分：100+50\times\frac{本地起诉人数增长率}{全国第1名起诉人数增长率}$$

$$负增长单位得分：80-50\times\frac{本地起诉人数增长率}{全国最后1名起诉人数增长率}$$

考核数据来自最高人民检察院、各省级人民检察院。

（四）打击跨区域系列团伙犯罪工作（2014年至今）

传统的犯罪模式，一般是比较简单的特定地理位置、特定人员实施的特定类别的犯罪。而在经济全球化背景下,犯罪全球化、跨区域化特征也越来越显著。跨区域犯罪正从原来的单纯流窜作案越来越多地演变为混合交错、内外勾连、多种方式并存的跨县区、跨地市、跨省作案,而且呈增多趋势。① 这种犯罪对我国的职能管辖和侦查管辖提出了更高的要求和挑战,为了更好地打击这类犯罪,2014 年年初,公安部部署指挥全国各地公安机关,开展对跨区域流窜侵财犯罪团伙的集中抓捕行动,取得了显著的效果:摧毁犯罪团伙 440 余个,抓获犯罪嫌疑人 2390 余名,破获盗窃、抢劫、诈骗等各类案件 12300 余起,涉案总金额 3.4 亿元,追缴一大批赃物。② 从 2014 年开始,打击跨区域系列团伙犯罪工作成为公安部侦查考核常规项目,并且在侦查实务中发挥了越来越重要的作用。

严格意义上说,打击跨区域系列团伙犯罪工作并不能成为一个单独的考核项目,因为这类打击工作的对象没有独立的、具体的案件范围,比如常见的考核案件包括盗窃、抢劫、抢夺等,其实已经在打击侵财工作中有所体现。不过,从 2014 年开始,公安部刑侦局对这个问题重新开始重视,主要是因为这几类犯罪的流窜性较显著、社会危害大、单个地方的公安机关打击难度大等原因,遂单列为一个考核项目。根据 2014 年考核办法,本项目考核各地起诉盗窃、抢劫、抢夺、诈骗四类跨区域系列团伙案件中的个案数。得分标准为:

$$\frac{\text{本地打击跨区域系列团伙犯罪战果}}{\text{全国第 1 名打击跨区域系列团伙犯罪战果}} \times 100$$

本地打击跨区域系列团伙犯罪战果计算公式为:

起诉本省区市个案数+5(权重系数)×起诉外省区市个案数

+3(权重系数)×外省区市起诉本省区市个案数

在以上计算公式中,跨区域系列团伙案件是指起诉 3 名以上犯罪嫌疑人、10 起以上案件、3 起以上外省区市案件的盗窃、抢劫、抢夺、诈骗案件。各主办的省级刑侦部门于下一年度年初上报起诉书,由公安部刑侦局审核认定。

在 2016 年和 2017 年的考核方案中,该项目考核各地 2016 年和 2017 年起诉跨省区市盗窃、抢夺、诈骗(不包括电信网络诈骗案件)和掩饰、

---

① 张燕平:《关于打击、预防跨区域犯罪的思考》,《公安大学学报》2002 年第 4 期。
② 无名:《公安部指挥摧毁跨区域流窜侵财犯罪团伙 440 余个》,《中国防伪报道》2014 年第 3 期。

隐瞒犯罪所得、犯罪所得收益四类犯罪系列案件的战果，主办地和立案地实行"双向计分"。与 2014 年相比较，具体案件范围"一减一增"，得分标准为：

$$\frac{\text{本地战果}}{\text{全国第 1 名战果}} \times 200（2018 年系数改为 150）$$

2016 年和 2017 年的本地打击跨区域"盗抢骗"犯罪战果的计算公式为：

3×起诉外省区市个案数+2×外省区市起诉本省区市个案数+本省区市个案数

2018 年的本地打击跨区域"盗抢骗"犯罪战果的计算公式为：

2×起诉外省区市个案数+移送外省区市起诉个案数

跨区域盗抢骗犯罪案件是指涉及 2 个（含 2 个）以上省区市的 3 起以上（含 3 起）的系列案件。

（五）打击拐卖犯罪工作（2009—2016 年）

作为一种世界性犯罪样态，拐卖妇女儿童罪是指以出卖为目的，拐骗、收买、贩卖、接送、中转妇女、儿童的行为。[①] 近二三十年来，这类犯罪在中国大陆有愈演愈烈之趋势，尤其在西南贫困地区，如云、贵、川，以及流动人口相对较大的发达地区，如深圳、东莞等地，此类犯罪相当猖獗。这是一种世界性犯罪，是一种对各国人民家庭稳定和幸福危害极大的犯罪行为。我国刑法第 240 条、第 241 条和最高人民法院、最高人民检察院、公安部、司法部《关于依法惩治拐卖妇女儿童犯罪的意见》中，对拐卖妇女儿童的惩处机制进行了明确的规定。自 1991 年以来，公安部先后组织开展了五次大规模的"打拐"专项行动。

打击拐卖犯罪工作（简称"打拐"），自 2009 年正式列为公安部刑侦局刑侦绩效考核项目。2009—2013 年均称为"打拐工作"或者"打拐"，2014—2016 年改称为"打击拐卖犯罪"工作，2017 年、2018 年均未将其列入全国考核项目类别。拐卖类犯罪包括拐卖妇女、儿童罪，收买被拐卖的妇女、儿童罪，聚众阻碍解救被收买的妇女、儿童罪，拐骗儿童罪，组织残疾人、儿童乞讨罪等五个罪名。2014 年考核方案中，考核各地起诉拐卖类犯罪人数。得分标准为全国起诉拐卖类犯罪人数总数第 1 名

---

① 刘宪权：《论我国惩治拐卖人口犯罪的刑法完善》，《法学》2003 年第 5 期。

得 50 分，每下降 1 名扣 1 分。考核数据来自最高人民检察院。2016 年考核方案中，考核各地 2016 年起诉拐卖类犯罪人数和儿童失踪信息紧急发布平台找回儿童数，得分标准为：

$$\frac{本地战果}{全国第 1 名战果} \times 100$$

本地战果的计算公式为：

本地战果=起诉拐卖类犯罪人数+儿童失踪信息紧急发布平台找回儿童数

考核数据来自最高人民检察院、儿童失踪信息紧急发布平台。

（六）打击涉枪犯罪工作（2012 年至今）

新中国成立以来，曾经有相当长的一段时间，是世界上持枪犯罪最少的国家之一。1981 年，我国政府就颁布了《枪支管理办法》。但近年来，我国枪支管理工作出现了一些新情况、新问题。一些企业违反规定生产、销售枪支，一些不法分子大肆自制土枪、火药枪，西南边境地区走私、贩卖军用枪的犯罪活动突出。凡此种种，造成枪支在社会上一定程度的泛滥，也使持枪犯罪案件急剧增多。[①] 1996 年 7 月 5 日，第八届全国人大常委会第二十次会议通过了《枪支管理法》，该法在 2015 年 4 月 24 日经第十二届全国人大常委会第十四次会议修正。《枪支管理法》明确了公安机关是全国枪支管理的主管机关，缩小了配枪范围；规定凡是没有明确授权配枪的均属于非法持有枪支，非法持有枪支就是犯罪。

打击涉枪犯罪工作原来没有单独列为一个侦查绩效考核项目，2012 年和 2013 年，公安部刑侦局开始将其单列为"灭枪行动"或者"灭枪"，2014 年开始改为"打击涉枪犯罪工作"。涉枪类犯罪包括持枪犯罪；盗窃、抢夺枪支、弹药罪；抢劫枪支、弹药罪；非法制造、买卖、运输、邮寄、储存枪支、弹药罪；走私武器、弹药罪等五类案件。2014 年考核方案中，考核各地起诉涉枪类犯罪人数，得分标准为：全国起诉涉枪类犯罪人数总数第 1 名得 50 分，每下降 1 名扣 1 分。各省级刑侦部门于第二年年初上报起诉持枪犯罪案件犯罪嫌疑人起诉书，公安部刑侦局审核认定，其他案件起诉数来自最高人民检察院。2016 年考核方案中，考核各地 2016 年起诉涉枪犯罪人数和缴获的以火药为动力的枪支数，得分标准为：

[①] 锦文：《中国严惩涉枪犯罪》，《中国法律》1997 年第 1 期。

$$\frac{本地战果}{全国第1名战果} \times 100$$

本地打击涉枪犯罪战果的计算公式是：3×起诉非法制造枪支弹药犯罪人数+起诉走私、非法买卖、运输、邮寄、储存枪支弹药犯罪人数+0.5×上述案件中缴获的以火药为动力的枪支数。

2017年的考核方案中，考核各地2017年起诉涉枪犯罪人数和缴获的以火药为动力的枪支数，但得分标准略有调整：

$$\frac{本地战果}{全国第1名战果} \times 300（2018年系数为200）$$

本地打击涉枪犯罪战果的计算公式是：2×本地起诉涉枪犯罪人数+移送外省区市起诉涉枪犯罪人数+本地起诉涉枪案件中缴获的以火药为动力的枪支数。

2017年考核方案将涉枪类犯罪界定为非法制造枪支、弹药罪，走私、非法买卖、运输、邮寄、储存枪支弹药罪等两个罪名，删除了原来考核方案中的持枪犯罪，盗窃、抢夺枪支、弹药罪，抢劫枪支、弹药罪等边缘犯罪案件。

（七）"追逃"工作（2004—2016年，2011年除外）

刑事案件的诉讼程序顺利进行的一个重要标志，就是犯罪嫌疑人的归案。如果一个案件侦查取证工作都很顺利，但犯罪嫌疑人潜逃后一直没有被抓获，这个案件是无法顺利进入起诉、审判阶段的。因此，追缉逃跑的犯罪嫌疑人，是侦查工作的重要环节之一。1999年7月至9月，全国首次开展网上追逃专项行动，网上追逃工作实行"立案地为主，户籍地为辅，藏匿地协助配合"的管辖机制。1999年12月7日，公安部下发《关于实行"破案追逃"新机制的通知》（公通字〔1999〕91号），这个通知首次正式确定了"网上追逃"的法律地位。

根据公安部通知或办法的规定，自2004开始，追逃工作就已经被列入公安部刑侦局刑侦绩效考核项目。2011年由于公安部"清网办"对各地公安机关"清网行动"情况进行总体考评，为避免重复考核，追逃工作不列入当年的刑侦工作绩效考核；2017年和2018年均未将追逃工作列为全国刑侦考核项目。追逃工作曾经是刑侦绩效考核的重要内容，按照有关规定，追逃工作的考核，主要考核各地执行公安部"破案追逃工作机制"情况，按照"全国在逃人员信息系统"的统计结果排列名次。在2014年考核方案中，该项目主要考核各地抓获2012年以前上网逃犯数，得分计算方式为：

$$\frac{\text{本地抓获 2012 年以前上网逃犯数}}{\text{全国第 1 名抓获 2012 年以前上网逃犯数}} \times 100$$

本地抓获 2012 年以前上网逃犯数的计算公式为：

$$\frac{\text{本地抓获 2012 年以前上网逃犯数}}{\text{本地民警数}} \times 100$$

在 2016 年的考核方案中，具体计算方式略有差异。主要考核各地百名民警抓获 2015 年 6 月 30 日以前（含 6 月 30 日）上网逃犯数，得分计算方式为：

$$\frac{\text{本地百名民警抓获 2015 年 6 月 30 日以前上网逃犯数}}{\text{全国第 1 名百名民警抓获 2015 年 6 月 30 日以前上网逃犯数}} \times 100$$

百名民警抓获 2015 年 6 月 30 日以前上网逃犯数的计算公式为：

$$\frac{\text{本地抓获 2015 年 6 月 30 日以前上网逃犯数}}{\text{本地民警数}} \times 100$$

考核数据来自全国在逃人员信息系统和公安部政治部。

（八）刑侦缉毒工作（2006—2015 年，2014 年除外）

1990 年 11 月 3 日，国务院第 72 次常务会议决定成立国家禁毒委员会，对内称国家禁毒工作领导小组。[①] 1998 年公安部机构改革中，设立了禁毒局（二十一局）。禁毒委员会主任由公安部部长担任，禁毒委员会的办公室就设在公安部禁毒局。根据《禁毒法》第 5 条规定，国家禁毒委员会负责组织、协调、指导全国的禁毒工作。各个地方公安机关也多成立了禁毒部门，不过局限于人力和物力等因素，一些地方的禁毒部门设置在刑侦部门内部。

为了更好地打击毒品犯罪案件，实现刑侦禁毒部门的工作共享与融合，根据公安部党委要求，刑侦局于 2006 年年初专门下发了《关于年度全国刑侦工作绩效考核有关事项的通知》（公刑 [2006] 488 号），规定从 2006 年开始将刑侦缉毒战果列入刑侦绩效考核，当年还属于临时项目。2006 年 10 月，又专门下发了《关于刑侦部门进一步加强缉毒战果统计有关工作的通知》（公刑 [2006] 2364 号），对刑侦部门缉毒战果的统计、录入提出了具体要求。2006 年刑侦局对缉毒工作的考核，将依据全国禁毒人民战争网上统计的刑侦部门缉毒战果数据，对各地进行单项排名，并

---

① 彦岚：《国际国内禁毒资料》，《观察与思考》2006 年第 12 期。

纳入刑侦绩效考核总成绩。

2007—2015年间（2014年除外），刑侦缉毒工作开始成为刑侦绩效考核的固定项目，主要考核各地刑侦部门打击处理毒品犯罪嫌疑人数、缴获毒品数、破获毒品案件数以及缉毒协作工作情况。打击处理毒品犯罪嫌疑人数、缴获毒品数、破获毒品案件数，以禁毒人民战争网公安部审核合格的数据为准。以2012年考核方案为例，刑侦缉毒工作的考核实行百分制，满分为100分。破获毒品案件数项占20分；打击处理毒品犯罪嫌疑人数项占40分，主要考核各地录入全国禁毒信息管理系统内的"抓获犯罪嫌疑人数"项；缴获毒品数项占40分，主要考核各地缴获的毒品海洛因、鸦片、冰毒、冰毒片剂、氯胺酮、摇头丸情况。考核基准定为海洛因，参照毒品折算的国际惯例及最高人民法院在审理毒品案件时定罪量刑的标准，将其他毒品数量统一折算成海洛因数量，进行统计、排名。折算办法如下：

1克海洛因＝20克鸦片
1克海洛因＝1克冰毒
1克海洛因＝1克冰毒片剂
1克海洛因＝10克氯胺酮
1克海洛因＝10克摇头丸

鉴于各地在统计缴获的毒品时，冰毒片剂以片为计量单位进行统计，摇头丸以粒为计量单位进行统计。由于1片或1粒片剂重量不等，统一为每片或每粒以0.1克计算进行考核。

考核中的三个项目，每项均进行单项排名计分。以各地单项实际的成绩进行排队后，第1名，计单项满分，以后各地进行等差计分，分别计算各个单项成绩（四舍五入取小数点后两位）。如，第一名40分，第二名38.75分，第三名37.5分，最后一名1.25分。每一名相差的分值为40（分）÷32（个省）＝1.25分。三个单项分别排名计分后，将三个单项的分值相加，按照得出的总分进行排名，为2012年刑侦缉毒工作绩效考核成绩。

2016年以后的考核方案中，已经没有了这个考核项目，主要是全国各地公安机关的禁毒部门已经形成独立建制，开展了相对独立的禁毒侦查工作，已经不需要依附于刑侦部门，因此不宜继续将其作为全国刑侦绩效考核的项目内容。

（九）打击电信网络诈骗（2010—2013年、2016—2018年）

电信诈骗（Telephone-fraud），公安部将其定义为利用通信工具实施诈骗行为的一种新型诈骗，其与普通诈骗的区别在于非接触性和犯罪地的不确定性。对电信诈骗追本溯源的话，可以发现其真正的发源地是日本。在日本，这种诈骗最早发生于1999年前后。国内最早出现的是20世纪90年代末期风行一时的刮刮乐、六合彩名牌等"中奖"诈骗，而后出现的是"亲情"诈骗。进入2000年，电信诈骗在台湾地区渐渐成为主流诈骗，其中以假冒警察行政机关和电信、银行部门等最多。① 接着，电信诈骗开始出现于我国东南沿海地区，并逐渐向内地发展，不法分子实施的电信诈骗已经成为一种社会公害，造成的社会危害越来越大、后果越来越严重。

公安机关是打击电信诈骗的排头兵和主力军，针对近年来越来越猖狂的电信诈骗犯罪，当然也及时地将相关打击力度和效果列为刑侦绩效考核项目。在2010年考核办法中，将"打击电信诈骗犯罪专项行动"项目列为该年度刑侦工作绩效考核的临时项目，权重为1，主要考核打团伙、打窝点、打平台、打线路、封账号等打击破案情况以及治理情况。在《关于2011年度全国刑侦工作绩效考核有关事项的通知》中明确说明，刑侦局组织指挥的打拐、打击电信诈骗专案和打黑除恶两次集中统一行动是2011年绩效考核的重要内容，将适当加分。2014年和2015年暂未将其列入绩效考核项目。在2016—2017年的考核方案中，本考核项目改名为"打击电信网络新型违法犯罪专项行动"，得分为：

$$\frac{本地战果}{全国第1名战果} \times 200$$

2018年该考核项目改为"打击电信网络新型违法犯罪工作"，既统计了2018年全国各省市区电信网络诈骗案件的立案数（起）、破现案数（起）、抓获数（起）、损失后果以及同比增减比例情况，还通过对预警拦截完成率（%）、本地抓获犯罪嫌疑人数、本地研判案件数和本地起诉案

---

① 广州市公安局编著：《电信诈骗的侦查与防范》，中国人民公安大学出版社2014年版，第3—5页。

件战果四个具体的考核，得分为：

$$30\times预警拦截完成率+100\times\frac{本地抓获犯罪嫌疑人数}{全国第1名抓获犯罪嫌疑人数}+$$

$$100\times\frac{本地研判案件数}{全国第1名研判案件数}+70\times\frac{本地起诉案件战果}{全国第1名起诉案件战果}$$

2016年本地战果计算公式为：3×刑事拘留境内台湾嫌疑人数+2×刑事拘留重点地区嫌疑人数+2×起诉重点地区案件数+2×外地起诉涉及重点地区的本地案件数+刑事拘留内地嫌疑人数（不包括重点地区）+起诉案件数（不包括重点地区）+外地起诉本地案件数（不包括重点地区）。

2017年本地战果计算公式为：10×刑事拘留从境外抓获带回嫌疑人数+3×刑事拘留境内台湾嫌疑人数+2×刑事拘留重点地区嫌疑人数+2×起诉重点地区案件数+2×外地起诉涉及重点地区的本地案件数+刑事拘留内地嫌疑人数（不包括重点地区）+起诉案件数（不包括重点地区）+外地起诉本地案件数（不包括重点地区）。

2018年本地起诉案件战果计算公式为：本地起诉个案数+3×移送外省区市起诉个案数。

重点地区在2016年方案中为7个，包括河北省丰宁县、福建省龙岩市新罗区、江西省余干县、湖南省双峰县、广东省茂名市电白区、广西自治区宾阳县、海南省儋州市。2017年考核方案中改为12个，增加了辽宁省鞍山市、安徽省合肥市、河南省上蔡县、湖北省仙桃市、四川省德阳市。2018年未明确列明地方。

重点地区嫌疑人是指户籍地为重点地区的犯罪嫌疑人。

重点地区案件是指户籍地为重点地区的犯罪嫌疑人实施的案件。

案件包括电信诈骗、"伪基站"、黑电台、窃听窃照、恶意程序、手机木马、无线屏蔽器等电信网络新型犯罪案件。主要涉及16个罪名：诈骗罪，敲诈勒索罪，非法获取公民个人信息罪，散布虚假恐怖信息罪，非法经营罪，破坏计算机信息系统罪，出售、非法提供公民个人信息罪，扰乱无线电通讯管理秩序罪，妨害信用卡管理罪，破坏广播电视设施、公用电信设施罪，非法买卖国家机关证件罪，非法生产、销售间谍专用器材罪，虚假广告罪，窃取、收买、非法提供信用卡信息罪，非法获取计算机信息系统数据罪，非法控制计算机信息系统罪。根据2015年8月《刑法修正案（九）》和最高人民法院、最高人民检察院《关于执行〈中华人民共和国刑法〉确定罪名的补充规定（六）》，2018年方案将本考核项目涉及的罪名改为 15 个，即将原来的非法获取公民个人信息罪，出售、非法提供公民个人信息罪合并为侵犯公民个人信息罪。

认定标准：2017 年及以前是以抓获并刑拘犯罪嫌疑人数和案件数由公安部专项办通过"全国违法犯罪人员信息系统"和"公安部电信诈骗案件侦办平台"统计并结合起诉书认定。2018 年的预警拦截、研判案件和抓获犯罪嫌疑人数据均由"公安部电信诈骗案件侦办平台"抽取，起诉个案数由各主办地省级刑侦部门上报起诉书后，刑侦局结合平台数据审核认定。

二　我国刑侦绩效考核项目：执法办案

（十）打击质量（2014 年、2016—2018 年）

打击质量是一个比较新的绩效考核项目，在 2014 年考核办法中开始设置，2015 年没有，2016 年、2017 年继续设置。打击质量考核项目与打击侵财犯罪工作、打击跨区域盗抢骗犯罪工作两个考核项目紧密相连，考核对象都是这几类与人民群众息息相关的侵财犯罪（五类或者四类）工作，不过打击质量强调的是这几类犯罪的重刑率，打击侵财犯罪工作强调的是对这几类犯罪打击增长率，打击跨区域盗抢骗犯罪则强调的是这几类犯罪的跨区域打击力度。在 2014 年考核办法中，打击质量项目考核各地盗窃、抢劫、抢夺、诈骗和掩饰、隐瞒犯罪所得、犯罪所得收益等五类侵财犯罪中判处 5 年以上刑罚的人数所占比例。得分计算公式为：

$$\frac{本地五类侵财犯罪中判处 5 年以上刑罚的人数所占比例}{全国第 1 名五类侵财犯罪中判处 5 年以上刑罚的人数所占比例} \times 100$$

五类侵财犯罪中判处 5 年以上刑罚的人数所占比例的计算公式为：

$$\frac{2014 年五类侵财犯罪中判处 5 年以上刑罚的人数}{2014 年五类侵财犯罪判决总人数} \times 100\%$$

考核数据来自最高人民法院。

2016—2018 年的考核办法中，该项目考核各地该年度打击盗窃、抢夺、诈骗和掩饰、隐瞒犯罪所得、犯罪所得收益四类犯罪（删除了抢劫犯罪）中判处 5 年以上刑罚人数比例的上升幅度。请注意，打击质量的考核方式由五类侵财犯罪中判处 5 年以上刑罚的人数所占比改为四类犯罪人数中判处 5 年以上刑罚的上升幅度。

$$上升单位得分：100 + \frac{本地重刑率上升幅度}{全国第 1 名重刑率上升幅度} \times 50$$

$$下降单位得分：80-\frac{本地重刑率上升幅度}{全国最后1名重刑率上升幅度}\times50$$

重刑率上升幅度计算公式：

$$\frac{2016年四类犯罪分子中判处5年以上刑罚的人数}{2016年四类犯罪分子生效判决人员总数}\times100\%-\frac{2015年四类犯罪分子中判处5年以上刑罚的人数}{2015年四类犯罪分子生效判决人员总数}\times100\%$$

考核数据来自最高人民法院、各高级人民法院。

（十一）办案质量（2010—2016年）

办案质量也是一个比较新的绩效考核项目。2010年开始正式设立，公安部刑侦局在《关于2010年度全国刑侦工作绩效考核有关事项的通知》中，明确提到增加"办案质量"项目，并将该项目列为今后刑侦工作绩效考核的固定项目，权重为1，考核内容主要包括：证据不足不起诉人数、判无罪人数、执法过程中涉案人员非正常死亡人数、命案卷宗评比等，考核方案另行下发。2014年考核办法中，办案质量考核各地故意杀人、抢劫、绑架、放火、爆炸、投放危险物质六类犯罪中证据不足不起诉和无罪判决的人数所占比例。得分情况为全国六类犯罪中证据不足不起诉和无罪判决所占比例最低的第1名得100分，每高于第1名0.01个百分点扣0.5分（2016年为0.3分）。六类犯罪中证据不足不起诉和无罪判决的人数所占比例的计算公式为：

$$\frac{六类犯罪证据不足不起诉人数+六类犯罪无罪判决人数}{移送起诉（检察机关审结）六类犯罪人数}\times100\%$$

考核数据来自最高人民法院、最高人民检察院。

三 我国刑侦绩效考核项目：基础工作

（十二）刑事技术工作（2005年、2007—2016年、2018年）

刑事技术工作是公安机关刑侦工作的重要成分，也是公安机关必不可少的基础性工作，是支撑公安机关实现维护司法公正和社会稳定的重要技术后盾。在打击犯罪、缉毒禁毒、治安管理、消防管理、交通管理、处理群众来信来访以及国内安全保卫和反恐等领域，刑事技术工作均提供了有力的技术支持。进入21世纪后，公安部刑侦局开始更加重视刑事技术工作，2005年开始将刑事科学技术室等级达标率列入绩效考核项目，2007—2012年设置刑事科学技术工作考核项目，2013—2016年设置刑事技术考核项目，2018年设置为刑事技术破案会战。

在2005年考核办法中，考核项目名称为刑事科学技术室等级达标率，每2年考核一次。按照《公安刑事科学技术室等级评定办法（试行）》（公刑〔2003〕21号）的要求，考核各地刑事科学技术室的等级达标情况。以考核年度公安部政治部的全国公安机关实力统计为准，计算各地三级以上刑事科学技术室在全部刑事科学技术室中所占比例，得出达标率，按达标率高低排列名次。对达标率相同的地方，按照一级示范和一级、二级刑事科学技术室的数量多少排列名次。在2007年考核方案中，明确规定刑事科学技术工作中现场勘查信息系统应用、DNA实验室等级评定和专业实验室盲测情况该年度暂不考核。2009年开始进入固定项目，每年均要予以考核。

在2014年考核方案中，刑事技术考核各地刑事案件现场勘查率。得分公式为：

$$\frac{本地刑事案件现场勘查率}{全国第1名刑事案件现场勘查率} \times 100$$

由公安部刑侦局随机抽取每个省、自治区、直辖市2014年立案的入室盗窃案件100起，与全国现场勘验信息系统的信息进行比对，确定当地的现场勘查率。考核数据来自全国现场勘验信息系统。

2016年考核方案，继续考核各地2016年刑事案件现场勘查工作。得分略有变化：

$$\frac{本地刑事案件现场勘查率}{全国第1名刑事案件现场勘查率} \times 150$$

根据公安部刑侦局每月通报的各地刑事案件现场勘查率，相加后平均，算出各地的全年刑事案件现场勘查率。

2018年本考核项目改为刑事技术破案会战，将考核内容分解为三块：本地DNA战果、本地指纹战果和本地人脸图像战果，按照一定比例换算得分后，综合三个成绩得出该项目的绩效分。得分公式为：

$$50 \times \frac{本地 DNA 战果}{全国第1名 DNA 战果} + 50 \times \frac{本地指纹战果}{全国第1名指纹战果} + 50 \times \frac{本地人脸图像战果}{全国第1名人脸图像战果}$$

本地战果计算公式为：

$$\frac{\text{利用DNA（指纹、人脸图像）比中抓获现行传统盗抢骗案件犯罪嫌疑人数}}{2018年传统盗抢骗案件立案数} \times 100$$

考核数据来自全国重大刑事案件信息系统、全国 DNA 数据库、全国现勘系统、部级刑专系统、全国违法犯罪人员信息库、各省区市指纹系统、公安部办公厅的相关统计数据。

(十三) 刑侦信息化工作 (2004—2018 年)

刑侦信息化是公安机关刑侦工作从传统破案模式向现代侦查模式转变的重要标志之一。1999 年年初，公安部决定实施"金盾工程"，这启动了公安机关信息化工程的序幕。2004—2006 年间，当时的考核项目为现场指纹协查工作，2007—2008 年考核项目为指纹信息工作；2009—2014 年为刑侦信息化，2015 年为刑事情报；2016 年在将刑事情报细化为刑侦情报研判工作以外，还增加了刑侦信息专业应用系统建设考核项目。2017 年和 2018 年取消了刑事情报考核项目，改设"三合一"作战平台①建设工作和侦查指令工作两个考核项目。

2007 年 11 月 9 日公安部制定的《公安机关指纹信息工作规定》中规定，指纹信息工作的任务，是运用先进的技术手段和科学的管理方法，对指纹信息进行采集、管理和应用，为侦查破案、打击犯罪提供证据，为社会治安管理等工作提供信息支持。各级公安机关的刑侦部门负责公安机关办理案件中的指纹信息工作。在该规定第六章《考核评比》中，规定各级公安机关应当对指纹信息工作情况进行考核，考核的主要内容包括：指纹信息系统建设以及相应的工作制度，指纹信息采集的数量和质量，指纹信息规范化管理的情况，应用成效等。在 2015 年考核办法中，刑侦信息化考核各地研判层报跨区域系列团伙案件数，得分为第三季度得分+第四季度得分。每季度得分为：

$$\frac{\text{本地研判层报跨区域系列团伙案件数}}{\text{全国第 1 名研判层报跨区域系列团伙案件数}} \times 50$$

研判层报跨区域系列团伙案件是指各省级刑侦部门层报并经公安部刑

---

① 公安部没有明确对"三合一"作战平台进行界定，根据 2018 年公安部刑侦局《关于全国省市两级刑侦部门"三合一"平台建设的指导意见》的内容，应该是指反电诈中心、刑侦情报研判中心和"三打击一整治"专项行动办公室三机构职能的整合，以更好地打击网络电信诈骗类犯罪。

侦局审核认定的全国性跨区域系列团伙案件（不包括使用计算机网络、电信通信方式进行的犯罪）。此类案件必须同时具备以下条件：身份已经查明的团伙成员3人以上；每名团伙成员均有涉案嫌疑依据；有证据表明团伙跨省、自治区、直辖市作案10起以上；外省、自治区、直辖市案件3起以上且利用刑事技术方法至少比中1起外省案件。

各省级刑侦部门通过全国跨区域犯罪线索平台上报案件，公安部刑侦局审核、公示后认定。考核数据来自全国跨区域犯罪线索平台。

2016年考核方案中，刑侦信息化考核包括刑侦情报研判工作与刑侦信息专业应用系统建设两大块内容。前者考核各地2016年研判层报跨区域系列案件工作情况。得分计算方式略有变化：

$$\frac{本地战果}{全国第1名战果} \times 150$$

2017年考核方案中，取消了刑事情报考核项目，改为"三合一"作战平台建设工作。"三合一"作战平台建设工作是一个全新的考核项目，从2017年5月开始，全国各级公安机关认真贯彻公安部"茂名会议"精神，结合本地实际，积极落实专项办、反电诈中心和刑侦情报研判中心"三合一"平台整合工作，充分利用"三合一"平台的组织优势、资源优势，紧紧围绕"多串并、多破案、多抓人"的实战要求，大力开展跨区域案件的研判、层报和直接组织侦办工作，强力推动省级刑侦部门向实战化转型升级。

2017年11月，公安部党委组织部直属机关局级干部集中学习领会党的十九大精神，公安部部长在开班动员讲话中，提出要强化部省市刑侦部门"三合一"作战平台建设，以平台为枢纽，实战化运行，建立完善组织指挥、情报研判、侦查行动一体化工作机制，公安部、各个省、地市三级刑侦部门要依托"三合一"作战平台，承担打击跨区域犯罪和新型犯罪的任务。[①] 截至2017年年底，全国32个省级单位"三合一"平台有来自刑侦、刑事技术、技侦、网安和银行、网络运营商等机构部门的工作人员，不同程度地整合了本地刑侦、刑事技术、技侦、网安、图侦以及银行、运营商、互联网公司、物流寄递企业等公安内外信息资源。

---

① 杨东：《为新时代中国特色社会主义保驾护航》，《人民公安报》2017年11月16日第3版。

2018年考核方案的省级"三合一"平台应用工作的考核中,主要考核各地省级刑侦部门"三合一"平台完成网络贩枪、电信诈骗和传统盗抢骗案件研判侦办情况。得分计算公式为:

50×网络贩枪案件任务完成率+50×电信诈骗案件任务完成率+50×传统盗抢骗案件任务完成率

任务完成率计算公式:

$$\frac{本地完成任务数}{下达的目标任务数} \times 100\%$$

各地的目标任务数根据《全国公安机关"深入推进三打击一整治专项行动"工作方案》和全国公安机关打击刑事犯罪工作推进会上的部署确定,完成情况由公安部刑侦局根据工作情况认定,每项最高得分为50分。

四 我国刑侦绩效考核项目的加分扣分

在常规的固定考核项目和临时考核项目以外,每年都会有一些加分项目或者扣分项目。具体年度的加分扣分项目类别的多少、加分的高低等内容,可能不完全一致,如2018年就增加了追缴文物情况和其他专项行动两个加分项目,特此说明。

(一) 我国刑侦绩效考核加分项目之解读

侦办中央、公安部交办案件。警察属于历史的范畴,原始社会没有警察,恩格斯曾经指出:"这种十分单纯质朴的氏族制度是一种多么美妙的制度呵!没有军队、宪兵和警察……没有监狱,没有诉讼,而一切都是有条有理的。"[①] 在阶级社会和有阶级存在的社会,军队、警察是阶级统治的工具。公安机关作为我国重要的治安管理机关和侦查机关,是国家秩序和社会治安秩序的重要维护者。公安机关接受党中央的领导,坚持公安部的全国业务指挥,在出现影响特别重大或者性质特殊案件的时候,党中央、公安部可以直接决定将某案件交付某一地、某一级的公安机关负责侦查,这是各地公安机关刑侦部门非常重要的历史使命和重要任务。

抓获公安部A级、B级通缉令通缉在逃人员。公安部通缉令是由公安部发布的面向全国通缉在逃人员的命令,分为"A""B"两个等级,等级制度于2000年2月开始正式实施。A级是为了缉捕公安部认为应重点

---

① 《马克思恩格斯选集》第4卷,人民出版社1995年版,第92页。

通缉的在逃人员而发布的命令，主要适用于情况紧急、案情重大或突发恶性案件；而 B 级是公安部应各省级公安机关的请求而发布的缉捕在逃人员的命令。① A 级悬赏金不少于 5 万元且不封顶，由公安部给予奖励；B 级悬赏金不少于 1 万元，由申请发布通缉令的省级公安机关给予奖励。抓获 A 级、B 级通缉令通缉在逃人员，是各级公安机关追逃工作的重要内容，除了在固定考核项目中作为直接的绩效考核内容外，还将追逃结果作为加分项目，可见其在刑侦工作中的重要地位。在 2014 年、2016 年考核方案中，都严格要求必须是"非发案省、自治区、直辖市抓获公安部 A 级通缉令通缉的在逃人员"，才可以加分。有的年度还将"追抓年前已破命案逃犯"视为一个单独的加分项。

侦破命案积案。如前所述，公安机关的命案，专指故意杀人、故意伤害致死和致人死亡的爆炸、投毒、放火、抢劫、强奸、绑架等八类案件。这八类案件的社会影响度大、对人民生命权利剥夺严重、社会危险性高，因此成为公安机关刑侦工作的重中之重。案件一日不破，群众一日不安，民警一日不休。只有在案件侦破后，逝者才能得以安息，生者才能得以告慰，法律的尊严才能得以彰显。公安部刑侦局每年都将命案侦破作为最重要的考核指标，但基于各方面的原因，一些命案确实短期内难以如愿侦破。因此，侦破命案积案就成为加分的重要选项。有一种力量，叫迎难而上；有一种情怀，叫不辱使命；有一种精神，叫无私无畏。公安部刑侦局定期组成工作组，调配全国人力、物力，攻坚目标案件均为改革开放以来在全国具有重大影响的疑难命案积案，运用新理念、新技术开展跨区域协同作战，力争案件侦查取得突破。当然，任何地方公安机关如能侦破命案积案，应当加分。

入选全国"信息战"典型案例。信息战，也叫指挥控制战、决策控制战，是为了夺取和保持控制信息权而进行的斗争。这个概念最早出现在 1991 年的海湾战争后，由美国军方提出，1992 年美国国防部颁发的《国防部指令》也提到了信息战。② 公安机关的信息战，正是借鉴军事信息战的精髓而形成。2010 年 9 月，在黑龙江省召开的"全国公安机关刑侦工作座谈会"上，公安部领导指出，面对新形势、新挑战，全国刑侦部门

---

① 王彦学：《论网上通缉误认》，《中国人民公安大学学报》（社会科学版）2010 年第 6 期。
② 杨蕾：《国家战略利益拓展到哪里，法学研究就推进到哪里》，《西安政治学院学报》2011 年第 4 期。

在当前及今后一个时代要以打好"合成战、科技战、信息战、证据战"为重点，大力推进侦查方式的转变创新，进一步提高侦查水平，提高办案水平，努力实现"多破案、快破案、办好案"的目标。[①] 2012年开始，公安部刑侦局在全国组织开展刑侦"信息战"典型案例征集评选活动，由地方公安机关提交全国刑侦"信息战"典型案例，在公安内网"全国刑事信息研判平台"根据得票情况进行评选，优秀典型案例统一汇编出版并在全国推广。将入选全国"信息战"典型案例作为加分项目，是通过鼓励地方公安机关积极提交典型案例，为公安信息战提供更多的、更好的素材，实现信息共享、信息互通的良好局面。

利用打拐DNA数据库比中被拐儿童。打拐的核心是打击拐卖儿童犯罪，而实现打击目标的重要前提之一就是构建DNA数据库，保证被拐卖儿童身份的认定以及顺利返家。2009年，公安部建立全国公安机关查找被拐卖/失踪儿童信息系统，在构建该信息系统的同时，同步建立被拐卖/失踪儿童DNA数据库，即民间俗称为打拐DNA数据库。公安部要求，各地公安机关要将五类人员的血样采集入库，包括：两类父母（已确认的被拐卖儿童的亲生父母、自己要求采血的失踪儿童亲生父母）、三类儿童（解救的被拐卖儿童，来历不明、疑似被拐卖的儿童，来历不明的流浪、乞讨儿童）。在全国打拐DNA数据库建立后，必须充分发挥海量数据的科技价值，让DNA信息自动进行检索和碰撞，警方可以异地查询、网上比对，最终实现快速高效地查找到被拐卖儿童的结果。作为目前世界上唯一一个由官方建设、管理和维护运行的以打拐为主要目标的数据库，全国打拐DNA数据库已经成功为近2700名被拐儿童找到了亲生父母。[②] 根据近几年公安部刑侦局的考核方案，利用打拐DNA数据库每比中1名前一年度以前被拐儿童的，拐出、拐入地公安机关均可以加分。

完成市级公安机关刑事技术机构和全国示范刑事技术室资质认定工作。这是2016年考核方案中新增加的加分项目，此举是为了进一步推动全国公安刑事技术机构的现代化、规范化、标准化建设，更好地服务实战、服务诉讼，在揭露犯罪、证实犯罪、打击犯罪中提供直接的、强有力

---

① 陈晓辉：《信息战视野下的武汉城市监控系统研究》，载于《侦查学论丛》第12卷，中国人民公安大学出版社2011年版，第140—146页。

② 李刚：《"国家寻亲平台"：是纽带，更是希望》，《人民公安报》2013年6月24日第5版。

的证据支持。市级公安机关刑事技术机构和全国示范刑事技术室资质认定工作,是推进全国各个地方公安刑事技术机构法制化、标准化、现代化建设的一项重要工作,将进一步规范公安刑事技术机构的司法鉴定行为,提升公安司法鉴定机构的综合检验、检测能力,强化其主体责任和法律意识,不断增强公安刑事技术机构的权威性和公信力,为维护社会的公平、正义和安全稳定,提供更强大的技术支撑。当然,这种规范化建设和检查,应当只是临时行为,所以作为加分项目,也就是这两年时间,以后估计不会存在了。

(二) 我国刑侦绩效考核扣分项目之解读

刑讯逼供致人死亡。刑讯逼供,俗称刑求,是指国家司法工作人员(含纪检、监察等机关工作人员),采用肉刑或变相肉刑乃至精神刑罚等残酷的方式折磨被讯问人的肉体或精神,以获取其供述(口供)的一种极恶劣的审讯方法。刑讯逼供是封建社会纠问式诉讼模式的历史遗留,在我国现阶段被视为严重违法甚至犯罪的取证行为,为我国法律所明令禁止。为了确保相关法律规定的贯彻实施,将刑讯逼供致人死亡的情况作为绩效考核扣分项目,具有很强的现实性,非常有必要。考核方案中将刑讯逼供致人死亡数作为扣分项目,具体考核各地刑侦部门在侦查办案中刑讯逼供致人死亡的人数。各地刑侦部门刑讯逼供致人死亡数,以公安部纪委统计为准。

涉案人员非正常死亡。在法医学上,正常死亡,是指由内在的健康原因导致的死亡,如病死或老死。涉案人员非正常死亡则是指由于各种机械的、物理的、化学的等外部因素作用于人体所引起的死亡,主要表现为涉案人员实施犯罪行为后畏罪自杀或犯罪后心理、精神压力过大自杀;或者在监管场所被监所管理人员或者同监其他被监管人殴打致死,或者被监所管理人员体罚虐待致死;还有在抓捕、押解或办案过程中,因涉案人员抗拒追捕或脱逃而发生的意外死亡,以及因遭受监所管理人员刑讯逼供致死等。[①] 曾经有一段时间,国内一些看守所或者其他羁押场所,先后发生多起"躲猫猫死""喝开水死""做梦死"等涉案人员在羁押场所非正常死亡事件,引发了社会的强烈关注,对公安机关的办

---

① 邓国良:《涉案人员非正常死亡的界定、范围及其对策》,《江西警察学院学报》2011年第6期。

案质量和整体声誉形成较大的负面影响。2009年中央颁布《关于加强办案安全防范工作防止涉案人员非正常死亡的规定》（中政法［2009］4号）。2010年年初，公安部在全国范围内作出部署，决定开展集中整治行动，坚决遏制执法过程中发生的涉案人员非正常死亡事件。2010年增加的"办案质量"项目中，考核内容就包括"执法过程中涉案人员非正常死亡人数"的考核内容。

出现冤假错案。冤假错案是冤案、假案、错案的合称，指侦查人员、检察人员、审判人员在行使职权、办理案件中，因为故意或者存在重大过失使得在认定案件事实或者适用具体法律的过程中，确实产生实体上或者程序上错误结果的案件。一般认为，导致刑事冤案的因素通常可以归为六种：虚假供述、采信告密者的陈述、劣质的辩护、不可靠的科学、政府的不当行为和目击者错误的证词。① 不过，在长期实行诉讼阶段论的我国，出现冤假错案，处于刑事诉讼的第一道防线的公安机关，当然责无旁贷。虽然我们承认，冤假错案的产生不是单个主体的单个原因造成的，而是系列原因结合在一起综合作用的产物；不是单个人的失误而是一连串的失误的集合。但要真正解决冤假错案，就必须充分依靠每一个诉讼阶段的每一个机关及人员，实现以审判为中心的司法体制改革，抓好侦查阶段的每一步工作。从这个意义上说，公安部刑侦局将出现冤假错案作为扣分项目，完全是有必要的、具有重要现实意义的。

在考核中弄虚作假。从目前的绩效考核的现状看，实际操作中所面临两大类问题：一是"弄虚"，就是认认真真走形式，绩效考核工作只是为了赶时髦而推行，毫无实际效果可言；二是"作假"，被考核的个人或部门以用欺瞒的手段（如假数据、假报表、假案件等）应付上级的考核。不少地方为了考核而考核，不惜弄虚作假，玩文字游戏，欺上瞒下。② 为确保绩效考核的真实性和客观性，公安部刑侦局应强化考核责任，对弄虚作假的，一经查实，严肃追究相关单位和人员的责任。目前，很多地方公安机关在执行公安部刑侦局绩效考核方案时，都明确规定如有弄虚作假的，年终考核实行一票否决。严格防止和严肃追究绩效考核中弄虚作假行为，对于提升绩效考核管理的权威性、科学性、实用性十分关键。公安部

---

① ［美］吉姆·佩特罗、南希·佩特罗：《冤案何以发生：导致冤假错案的八大司法迷信》，北京大学出版社2012年版，前言。

② 左崇年：《考核防弄虚作假》，《黄石日报》2012年7月5日第2版。

刑侦局将考核中弄虚作假作为重要的扣分项目，狠抓落实和严肃追究弄虚作假行为，有利于最终扎实有效地开展绩效考核管理工作。

其他程序性违法违规行为。公安部刑侦局在不同年度还规定了一些其他程序性违法行为或者违规行为，包括：第一，在逃人员信息填写错误或不及时撤销致使无辜群众或当事人被错抓的；第二，运用跨区域办案协作平台工作中违规操作；第三，未按要求完成上级公安机关转办涉枪线索；第四，对公安部交办、转发的线索核查不及时、不认真，导致线索久拖不结或核查结果严重失实的。以上程序性违法违规行为，或者明确规定扣分尺度，或者根据具体情况和严重程度，酌情扣分。

五 我国刑侦绩效考核项目的临时项目

（一）打击处理增长率（2004—2008年）

打击处理增长率是我国公安机关早期绩效评估的一个关键词，强调的是对各类犯罪（包括考核项目的命案、黑恶案件等）的总体打击惩治力度。在2004年的考核办法中，打击处理增长率考核各地提起公诉犯罪嫌疑人的数量。各地提起公诉犯罪嫌疑人的数量，以最高人民检察院的统计为准。计算方法是：以省级公安机关为单位，将考核年度前5年的提起公诉人数相加后除以5，得出前5年平均起诉人数。用本考核年度的起诉人数与前5年平均起诉人数相比，得出该省级公安机关考核年度的打击处理增长率，按打击处理增长率高低排列名次。

在2008年的考核方案中，虽然最开始的《关于2008年度全国刑侦工作绩效考核有关事项的通知》中的提法还是打击处理增长率，但在最后公布的成绩中，改为起诉数增长率，显然起诉数增长率这个提法更加准确、科学、合理。当然，不管是打击处理增长率还是起诉数增长率，由于这种考核项目过于注重对具体数字的考核，给人以似乎每年的打击处理增长率越高越好的假象。从2009年开始，公安部刑侦局取消了对打击处理增长率的考核。

（二）刑警大练兵（2004—2008年）

2004年6月10日，公安部召开全国刑警大练兵动员部署电视电话会议，公安部有关领导在电视电话会议上介绍：开展刑警大练兵，是解决"说不过，追不上，打不赢"问题，切实提高刑侦部门侦查破案能力和执法办案水平的迫切需要。"刑警大练兵"的重点是刑警执法办案基本知识、现场勘查能力、体能和抓捕技能三个方面。作为 2004 年刑侦绩效考核项目的刑警大练兵，总成绩包括四项内容：警犬技术比赛、体能技能抓捕、执法办案基础知识、模拟犯罪现场勘查。2005 年全国刑警大练兵的四项内容调整为侦破命案卷宗、刑警实弹射击技能、刑警电脑操作技能和模拟现场勘查案情分析。2006 年的刑警大练兵的内容减为三项：模拟杀人案件现场勘查（占 45%）、命案卷宗（占 45%）、办案公开制度落实情况（占 10%）。2007 年的刑警大练兵考核分为两个层次：由公安部刑侦局考核的共三项，包括模拟杀人案件现场勘查、命案卷宗评比、警犬实战技能评比；体能抓捕技能、射击、电脑操作技能三个项目则由各省级刑侦部门自行组织考核，并将考核成绩排名在省级刑侦网站主页上公示后报刑侦局。对未完成的，每缺少一项，将在全年刑侦工作绩效考核刑警大练兵项目总分中扣分。

根据公安部刑侦局《关于 2008 年度全国刑侦工作绩效考核有关事项的通知》的要求，刑警大练兵中"体能抓捕技能、射击、电脑操作技能"三个项目由各省级刑侦部门自行组织考核，并将考核成绩排名在各省刑侦网站主页上公示后上报，纳入全国刑侦工作绩效考核。鉴于 2008 年抗震救灾、藏区维稳、奥运安保等工作，时间长、任务重、要求高，且打黑除恶、侦破命案、打盗抢抓逃犯专项斗争任务也相当艰巨繁重，公安部刑侦局决定 2008 年刑警大练兵的 3 个项目不再纳入全国刑侦工作绩效考核，由各省份根据本地实际情况，视情况自行安排。2009 年正式取消刑警大练兵项目的考核。

(三) 开门接访工作 (2005 年)

2005 年 5 月 1 日，国务院颁布的《信访条例》正式开始实施。与此同时，公安部党委作出了一项令全社会为之瞩目、为之震动的重大战略部署——全国公安局长"开门大接访"。公安部要求，从当年 5 月 18 日开始，全国各地公安机关要敞开大门，以"人人受到局长接待，件件得到依法处理"为目标，集中时间、集中力量、领导动手、全警参与，由各级公安机关的一把手面对面地亲自接待上访群众，依法处理群众信访问题。[①] 随着"大接访"的不断推进和深入，其在社会上引起了较好的

[①] 宫岩：《新时期公安工作的一大创举——公安部组织全国公安局长"开门大接访"纪实》，《紫光阁》2005 年第 10 期。

反响和明显的效果：这是一项"民心工程"，使公安机关能够得民心、顺民意，赢得群众发自内心的拥护和肯定；这也是一项"破围工程"，对公安机关思想观念、方法机制都是创新与突破；这还是一项"凝聚工程"，有利于各级政府化解矛盾、营造和谐，维护社会的稳定和环境的和谐；这更是一项"建设工程"，有利于国家掌控公安工作和队伍建设的重心，实现公安工作和公安队伍建设的突破。① 信访制度被定义为社会的"减压阀"，为解决信访压力巨大和信访困难局面，必须实现依法办访、依法治访。

2005年8月18日，《公安机关信访工作规定》正式发布施行，这是一部由公安部制定的、迄今为止关于公安信访工作的最系统、最规范、最全面的部门规章。该规定提出各级公安机关负责人必须认真对待信访工作，应当通过具体的阅批来信、接待来访、听取信访工作汇报等方式，研究解决当地信访工作中的问题。必须承认，公安信访工作说到底，还是公安机关走群众路线的直接表现。全国各级、各地公安局长通过"开门大接访"的努力尝试，为新形势下如何正确处理公安机关与人民群众的关系，提供了一个极好的全新思路。② 当然，作为一个临时绩效考核项目，开门接访工作不可能成为常态，毕竟是一项带有时效性的、应急性的工作。而《公安机关信访工作规定》的出台，则意味着公安信访工作走上了正规化、法治化道路，与公安有关的信访工作，直接依法进行就可以了，没必要将其作为一个长期考核项目。

（四）"4·29"专案行动（2015—2016年）

2014年以来，我国西南边境地区各类偷渡活动逐渐增多，一些地方出现了境内外"蛇头"相互勾结，实施组织人员偷渡出境的犯罪活动，严重危害了我国的国家安全和边境秩序。按照中央的统一部署，公安部正式成立"4·29"专案组开展专项打击。2014年5月初，公安部"4·29"专案组要求多地警方，按照"打蛇头、打组织、打通道、挖幕后"的方法，统一开展集中打击西南边境地区组织偷渡的专案行动，并派出多个工

---

① 崔亚东：《思想观念上的革命 方法机制上的创新——对"开门大接访"工作的再认识》，《公安研究》2005年第10期。

② 宫岩：《新时期公安工作的一大创举——公安部组织全国公安局长"开门大接访"纪实》，《紫光阁》2005年第10期。

作组，赴重点地区进行一线督导。① 根据新华社记者的了解，"4·29"专案组重点打击三类人：一是组织偷渡犯罪团伙头目、骨干分子；二是组织策划者、中转接应者、组织偷运者和境外"蛇头"；三是边境地区的"黑司机""黑导游"等为偷渡活动提供便利的违法犯罪人员。② 经过一两年的重拳出击，专案组取得了一系列成果。为了推动全国特别是边境地区对"4·29"专案行动的重视，公安部刑侦局将其列为2015年刑侦绩效考核临时项目。

由于西南边境地区偷渡国边境的犯罪行为常常与各类宗教极端势力紧密相连，在2016年的考核方案中，将该临时项目正式定名为打击防范宗教极端人员非法出境专案行动（代号"4·29"专案行动）。该项目主要考核各地2016年"4·29"专案行动战果，得分为：

$$\frac{本地战果}{全国第1名战果} \times 100$$

新疆战果数计算公式：2×（发布红色通缉令人数+查获境外回流人员数+境外押回犯罪人数）+排查确定已非法出境人数

内地战果数计算公式：2×（发布红色通缉令人数+本地移交新疆犯罪人数）+本地遣返新疆的被裹挟涉案人数+排查确定已非法出境人数

考核数据来自"4·29"专案工作平台和审核后的新疆公安机关接收人员数据。

（五）侦查指令工作（2017年）

为落实打击犯罪新机制，提升全国刑侦部门打击跨区域犯罪水平，2017年4月28日，公安部刑侦局制定并印发《公安部刑事侦查局侦查指令工作规定（试行）》。该规定共10条，自2017年5月10日起施行。公安部刑侦局通过下达侦查指令的方式组织指挥各地侦办案件，各地刑侦部门应当按照侦查指令依法开展侦查办案工作。侦查指令的内容主要包括：确定案件主办地，搜集案件和犯罪嫌疑人信息，研判、串并、核实案件，收集、补充完善证据，抓捕犯罪嫌疑人，移交案件、证据、人员以及其他明确具体的侦查办案工作。侦查指令工作实行联络员负责制，每个省级、

---

① 刘子阳：《境外势力宗教极端思想蛊惑下的不归路》，《法制日报》2015年1月19日第8版。

② 董振国、王军伟：《千余偷渡分子铤而走上疯狂不归路》，《新华每日电讯》2015年1月19日第6版。

市级、县级刑侦部门应当确定 2 名专职侦查指令联络员。

侦查指令工作是 2017 年新设置的考核项目。根据 2017 年考核方案，侦查指令工作赋分制 100 分，考核 2017 年各地签收、回报公安部刑侦局侦查指令工作情况。得分标准：签收率 100% 得 50 分，每低 1 个百分点扣 2.5 分，扣完为止；回报率 100% 得 50 分，每低 1 个百分点扣 2.5 分，扣完为止。签收率和回报率计算公式分别为：

$$\frac{本地侦查指令签收数}{下发给本地的侦查指令数} \times 100\%$$

$$\frac{本地侦查指令回报数}{下发给本地的侦查指令数} \times 100\%$$

超期签收、回报的，视为未签收、回报，一个指令多次回报的，只计一次。

考核数据来自全国刑侦信息专业应用系统中的侦查指令工作平台。

（六）文物犯罪（2018 年）

文物是人类在社会活动中遗留下来的具有历史、艺术、科学价值的遗物和遗迹，是人类宝贵的历史文化遗产。文物安全是文物保护的红线、底线和生命线。确保文物安全，事关文化传承、文明永续，是既要面对历史又要面向未来的功德事业。党的十八大以来，习近平总书记多次对文物安全工作作出重要指示批示。2018 年 7 月 6 日，《关于加强文物保护利用改革的若干意见》由中央全面深化改革委员会第三次会议审议通过，自 2018 年 7 月 6 日起实行。

2018 年 7 月 17 日，公安部和国家文物局在北京召开电视电话会议，部署全国公安机关和文物部门开展为期六个月的打击文物犯罪专项行动。会议要求，要以对国家、对历史、对子孙后代负责的态度，切实增强使命感和责任感，严厉打击文物犯罪，严惩犯罪分子，切实保护国家文物安全。2018 年全国刑侦绩效考核方案中，公安部刑侦局将打击文物犯罪工作纳入考核范围，成为重要的考核项目之一，考核各地 2018 年起诉涉及文物犯罪人数、个案数。得分计算方式为：

$$100 \times \frac{本地战果}{全国第 1 名战果}$$

本地战果计算公式为：3×本地起诉个案数+2×移送外省区市起诉个案数+本地起诉犯罪人数

涉及文物犯罪包括盗掘古文化遗址、古墓葬罪；倒卖文物罪；走私文物罪；故意损毁文物罪；盗窃罪和掩饰、隐瞒犯罪所得、犯罪所得收益罪中涉及文物的。

各省级刑侦部门上报起诉书后，由公安部刑侦局结合文物犯罪信息管理模块录入情况审核认定起诉个案数和人数。

第三节　我国刑侦绩效考核机制体制的反思

一　我国公安执法质量考核发展的解读

（一）公安部执法质量考核规定与刑侦绩效考核

目前，由公安部正式发布的，关于执法质量考核的规定只有三个：2001年发布的《公安机关执法质量考核评议规定》（五章24条）；2011年《关于改革完善执法质量考评制度的意见》（六大方面21点意见）；2016年修订后的《公安机关执法质量考核评议规定》（取代2001年的规定，五章32条）。从2001年的24条到2016年的32条，增加的不仅仅是条文数量，更是我国最高公安机关对执法质量考核的更高要求。

2016年的规定在2001年规定的基础上，很大程度上借鉴吸收了2011年改革完善意见的精神。在评议方式和考核结果未做大的变动的前提下，考核内容从五个方面增加到九个方面。其中，在服务群众（如接处警执法情况）、硬件建设（如执法办案场所和监管场所建设等）、相关权益保障制度（如涉案财物管理和涉案人员随身财物代为保管等）、科技信息化（如执法办案信息系统应用管理等）等方面，有了突破性、开创性的规定。相对于2001年的规定，2016年的规定没有严格按照公安机关执法办案的案件性质分类区分，将原来规定的"（一）在办理刑事案件中的执法情况"和"（二）在办理治安案件和行政案件中的执法情况"合并为"（一）办理案件情况"。这种改变，一方面说明《公安机关执法质量考核评议规定》作为指导公安机关执法质量考核评议的"宪法性纲领"，在具体执法活动（如侦查）已经有了相应规定的情况下，没有必要规定得那么详尽。另一方面也说明，公安部部门规章制定水平的提高。以2001年《公安机关执法质量考核评议规定》为例，在第6条规定了办理刑事案件应当达到以下标准：

（一）	依法保护当事人的合法权益	无刑讯逼供、暴力逼取证人证言、滥用警械武器等情形
（二）	依法保障律师正常的执业活动	无违反规定拒绝、阻碍律师依法为当事人提供法律咨询、代为申诉、控告、申请取保候审和会见在押当事人的情形
（三）	依法适用、变更和执行刑事强制措施和侦查措施	无滥用强制措施、超期羁押以及非法冻结、扣押等情形
（四）	依法收取、保管、退还、没收取保候审保证金	无乱收及非法处理保证金的情形
（五）	依法提请逮捕	无应当报捕而未报捕，导致检察机关在审查批捕时要求增捕重大犯罪嫌疑人的情形
（六）	依法审查批准暂予监外执行	无放纵罪犯的情形
（七）	在办理经济犯罪、财产犯罪案件中	无非法插手经济纠纷或对经济犯罪、财产犯罪故意降格处理以及乱罚款、乱收办案费等情形

显然，上面这种"正面陈述+反面列举式"的刑事案件的办理标准，虽然无法穷尽侦查实践中可能存在的各类问题，但已经做了尽可能的涵盖。此外，这些违法或者违反程序的问题，公安部刑侦局也通过绩效考核的扣分已经很好地实现目标。在2016年版的《公安机关执法质量考核评议规定》中，将公安机关所有办理案件的标准予以融合，规定从受案立案、执法主体合法、案件管辖、程序合法等11个方面，宏观地实现了执法质量考核评议的目的和目标，这既是公安机关执法质量考核的整体法律依据，也是刑事侦查绩效考核领域的最高应用标准。

（二）公安机关执法质量中刑侦绩效考核的内容

2016年版的《公安机关执法质量考核评议规定》中，对公安机关执法质量考核包括刑侦绩效考核做了全面的规定。其中特别是一些吸收《关于改革完善执法质量考评制度的意见》的规定，对公安机关刑侦绩效考核具有重要的意义和价值，需要特别地关注和解读。

第一，执法质量考核评议确定主体。《公安机关执法质量考核评议规定》第14条第1款规定，各个省级公安机关是地方执法质量考核具体的评议项目和指标内容的唯一确定主体。执法质量考评自从20世纪80年代中期开始，国内不同级别的公安机关都在进行有益的尝试。公安部在2011年通过的《关于改革完善执法质量考评制度的意见》中指出，完善的执法质量考评指标体系中的考评指标，应当具有依法、科学、有效、统一的特征和表象。这里的统一，是指执法质量考评标准原则上应由公安部和各省、自治区、直辖市公安部门统一制定，2016年的规定继续沿袭了意见的精神，执法质量考核评议项目和指标只能由省级公安机关依据公安部规定统一确定，各级公安机关（这里指的是省级以下的公安机关）的不同部门（如法制部门、刑侦部门、治安部门等）、不同警种（如刑警、交警、特警等），均不得以部门、警种名义下达不同的项目和指标。具体到刑侦绩效考评系统，是否属于这里的确定主体之列呢？显然，虽然公安部刑侦局属于特定部门、特定警种，但由于公安部刑侦局是代表公安部，而不是省级以下的部门、警种，因此其刑侦绩效考核项目和指标不违反以上规定精神。

第二，执法质量考核评议指导原则。《公安机关执法质量考核评议规定》第3条提出，执法质量考核评议，应当坚持实事求是、公开公正、奖优罚劣、注重实效的原则。这是对公安机关执法质量考核评议的宏观原则，相对于2001年的规定，增加了"注重实效"的要求。实效，是指实际的效果、实际的功效。增加注重实效的原则，意味着公安执法质量更加注重实务性和效果性，更加强调为执法服务、为公安护航。此外，《公安机关执法质量考核评议规定》在第14条第2款规定，确定执法质量考核评议项目和指标，应当把执法质量与执法数量、执法效率、执法效果结合起来，激励民警又好（是指质量）又多（是指数量）地执法办案。执法质量是公安执法考核评议的核心内容，是检验公安机关执法活动的重要数据。质量有两层含义：第一是指物体的一种性质，通常指该物体所含物质的量，是量度物体惯性大小的物理量；第二是指产品或工作的优劣程度。[1] 前者应该是质量的本质含义，后者则应是质量的引申含义，执法质量显然属于后者，是指执法机关执法活动或者执法工作的优劣程度。公安部规定将其与执法数量、执法效率、执法效果三者紧密结合起来，这三者分别从总量、速度、结果三个方面对公安机关执法活动进行了评价。

第三，执法质量考核评议排除指标。公安执法质量考核评议的主要内容是项目和指标，而指标又是其中最可见、最容易区分的数据形式。从公安执法考核的起步期开始，系列的数据指标越来越多，几乎演变为"考核=数据""绩效=指标"的现状。有学者指出，指标制是全国公安机关

---

[1] 张品泽：《论公安机关刑事执法质量评价（检验）——以2012年〈刑事诉讼法〉实施为视角》，《公安研究》2012年第12期。

沿用多年的管理模式，简言之就是要求某部门、某辖区在一定期限内完成预设的工作数量，如刑事拘留数、批捕率、破案数、强制隔离戒毒数等。指标制极易带来异化，一些考核指标甚至会直接与民警经济待遇、评先评优、提拔晋升紧密挂钩。[①] 为了避免过度追求个别不正常、不科学的指标或者数据，2011年公安部《关于改革完善执法质量考评制度的意见》中就提出，要求取消刑事拘留数、发案数、退查率、破案率等不合理、不科学的指标。从2013年开始，浙江、河南、江西等地公安机关陆续取消了破案率、批捕率、起诉率、退查率等排名通报，也不再下达刑事拘留数、发案数、破案率、退查率等不科学、不合理考评指标。[②] 2016年的《公安机关执法质量考核评议规定》第14条第2款对以上规定进行了维持，提出不得以不科学、不合理的各类"数""率"等作为考评指标。这些不科学、不合理的考评指标中，大多数都与刑事侦查活动息息相关，比如刑事拘留数、发案数、退查率、破案率等。排除这些指标后，公安执法质量考核评议将会更加合理、科学，其结果将更加准确、令人信服。

第四，执法质量考核评议依据来源。按照《公安机关执法质量考核评议规定》第16条的要求，各级公安机关在实施执法质量考核评议时，应当不仅仅停留于内部考评，而要将外部评价的内容有机结合起来；除了常规内部考评数据外，还要将警务评议、社会公众评价等主观性评议结果，以及执法相对人、案件当事人对执法工作的评价等，均作为公安机关执法质量考核评议的重要内容和主要依据。这是一个巨大的突破，起码是在公安部规定的条文中。传统观点认为，公安内部绩效考核，是公安机关的重中之重、密中之密，一直不能为外人所知。2016年的评议规定提出将"内部考评与外部评价有机结合"，这是公安绩效考核历史上的一次重大突破，具有里程碑的意义。规定中将外部评价的重要依据界定为社会公众评价和执法相对人、案件当事人对执法工作的评价，除了借鉴吸收国外评价体系中的社会公众评价（也称为群众满意度）外，更是将执法相对人、案件当事人的评价纳入其中，这更是一次巨大的突破。在传统公安执法实践中，执法相对人和案件当事人（主要是指犯罪嫌疑人）多与公安

---

① 饶德宏等：《五大执法司法考核指标将取消》，《南方都市报》2015年1月22日第6—7版。

② 贺小军：《效果与反思：公安机关刑事执法质量考评机制实证研究》，《法学家》2017年第3期。

机关处于"敌对"状态，听取他们对公安执法的评价，无异于"火中取栗"，这种可能存在的消极评价必然是公安执法质量考核的双刃剑，如何应用，期待着下一步的细化规定和操作规则。

第五，执法质量考核评议方式方法。《公安机关执法质量考核评议规定》第23条规定，执法质量考核评议采取日常考评、阶段考评、专项考评、年终考评相结合的方法。本条规定的是公安执法质量考核评议的具体方式方法，这是执法质量考核评议运作的重要内容。日常考评是指对被考评者的出勤情况、工作产量和质量实绩、平时的工作行为所作的经常性考评。阶段考评是指对被考评者在某一个特定的时期内（如星期、月、季度等）的工作行为所做的限定时间期限的考评。专项考评是指对被考评者某一个特定工作（如信息化、追逃等）或者特定事项（如某起案件侦查工作等）的所作所为的考评。年终考核是指考核主体在每年年末，对被考核者本年度的执法工作质量进行的全面的、综合的评价。四种考评方式是一个有机的整体，共同构成公安执法质量考核的全新体系。其中，日常考评和年度考评是常规化、常态化的考核方式，阶段考评和专项考评是非常规、非常态化的考核方式。同时，日常考评成绩是年度执法质量考核评议成绩的关键内容和组成部分。当然，在执法质量考核中还需要注意，避免各类考评项目和方式过多过滥，要适当考虑基层执法现实和考核效果目标。各级公安机关应当建立执法质量考核评议的通报制度和报告制度。通报的主体为上级公安机关和各级公安机关，通报的内容为下级公安机关的执法质量考核评议情况和本级公安机关所属执法部门、执法民警的执法质量考核评议情况，通报的范围为本辖区公安机关内部。报告的主体是下级公安机关，报告的对象是上一级公安机关，报告的内容是下级公安机关开展年度执法质量考核评议情况，报告的时间为考评结束后一个月内。

二 我国刑事侦查绩效考核机制的问题

多年的刑侦绩效考核实践基础，为公安部2016年《公安机关执法质量考核评议规定》的修订提供了重要的实践依据和数据支撑。不过，回顾作为公安执法重要环节之一的刑侦绩效考核机制，十来年的考核实践证明，也存在一定的问题，需要进一步的发展和完善。

（一）考核地位模糊，自我独立认知不够

如何定位刑侦绩效考核，刑侦绩效考核在公安执法质量考核评议中的地位如何，公安内部不同侦查部门如何协调绩效考核，公安部刑侦局似乎没有一个明确的认识。从 2004 年全国刑侦绩效统一考核开始，公安部刑侦局在这个领域一直是"摸着石头过河""且行且改且完善"中。即使进入 21 世纪，对我国各级行政机关而言，绩效考核仍然是一个比较敏感的新课题。该不该搞、该如何搞，尚未形成统一的定论和规范性认识。一方面，整个公安执法质量考核尚处于起步摸索过程中，公安绩效考核方面的研究也较为匮乏，一些研究中多将依照公务员法对警察个人的考核与对机关单位的考核混为一谈。在这种背景下，作为公安执法质量考核一环的内部刑侦绩效考核，确实需要基于"保密"的原因低调进行。另一方面，在公安机关内部，刑侦只是享有侦查权的多个内部机构之一。按照学界的理解，不同的警种应采用不同的绩效考核体系。[①] 刑事侦查部门在公安系统相对独立后，又经历了几次分立。经侦、禁毒、海关缉私等具有侦查权的部门相继成立。之后，公安部又相继设立了具有侦查权的网络安全保卫局、公安边防海警等部门。最近，由于环境犯罪、食品安全犯罪、假冒伪劣商品犯罪案件突出，一些地方公安机关又成立了一些新的享有侦查权的部门。但从现状来看，每个部门都没有形成相对独立的绩效评估指标体系，更不要谈详细、规范、长期的规定或者办法了。

显然，公安部刑侦局在进行全国刑侦绩效考核的时候有点"底气不足"。从依法治国、依法治警角度上看，不论是《人民警察法》还是公安部的两个《公安机关执法质量考核评议规定》，其中均没有明确关于刑侦绩效考核或者授权刑侦局开展刑侦绩效考核的规定，这从依据上看似乎就有点"师出无名"。公安部刑侦局 2004 年在《关于印发刑侦工作绩效考核办法（试行）》的通知中，也只是提到"经公安部领导批准"，可见这个办法的法律依据不足，与其说是依法考核毋宁说是依规工作。从横向比较上看，公安机关内部享有侦查权的其他主体，如经侦、禁毒、治安、国保、交管等，均未开展全国性的、统一的绩效考核，这使得刑侦局的绩效考核可能有点"另类"：搞得好，皆大欢喜；搞不好，成攻击焦点。所以从 2004—2018 年这十多年间，刑侦绩效考核一直是一个公安机关刑侦部门内部操作的规程，甚至只是一个提供给各地公安刑侦部门考核的参考模板。

---

① 陈涛：《公安机关绩效考核机制创新初探》，《管理观察》2012 年第 14 期。

其实，这是一种不够自信的表现，也是对自己独立认知地位认识不足的反映。公安执法工作主要包括两大块：治安管理和刑事侦查，刑事侦查是确认犯罪嫌疑人、收集证据的诉讼过程，其运作程序和要求与治安管理不完全相同，在诉讼目标上更是要求效率与公正相结合，因此有相对独立的绩效考核体系完全理所当然，在此不作赘述。至于公安机关内部还存在其他多个侦查部门的问题，虽然公安机关内部有多个部门可以行使侦查管辖权，但从绝对数量来看，刑侦部门管辖案件的绝对数量远超其他部门管辖案件数量之总和。因此，公安部刑侦局开展全国统一的刑侦绩效考核不仅可能，而且必要。当然，为了让这种绩效考核更加合法、合规、合理，建议下一次修订《刑事诉讼法》《人民警察法》或者《公安机关执法质量考核评议规定》时，增加确立刑侦绩效考核的原则规定或者相关授权条款，以实现侦查绩效考核的法治化和正规化建设。

(二) 考核内部运作，缺乏透明度开放度

与考核地位模糊、独立地位自我认知不够相对应的是，我国现行刑侦绩效考核属一种内部运作过程，缺乏透明度和开放度。公开透明对于政府管理、法治发展至关重要，无论是其他国家和地区，还是在中国，都经历了一个不断发展的认知和实践过程。[①] 刑侦绩效考核是依托于我国的政府绩效评估和公安执法质量考核评议逐步发展起来的，而早期的政府绩效评估和公安执法质量考核基本上就是一种内部运作过程，缺乏外部主体的参与。以公安机关的现行绩效考核方式为例，我国公安机关早期应用的目标管理考核模式，一般是将单位内部的各项政治、业务工作进行量化管理，确定一些硬指标，作为上级机关给下级机关下达的工作任务，逐级签订目标管理责任状，以下级完成这些目标任务的程度作为衡量其工作优劣的依据，年终考核并兑现奖惩。一般说来，公安机关的目标管理责任制可以细分为四个层次：第一层为上级公安机关与下级公安局、公安分局签订的工作目标；第二层为本级党委、政府与所属公安机关的工作目标；第三层为县市公安局、公安分局与下属科、所、队签订的工作目标；第四层为基层公安机关以及科、所、队对内部民警下达的工作目标。这里的四个层次，除了第二个层次外，其他层次均为公安机关内部的考核运作。可见，由公安部刑侦局组织的刑侦绩效考核属于第一层次与第三层次的融合考核，即

---

① 李蒙：《中国，越来越透明》，《浙江人大》2018年第6期。

上级公安机关对下级具体部门的考核，基本上不涉及对具体办案民警个人的考核。

刑侦绩效考核虽然脱离目标管理责任制的范畴，但在实践运作中完全不对外。如果说，第二层次中各级党委、政府对公安机关的考核目标，属于当地政府绩效考核的重要内容，因此必然会列入行政公开的范畴，这一点在很多法治指数中涉及的侦查指标均可显见。其他层次的目标责任管理基本上与社会隔离，相关数据指标以及考核方式内部掌握不对外，秘密进行。传统观点认为，侦查活动属于国家秘密，公安机关内部管理活动更属于国家秘密，外界（不论是组织、机构还是个人）无权了解。按照公安机关条块结合、以块为主的管理体制，地方各级公安机关必须服从各级党委、政府的安排，因此对各级公安机关的考核，既有党委、政府的考核，又有上级公安机关的考核，还有条上业务部门的考核。而这些考评中，如果说党委、政府对公安机关、上级公安机关对下级公安机关的考核，还存在一定的公开性的话，则条上业务部门的这种考核，完全不对外甚至在公安机关内部都存在一定神秘色彩。此外，刑侦绩效考核的开放度也非常之低，按照现代考核理论，在"一种外部监督的有力工具"和"治理评估"分析思路下，政府绩效评估的评估主体应该转移到政府外面，由"内部评估"转向"外部评估"。① 甚至有学者提出，为了突出"外部"之中的个体要素，又要区分开政府自身评估的情形，可以突出强调"外部"中的个体要素，使用"异体评估"。② 刑侦绩效考核作为公安质量考核的重要组成部分，实现完全的"异体评估"估计不论是从技术上还是能力上均不可行，但适度增加外部因素，部分增加社会公众评价和执法相对人、案件当事人对执法工作的评价以及相关群众满意度因素，确实有利于提升整体考核机制的透明度和开放度。

(三) 过于注重比例，简单以数字论英雄

现行的公安绩效考核，主要从公安机关的业务工作和队伍建设两方面来考虑，业务工作包括社会治安、犯罪预防、侦查破案、打击犯罪等，主要选用刑事案件发案率、刑事案件破案率、刑事犯罪人口数、刑事犯罪行

---

① 高洪成、娄成武：《异体评估：我国政府绩效评估的路径选择及理论建构》，《中国行政管理》2012 年第 9 期。

② 高洪成：《"异体评估"视域下的政府绩效评估研究》，东北大学出版社 2014 年版，第 111 页。

为人被缉捕数等若干定量指标。队伍建设则包括班子建设、学习教育培训、思想政治工作、遵纪守法、公安宣传工作及后勤保障工作等若干定性指标。在一些城市派出所对其民警的考核中，还存在以下量化考评指标：出勤率、结案率、打击处理率，可防性案件管理防范覆盖率，逮捕劳教数量，提出方案数量，统计准确率、差错率，人口资料准确率，群众投诉、上级检查、通报次数等。以上指标数字是公安机关绩效考核的主要内容，与刑侦绩效考核直接密切相关的主要数字有以下几个：破案率，是指警察机关或相关侦查执法机关成功侦破案件的数目与收到报案数目的比例。命案侦破率，是破案率中的一个具体考核比例，是指警察机关或相关侦查执法机关成功侦破命案（致被害人死亡的严重后果的案件）的数目与收到报案数目的比例。重案侦破率，也是破案率中的一个具体考核比例，是指警察机关或相关侦查执法机关成功侦破重大案件（各国各地区不同时期对重案的理解不尽相同）的数目与收到报案数目的比例。拘留率或者逮捕率则是一个对具体案件中犯罪嫌疑人采取强制措施的比例，是指在某地一定时期范围内（一般为一年）被采取拘留或者逮捕措施的嫌疑人占所有涉案犯罪嫌疑人的比例。

我国传统刑侦考核中的破案率较高，进入21世纪以来，公安部狠抓弄虚作假以确保考核数据的真实性，破案率有了一定幅度的理性回归。公安部2004年的统计显示：2003年全国共立刑事案件439万起，破案184万起，破案率仅为41.9%，有超过一半以上的刑事案件没能破获。公安部部长助理张新枫在2004年的全国刑警大练兵动员部署电视电话会议上的讲话中透露：这还不算立案不实因素，如果如实立案，估计全国目前刑事案件破案率可能在30%左右。[①] 这一数字和西方大多数国家的破案率接近，维基百科搜集的资料显示：香港警务处公布的破案率为46%，纽约市警察局为35%，日本警察厅为33%，洛杉矶警察局为25%，伦敦警察厅为21%。为了应对一些地方虚假的破案率，我国一些地方公安绩效考核中增加了刑事案件发案率的考核指标。最初，发案率是一种事故伤害频率，是企业进行事故统计时的衡量标准。刑事案件的统计中，发案率是指一个国家或地区在一定时间内发生的刑事案件的总和与总人口的比例。传

[①] 陈志军、申翔：《对公安院校加强科学犯罪形势教育的思考》，《武汉公安干部学院学报》2010年第4期。

统研究中，发案率所体现的数字内容更多地出现在犯罪学统计和研究中，但现在已经进入侦查学的研究视野。

设计出立案率和破案率等刑侦绩效考核比例、数字，本身是没有什么太大的问题。不过，在具体执行中，由于认识上的偏差和一些历史的、客观的原因，一些目标定得过高、过大，难以完成，比如刑事案件发案率、刑事案件破案率等目标。由于刑侦绩效考核本身起步较晚，相关理论研究和实务应对尚不充分，因此对其结果的认定多简单地采用数字比较和排名。在某个派出所对民警的绩效考核统计数据中，68.9%的派出所将"成绩与失误并重"，27.4%的以考核成绩为主，3%主要考评民警的失误。[①] 这里的成绩基本上就是以上量化考评指标的数字化，最后的排名也就是数字的从高往低的排序。很显然，这种排序虽然外表似乎无可争议，但在基础分母数值相差巨大的背景下，低分不见得就是低能力、低效率。部分目标考核缺乏操作性，现行刑侦绩效评估指标中的业务工作指标以定量指标为主，不同侦查业务部门的业务工作迥异，不同地域辖区的治安犯罪状况千差万别，量化标准过于单一、考核办法难以细化。如果仅凭日常积累的印象，以年终投票实行综合评估确定优劣，又容易出现"好好先生""轮流坐庄"的消极后果。因此，刑侦绩效考核的设计，必须科学、合理、规范、有效；刑侦绩效考核的结果，必须能够改变"干与不干、干多干少、干好干坏"一个样的状况，能够有效调动刑侦部门和刑侦人员的积极性和主动性，能够实现"奖优罚劣、奖勤罚懒、优胜劣汰"的实际效果。

三 我国刑事侦查绩效考核机制的展望

客观地说，虽然我国刑侦绩效考核机制可能还存在着这样或者那样的问题，但对其进行肯定性的评价应该是主要方面。虽然在具体绩效考核指标方面，公安部刑侦局一直没有完全的统一和稳定，变数一直存在，但其在社会治安综合治理和刑事侦查、打击犯罪方面，一直发挥着积极的、重要的作用。当然，这种绩效考核机制还需要根据社会治安形势的发展，不断地发展和完善。

（一）考核思想：依法治警与高效有序侦查相结合

考核思想是刑侦绩效考核机制的核心，也是依法开展绩效考核的关键

[①] 王光主编：《公安民警考核方法通论》，群众出版社2005年版，第14页。

之所在。为什么要考核、考核的目的是什么？这些问题，在 2016 年的《公安机关执法质量考核评议规定》第 1 条就已提及，是为了加强公安机关的执法监督管理，落实公安机关的执法责任，提高公安机关的执法质量，促进公安机关及其人民警察严格执法、规范执法、公正执法、文明执法。

依法治警是对警察队伍开展执法管理的重要内容和要求。依法治警是依法治国方略在公安机关执法和警察队伍管理领域的重要表现。依法治国是中国共产党在党的十五大上提出的党领导人民治理国家的基本方略，也被正式写入宪法。公安机关是国家重要的治安管理机关和侦查机关，担负着依法行政和公正司法的重任，当然也是依法治国的重要践行者和实施者。公安机关在社会主义法治建设进程中，一方面要积极发挥好国家赋予的警察权力的职能功效；另一方面更要从根本上确立与之相适应的依法治警的内部管理方式，发挥示范效应，将警察权力和警察队伍纳入制度化、法律化的轨道。依法治警是公安机关和公安队伍建设的必然，是实施依法治国方略的必然，是保证公安机关公正执法的必然，是推动公安队伍正规化建设的必然，是适应社会主义市场经济发展的必然。[①] 实现对公安机关及其人民警察的制度化、法律化的途径和形式中，绩效考核是重要的一环，是衡量其工作优劣、程序合法非法、效率高低的重要方式。有学者提出了法治化考评考核的思路，即考评主体以法治理念与正当程序标准对公安机关刑事执法质量进行考评，摈弃仅注重考评排名而忽视考评背后的执法问题的观念与做法，使得考评真正起到发现当下刑事执法问题、提升民警的执法能力、促进执法法治化的作用。[②] 对刑侦工作开展绩效考核，就是一种法治化考核，就是依法治国方略在刑事侦查领域的具体化，依法治警要求在刑事侦查工作中的制度化。

高效有序侦查是公安机关对刑事侦查工作的管理要求和目标。侦查活动是一种特殊的诉讼活动。从权力属性上看，侦查权存在司法权、行政权、司法行政权的争议；从活动属性上看，侦查活动也存在司法活动、行政活动的跨越。侦查确实具有其特殊性，它从机关归属上看确实应当是行政活动，又不完全等同于行政活动；从程序上看，侦查属于刑事诉讼活动

[①] 刘德：《论依法治警》，《公安研究》2002 年第 2 期。

[②] 贺小军：《效果与反思：公安机关刑事执法质量考评机制实证研究》，《法学家》2017 年第 3 期。

的重要一环，但又不完全等同于狭义上的司法活动。权力属性或者活动分类上的争议，可以暂且不谈。但侦查活动是需要追求一定的效率性和公正性，则确属无疑。无论是公安机关的侦查活动，还是检察机关的自侦活动，追求侦查效率、提高侦查效能，均是不二的选择。一些地方侦查部门建立一体化办案机制，整合侦查资源，加强沟通，最终都是为了确保"立得了、捕得下、诉得出"。① 刑侦绩效考核，正是对侦查活动效率性的考察和评价，是侦查效率的直观体现。根据 2004 年公安部刑侦局《关于印发〈刑侦工作绩效考核办法（试行）〉的通知》的规定精神，刑侦工作实行绩效考核的目的，就是为了考核各地刑侦工作绩效，充分调动各地侦查破案的积极性和主动性。

（二）考核内容：宏观评估与微观绩效数据相结合

我国侦查绩效考核在创新中诞生、在发展中进步，逐步形成了今天由公安部刑侦局宏观指导、省级公安机关刑侦总队统一指挥、地方公安机关具体实施的格局。不过，从考核内容上看，目前正在适用的刑侦绩效考核更多地表现为对微观绩效数据的考核，应当逐步加入并扩大宏观评估数据在刑侦绩效考核中的地位和价值。

微观绩效考核数据在传统各类绩效考核中并不少见，微观绩效考核数据来源于微观数据。有人认为，实证研究中的数据分为两种：原始数据（或称微观数据，对应于单个人、家庭或企业的信息）和汇总数据（或称列表数据，是将原始数据整理汇总之后的数据）。② 不过一般观点认为，微观数据是相对于宏观数据而言的。如我国国家统计局每年都会发布经济运行数据，这些微观数据库为我国经济发展和社会进步，提供了非常详尽的第一手数据资料。与这些微观数据对应的是，在刑侦绩效考核中，也存在大量的微观绩效考核数据，一些微观绩效考核数据可能与前面所列的国家统计局统计的微观数据一致甚至重合，比如一些就业情况、收入不平等情况等，但更多的是刑侦领域的一些特色数据，比如发案数（率）、破案数（率）、逮捕数（率）、起诉数（率）、有罪判决数（率）等，这些数据虽然可能与国家各类微观经济数据没有直接的关系，但各类微观经济数

---

① 杨汉金：《优化机制促侦查　立得了捕得下诉得出》，《检察日报》2014 年 8 月 13 日第 11 版。

② 李丽、白雪梅、刘永久：《国外微观数据发布的进展与启示》，《统计研究》2010 年第 8 期。

据的变化肯定会影响这些绩效考核数据。如某一时期某一地域内,就业率下降的时候,盗窃、抢夺、抢劫等案件的发案率极有可能会有所上升。

有学者指出,总体上来看,法治的数字化评估作为一种理论化的认知,更多是政治系统与学术系统的一种内部操作,不仅难以准确评估公众对于法律的认知实践,也很难切入个体在实践中的法律决定;法治评估中那些线性、同质的数字以及整齐、对称的表格,不属于也很难切入活生生的法律实践。① 早期的公安绩效评估(国外为警察评估)还主要集中于个别极少数微观数据,现阶段则超越了微观数据转向宏观综合评估。特别是20世纪末21世纪以来,西方警界开始反思传统的单纯依靠破案率作为评价社会治安和警察工作指标的片面性,逐步形成一个评价社会治安和警察工作的多指标综合评价体系,正在加以运用,值得我们注意。综合指标体系,通常是指多项评价指标的综合。如英国对警务工作评价的综合指标体系中,除了传统意义上的客观评价和官方评价外,还包括主观评价和社会评价这两个外向型的评价指标,通过四方面的评价指标进行综合,形成最后结果。主观评价是指公众安全感、公众对警察的满意程度、对警察工作的重点评价、警民关系满意度等;客观评价指警察人数、警察与人口比、发案数、破案率等;官方评价包括内政部资料、年度统计报告、警察年度汇报、各类新闻发布等;社会评价包括民间、学校、科研部门进行的犯罪调查、被害人调查、公众安全感调查等所获得结果。② 也有观点认为,西方警务工作的衡量标准体系包括客观评价和主观评价,客观评价包括发案率、发案数、各类案件比例、警察与人口比例、发案动态趋势、破案率;主观评价包括被害人调查、社会安全感调查、公众对警察的满意程度、工作重点评价、警民关系调查。③ 以上两套标准,都是从多个角度加以比较与鉴别的评价指标体系,即采用多侧面、多角度、多种形式进行比较与认定,互为补充,综合考虑,是从单一的犯罪指标到多项指标评价进行综合评价的指标体系。

---

① 伍德志:《论法治评估的"伪精确"》,《法律科学(西北政法大学学报)》2020年第1期。

② 宋万年、宋占生、刘艺林、侯玲主编:《外国警察百科全书》,中国人民公安大学出版社2000年版,第343页。

③ 王大伟主编:《欧美警察科学原理:世界警务革命向何处去》,中国人民公安大学出版社2007年版,第466页。

当然，宏观综合评估不意味着对微观数据的否定与放弃，微观数据仍然是警务评估的重要组成部分。英国警察学家尼克·泰勒在对当代英国社区警务、问题警务和情报警务等三种警务模式进行对比的时候，在"成功的标准"比较元素的"16. 量化指标"中提出，三种警务模式对应的量化指标分别是社区满意度、解决问题的成功率和抓获严重犯罪分子的数量。① 很显然，这里的社区满意度就是一个相对主观、宏观的指标数据，而解决问题的成功率、抓获严重犯罪分子的数量则是比较典型的微观数据。将微观数据和宏观数据结合起来，将客观考核和主观评估结合起来，形成一个综合性的、宏观全面的评估体系，应当是我国刑侦绩效考核机制发展的不二选择。

（三）考核方式：内部绩效考核与外部评估相结合

在考核方式上，我国传统的刑侦绩效考核实行的是完全封闭的、内部的绩效考核机制，缺乏外部的监督与制约，考核数据也完全是一种内部应用和运作，没有成为社会治安综合治理和司法体制改革的应有成分，也就没有发挥出其在管理领域和评估领域的应有效用。对现行刑侦绩效考核进行发展与完善，应当在延续内部绩效考核做法和功能的同时，积极发挥外部评估的能动作用，使内部绩效考核与外部评估有效结合，共同发挥绩效考核评估的应有效应。

我国刑侦绩效考核的内部运作方式，有其特定的历史背景和应用上的特殊性。全国性的刑侦绩效考核机制，脱胎于国家对公职人员的考核规定和部分地方公安机关的考核实践。公安机关作为行政机关的一份子，其对内部公务员的考核必须遵照国家对公职人员考核的规定。从公安机关内部实践来看，多年来公安工作的秘密性和刑侦工作的司法性，决定了对其考核必然是一种内部作用方式。从我国刑侦绩效考核多年实践来看，绩效考核的内部运作有其优势：内部考核相对比较专业，可以集中专业的人开展专业的评价；内部考核效率较高，由于内部考核一般是单位组织人事部门的年度、日常重要工作之一，因此其效率较高、执行力较强；内部考核结果的效力较大，一般说来，内部的考核结果特别是年度考核结果，多会作为单位调整职务、级别、工资以及奖励、培训、辞退的依据，所以公职人

---

① Nick Tilley, *Community Policing*, *Problem-oriented Policing and Intelligence-led Policing*, In Tim Newburn（2003）*Handbook of Policing*, Willan Publishing, p. 325. 转引自李温《英国警察法历史发展与当代改革研究》，黑龙江人民出版社 2009 年版，第 220 页。

员对内部考核非常重视。当然，内部考核也存在不小的弊端，主要体现在：第一，由于标准的趋同化，使得内部考核容易流于形式。第二，由于人员的内部性，使得内部考核容易出现"拼关系、走后门"等不良现象，滋生腐败的土壤。第三，由于决策的行政性，使得内部考核容易成为个别领导"党同伐异"的工具。第四，由于过程的封闭性，使得内部考核容易成为"自说自话""自我吹嘘"的"良田"。

有鉴于此，现代考核机制开始了自我反思，不论是针对公职人员的个人绩效考核，还是针对行政机关行政工作的单位绩效考核，都开始引入外部评估要素。早在 20 世纪初，随着现代科学技术的进步和评价方法的发展，第三方评估就逐渐兴盛起来。我国在 1986 年以前秉持国家中心主义策略，政务信息完全依赖于国家已有的行政系统内部自下而上的报告机制；1986—1992 年间，我国政府内部开始利用自己的垄断优势进行相关的民意测评，同时也出现了部分半独立的民间社会调查机构；1992 年以后，我国政府绩效的第三方评估机构得到了迅速的发展。[①] 也有学者提出，在"一种外部监督的有力工具"和"治理评估"分析思路下，政府绩效评估的评估主体应该转移到政府外面，由"内部评估"转向"外部评估"。为了突出"外部"之中的个体要素，该学者引入了"异体"概念，形成了"异体评估"和"同体评估"两种分类，"异体评估"是指"异体"对政府组织进行的评估，"同体评估"则是指政府对自身的评估。[②] 我国刑侦绩效考核，是否应当引入第三方评估机构或者开展"异体评估"，是一个值得深思的发展中的问题。但不容否定的是，完全拒绝外部因素的介入，不是一个科学的、客观的正确选择。借鉴国外警察评估的做法，在对一些主观评价指标、社会评价指标进行确定的时候，由第三方机构或者组织开展调查访问或者资料收集，可能更容易得到更多的结果，结果也更容易获得社会的认可。比如公众安全感、公众对警察的满意程度等，委托一些第三方的社会中立机构或者独立研究机构，进行调查和走访，效果可能更好。

[①] 李志军主编：《第三方评估理论与方法》，中国发展出版社 2016 年版，第 8、18 页。

[②] 高洪成：《"异体评估"视域下的政府绩效评估研究》，东北大学出版社 2014 年版，第 111 页。

第五章

我国侦查评估指标体系的合理建构

第一节 我国侦查评估指标体系的建构主体

一 我国侦查评估指标体系的施行主体

施行，也被称为执行、实施，一般是指法令公布后，经过一定时间而付诸实施，即使法令发生效力。不过，更多时候的是实施，专指执行、实践。施行主体是具体执行、实施某一项具体行为或者具体工作的主体，是一定权利义务、一定责任的承担者。根据侦查工作的特殊性以及侦查评估指标体系的专业性，我国侦查评估指标体系的可能施行主体应当有公安部（主要是刑侦局）、司法部以及政法委员会。

（一）施行的当然主体：公安部刑侦局

作为国务院重要组成部门之一的公安部，是主管全国公安工作的最高领导机关和指挥机关。公安部内部的机构设置，基本上可以分为两大类：行政部门和业务部门，前者如办公厅、警务督察、人事训练、宣传、装备财务、警务保障、科技信息化等；后者如治安管理、刑事侦查、经济犯罪侦查、警卫、网络安全保卫、监所管理、交通管理、法制、国际合作、禁毒、反恐怖等，分别承担有关行政服务、保障以及相关业务工作。公安部的主要职责包括研究拟定公安工作的方针、政策，起草有关法律法规草案，指导、监督、检查全国公安工作；组织指导侦查工作，协调处置重大案件、治安事故和骚乱，指挥防范、打击恐怖活动；制定公安机关人员培训、教育及宣传的方针和措施，按规定权限管理干部，指导公安机关法制工作，制定公安队伍监督管理工作规章制度，指导公安机关督察工作；查处或督办公安队伍重大违纪事件，维护公安民警正常执法权益等 11 项。可见，由公安部负责开展我国的侦查评估指标体系工作，不仅现实而且可能，也符合公安部的性质定位和职责要求。

当然，具体到公安部内部，长期具体承担刑事侦查绩效考核工作的是公安部刑侦局。刑侦局，全称为刑事侦查局，是我国公安机关内部建立较晚的机构之一。在1949年经中央军委批准成立的公安部机构和1959年3月19日经国务院批准设立的公安部14个专业机构中，均没有规定刑事侦查局的序列。这主要是因为新中国成立初期，政治斗争形势极为复杂，人民公安机关的首要任务是同国民党潜伏特务、散兵游勇、武装土匪等作斗争，因而除了政治侦查部门外，各地均未建立独立的刑事侦查机构。[①] 不过，1959年公安部14个专业机构中，第十二局（技术侦察局）和第十四局（预审局）均属于刑事侦查的核心组成部分。1953年以后，各地开始逐步建立刑警队，但其机构多隶属于各级治安管理部门。20世纪70年代末，刑事侦查工作才正式从治安管理部门独立出来，开始了其专业化、正规化、现代化的建设。1998年公安部机构改革后，设立了刑事侦查局（五局）。从2004年开始，公安部刑侦局已经开展了全国性的刑侦绩效考核工作，已经做出了较好的尝试，积累了较多的考核经验和管理素材，在开展侦查评估指标体系建设方面，有其绝对的长处和优势。

不过，由公安部刑侦局独立承担侦查评估指标体系的建构工作，也存在若干弊端：第一，刑侦局毕竟只是公安机关内部享有侦查权的多个主体之一，与经侦部门、禁毒部门、治安部门、消防部门等属于平级关系，其制作的相关体系、标准，能否得到其他公安内设侦查机构的认可，值得质疑；第二，刑侦局管辖的案件具有多发性、普遍性、常规性的特点，这与其他内设侦查机构负责的案件特点不完整相同，比如消防部门对纵火案件、交管部门对危险驾驶案件，其侦查方法肯定具有自身的特殊性，其评价标准和评价方法不完全等同于刑侦绩效考核工作。第三，刑侦局的自我评估仍然属于内部考核评估，科学性、公正性值得质疑。法治评估一般可以分为两种模式：内部考评和外部评估，内部考评即政府和司法机关内部自上而下的考核评估；外部评估即第三方评估。[②] 刑侦部门自己承担侦查评估，本质上属于内部评估，无法摆脱"自说自话""自作自评"的怪圈，仍然是一种内部评估做法，其最终结果的公信力、可信度，都会被社

---

① 马洪根：《中国侦查史》，群众出版社2007年版，第390页。

② 钱弘道：《中国法治评估的兴起和未来走向》，《中国法律评论》2017年第4期。

会质疑。

(二) 施行的可能主体：司法行政机关

大部分法治评估都可以被视为政府的一种自我观察与自我认知，这也借用了政府一贯所使用的数字化方式。[①] 政府内部可能的自我观察认知主体，最有可能的就是司法行政机关。司法行政，从字面意义上理解，就是司法的行政，是为了司法活动顺利开展而必需存在的各种服务和保障活动的总称。司法行政有广义与狭义之分。广义的司法行政，是指国家对司法组织和司法活动的管理，包括对侦查机关、控诉机关、审判机关和执行机关等组织，按照一定的程序进行的计划、组织、指挥、沟通等行政管理活动。狭义的司法行政，是指对法院（有些国家还包括检察院）司法活动的管理，包括两个层面：一是外部系统对其司法活动进行的行政管理，二是法院（有些国家还包括检察院）内部的自我行政管理。我国司法行政机关的内涵和职能，不是上面所述广义的司法行政职能，也不等同于狭义的司法行政的内涵，而是政府对司法工作进行行政管理的专门机关。在我国，司法行政更多时候是指国家专门机关对有关法制宣传、律师、公证、人民调解、法学研究、依法治理以及监狱管理、劳动教养管理等司法领域的行政事务实行国家管理的活动。司法行政职能主要包括普法、社区矫正、基层人民调解、监狱劳教、法律服务、法律援助等主要职能。

司法行政机关是我国各级政府的重要组成部分，在我国司法体系和行政法制建设中占有重要的历史地位。在我国，司法行政机关隶属于各级政府，是行政机关而不是司法机关，它并不直接参与司法办案。总的说来，司法行政机关解决的是侦查机关、控诉机关和审判机关等内部管理司法行政工作之外的其他司法行政工作，在我国当前具体包括刑罚执行、人民调解、法律服务管理、司法鉴定管理、司法考试（现改为法律职业资格考试）等几大块。虽然从其直接规定职能和内设机构等情况来看，司法行政机关似乎无法承担侦查评估指标体系的实施任务，但从司法行政机关的设立主旨来看，其就是为了司法机关司法行为的行政管理服务，侦查评估活动应当可以被视为"普法依法治理"职能的重要组成部分。国外已经有了这方面的司法实践并且效果不错，比如美国司法部，既直接管理自己

[①] 伍德志：《论法治评估的"伪精确"》，《法律科学》（西北政法大学学报）2020 年第 1 期。

的执法部门，又是其他部门执法机构的总协调单位，管理和监督联邦警察系统；美国司法部还负责指导美国警察的工作，包括向全国的执法机构和民众提供犯罪信息，甚至还主导着全国警察局的人员结构和行为。[1] 此外，司法部职能中还有一个兜底条款——"（十四）承办国务院交办的其他事项"，也就是说，国务院如果觉得有必要，可以将其他事项交给司法部来办理。侦查评估指标体系是一个相对较新的事务，虽然发源于公安机关的刑侦绩效考核体系，但其内容和职能绝不仅限于公安机关内部，由一个相对中立的司法部在国务院的交办或者授权下，来进行这种评估，完全有其合理性和可行性。

（三）施行的应然主体：政法委员会

在我国政党政治制度史上，政法委员会（简称"政法委"）是中国共产党党委领导和管理政法工作的专业职能部门，是一个非常有中国特色的制度设计。中国共产党中央政法委员会（简称"中央政法委"）是中国共产党党中央领导和管理全国政法工作的专业职能部门，从宏观上组织领导中央政法各部门的工作，指导各省、自治区、直辖市党委政法委的工作。中国共产党对政法工作的领导，一直存在于党的历史发展不同阶段。苏维埃政权的严酷战争环境中，中国共产党通过兼具行政、司法双重性质的临时性及非临时性国家机构——肃反委员会、国家政治保卫局，有效率地一次性掌控了执法权和司法权，实现了对执法、司法工作的领导。[2] 陕甘宁边区政权时期，中共对政法工作的领导方式包括中共直接领导政法工作和通过政法机关的党组领导政法工作两种方式。[3] 作为党内机构的政法委员会，是新中国成立后才正式开始设置。不过，在党和国家机构设置过程中，政法委员会的变迁比较曲折。

1980年3月正式设立中央政法委时，中共中央就明确其是主管党内的情报、治安、警卫、劳教、司法、检察等系统的负责机构。中央政法委还负责组织和协调最高人民法院、最高人民检察院、公安部、司法部、国家安全部等政法机关的工作。中央政法委内设机构有：办公室、政治部、执法监督局、调查研究局、综合治理督导局、综合治理协调局、610办公

---

[1] 张小兵：《美国联邦警察制度研究》，中国人民公安大学出版社2011年版，第303—312页。

[2] 钟金燕：《政法委历史与演变的再思考》，《炎黄春秋》2012年第12期。

[3] 钟金燕：《政法委制度研究》，中央编译出版社2016年版，第67—72页。

室、新疆工作局、纪委暨监察局（中央纪委派驻机构）。政法委员会由中央到各省（直辖市、区）、市、县四级，均有相应机构设置；一般基层乡镇党组织也设此机构。2018年3月，中共中央印发《深化党和国家机构改革方案》中规定，不再设立中央社会治安综合治理委员会及其办公室、中央维护稳定工作领导小组及其办公室，并将中央防范和处理邪教问题领导小组及其办公室职责划归中央政法委员会、公安部。这意味着中央政法委员会在社会治安综合治理方面、维护社会稳定方面及防范和处理邪教工作方面，将承担更多的、更直接的职责和任务。

作为中国共产党领导政法工作的专门机构，由政法委对我国侦查评估指标体系进行建构和施行，无疑是具有中国法治特色和符合中国司法现实。在这方面，湖北省的"法治湖北"的建设步伐和具体做法，正印证了这种政法委承担侦查评估的可能性。自2010年起，特别是湖北省第十次党代会提出建设法治湖北以来，该省开始了法治建设实践路径，出台了系列推进法治建设的制度措施。2013年，湖北省委托高校和科研机构起草了《法治湖北建设指标体系》和《法治湖北建设考评办法》专家建议稿，形成了法治建设绩效考核制度的初步设想。2015年1月，湖北省在全国率先出台党内规范性文件以确立领导班子和领导干部法治建设绩效考核制度，并于当年开始在全省范围内实施。按照学者的观点，湖北模式的法治建设绩效考核制度中，考核主体只能是地方党委，应设置相应的领导小组及其办公室，与省级政法委员会合署。[①] 不论是从机构职能、法律权威还是党的领导角度，政法委负责侦查评估考核的制度设计与安排，完全吻合我国宪法的体制规定和司法制度的运作要求。

（四）施行的实然主体：高校及研究机构

侦查评估指标体系，虽然从内容上看直接与刑事司法、侦查活动密切相关，但其本质上却是一种管理活动、评价活动，因此虽然前面提及的公安部刑侦局、司法行政机关以及党的政法委员会是比较不错的施行主体选择，但不是必然的、唯一的选择。从中立性、独立性和可行性考量，相关高校或者研究机构的研究团队，成为侦查评估指标体系的可能性更大。高校是一个比较宽泛的概念，是大学、专门学院、高等职业技术学院、高等

[①] 郭川阳、徐汉明：《党政主导下的地方法治评估实践研究——以湖北法治评估模式为例》，《法治现代化研究》2017年第3期。

专科学校的统称。高校的分类标准很多，比如办学层次、办学体制、隶属关系、办学水平等。其中，根据学校的定位层次，可以把高校分为研究型大学、教学型大学和教学研究并重型大学等，这种分类主要是根据学校在教学与研究两大主体任务中的侧重点的不同。科学研究是高校的主要任务之一，根据《高等教育法》第 25 条规定，独立设置的大学或者学院，应当具有较强的教学、科研能力和水平，具备较高的教学、科研基础和条件，能够相对独立地开展本科及本科以上教育。可见，科学研究是高校的必然使命和任务目标之一，甚至很多时候是衡量高校地位和价值的标杆之一。由相关高校的研究团队对侦查评估指标体系进行实施、推进及完善，符合我国相关法律的规定，也符合当前管理学领域第三方评估、异体评估的基本态势。

专业研究机构也是我国侦查评估指标体系的潜在施行主体。我国存在多种类的研究机构，包括高校内部的研究机构、有关政府部门设置的研究机构、大中型企业的研究机构、独立的非政府组织（NGO）研究机构等，一些研究机构由于其研究能力的强大、水平的高层次，其研究成果受到国内外广泛关注。在国务院直属的十多个事业单位中，中国科学院、中国社会科学院和中国工程院无疑是我国科学领域、社会科学领域、工程领域最高的研究机构。公安部内部设置了第一、第二、第三、第四研究所以及交通管理学科研究所、消防研究所、警犬研究所等专业机构，在治安管理、刑事侦查领域，其研究工作的权威性和真实性，受到全国公安机关甚至政法机关的广泛认可。社会上各类企业设置或者独立设置的研究机构更多，比如咨询服务领域的零点咨询、中为咨询、慧聪研究、赛迪顾问、艾瑞咨询、万得信息、现代国际、明镜咨询、易观咨询、达闻通用等，其研究和工作在社会上均有一定的影响。

在管理学和评价学领域，相当比例的成果就是由高校及相关研究机构做出的，这一点国内外概莫能外。国内典型的量化评估八个体系中，余杭体系、昆明体系、江苏体系等三个体系由政府支持，上海体系、北京体系Ⅰ、北京体系Ⅱ、社会主义法治综合评价、法治国情指数等五个体系则是由学者自拟。[①] 境外的各类研究机构及相关研究很多，如位于美国境内的

[①] 周祖成、杨惠琪：《法治如何定量——我国法治评估量化方法评析》，《法学研究》2016 年第 3 期。

国际性非政府组织自由之家的全球自由评估和地方转型评估、位于瑞典境内的政府间组织国际民主与选举援助研究所的民主评估、位于德国柏林的国际非政府组织透明国际组织的清廉指数与行贿指数、位于德国的贝特斯曼基金会的贝特斯曼转型指标等。各类大学创设的管理评价研究很不少，如美国马里兰大学的第四代政权项目和国家失灵问题系列、美国纽约的锡拉丘兹大学开展的国际国别风险指南、中国台湾大学人文社会高等研究院主持的东亚民主研究动态调查等。[①] 我国这方面的研究也多由高校或者研究机构承担，如中国人民大学法治评估研究中心、中国社会科学院法学研究所的国家法治指数研究中心、中国政法大学法治政府研究院的《中国法治政府评估报告》、上海财经大学公共政策研究中心发布的《中国财政透明度报告》等。

根据我国相关法律的规定，国家在规定高校及研究机构的研究职能的同时，也积极鼓励高校及研究机构与社会、企业开展多方位、多渠道的合作。《教育法》在第 46 条规定，国家鼓励社会上的各类企业事业组织、社会团体及其他社会组织，积极地同各类高校、中职学校等开展多方面、多渠道、多形式的合作，包括教学、科研、技术开发和推广等方面。《高等教育法》第 12 条将这种合作拓展为协作，并拓宽到高校之间、高校与科研机构之间，通过优势互补，鼓励高校资源的使用效益和社会效益的双丰收。前文提及的法治余杭指数，就是浙江省杭州市余杭区委、区政府与浙江大学法学院合作成立法治余杭课题组的成果。侦查评估指标体系的施行，应当充分考虑侦查活动的特殊性和侦查管理的内部性，必要时应当结合高校、研究机构的科研实力和侦查实务机关的实践优势，开展目的明确、分工清晰、合作双赢的侦查管理和侦查评估工作。

二　我国侦查评估指标体系的评估对象

侦查评估指标体系是针对侦查机关的具体侦查行为所进行的评价与管理活动，因此其评估对象当然是侦查机关。我国刑事诉讼法规定了公、检等享受侦查权的五类机关。其中，公安机关是最重要、最核心的侦查主体，其他侦查机关在特定领域范围内行使一定的侦查权。因此，从理论上

[①] 俞可平主编：《国家治理评估——中国与世界》，中央编译出版社 2009 年版，第 275—407 页。

讲，这些主体都是我国侦查评估指标体系的评估对象，不过由于侧重点和地位的不同，在具体研究中各自体现出的价值不同而已。

（一）公安机关刑事侦查部门

公安机关刑事侦查部门是公安机关内部专职负责刑事侦查的内设机构，也是全职承担刑事侦查工作的内设部门。专职的刑事侦查部门是我国公安机关内部建立较晚的机构之一，1953年以后，各地开始逐步建立刑警队，但其机构多隶属于各级治安管理部门。20世纪70年代末，刑事侦查工作才正式从治安管理部门中分离，正式开始了独立发展之路。从上到下，我国的刑事侦查机构分为五级：公安部刑事侦查局；省、自治区、直辖市的刑侦总队；省辖市、地区的刑事警察支队；县（市）、区的刑事警察大队；责任区刑警中队。成立于1983年5月的公安部刑侦局，是公安部领导全国刑事侦查工作的最高部门，除了办公室和政治处外，刑侦局下设17个处级单位。以下是刑侦局的七个职能和17个内设机构的简图：

刑侦局的职能	刑侦局的内设机构
第一，掌握全国刑事犯罪和刑侦工作情况，研究打击犯罪对策； 第二，制定全国刑侦工作发展规划、制度、规范； 第三，组织全国性的专项斗争； 第四，组织、指挥、协调跨省以及特别重大刑事案件的侦破工作； 第五，直接承办党中央、国务院和中央政法委以及公安部领导交办的案件； 第六，涉外案件的调查取证和境外逃犯的追捕； 第七，为各地侦查办案提供情报、信息、技术专家等方面的支援服务。	危害公共安全案件侦查处（一处）
	涉枪案件侦查处（二处）
	侵犯人身案件侦查处（三处）
	暴力恐怖偷渡案件侦查处（四处）
	有组织犯罪侦查一处（五处）
	有组织犯罪侦查二处（六处）
	打击拐卖妇女儿童犯罪办公室（七处）
	行动处（八处）
	侵犯财产案件侦查处（九处）
	电信网络犯罪侦查处（十处）
	办案指导处（十一处）
	刑事技术处（十二处）
	刑事情报处（十三处）
	警犬技术处（十四处）
	刑侦基础工作处（十五处）
	刑侦信息化建设处（十六处）
	犯罪对策研究处（十七处）

省级公安厅刑侦总队（也有的地方称为省级刑侦局）是省、自治区、

直辖市、新疆生产建设兵团公安厅局的内设刑侦机构，是各个省、自治区、直辖市、新疆生产建设兵团范围内的刑事侦查工作的直接领导机构。省级刑侦总队的主要职责是：负责本省区域范围的刑事犯罪情况的调查研究，对全省刑侦工作进行规划、管理和宏观指导；办理公安部和省级党委、政府交办的大要案件；组织协调地市级刑侦支队侦破跨地区犯罪的案件；为下级刑侦部门提供信息、技术等方面的支持和服务等。省级公安厅刑侦总队的内设单位，不同地方、不同时期也不完全一致，如1998年广东省公安厅刑侦局下设刑事技术处、缉私处、缉毒反黑处、大要案件侦察处和情报资料处等五个单位①；2000年贵州省公安厅刑侦总队下设有刑事侦查一处、刑事侦查二处和刑事技术处等三个单位②。省级公安厅局刑侦总队以及以下的刑侦机构的内设单位，并没有要求与公安部刑侦局的完全吻合，而是由各个地方根据自己的工作重心和需要设置。

省辖市公安局、地区公安处设刑事警察支队（有的地方也称刑事侦查支队），是地市级公安机关的重要职能部门之一，其主要职责是：对本辖区内犯罪情况和犯罪态势进行分析和研究，为地方党政领导以及公安机关领导提供决策基础；主办本辖区发生的重大涉外犯罪案件、重大经济犯罪案件和重大集团性犯罪案件，指导、协调区县级刑警大队侦破跨区域的大要案件和疑难案件的查处；指导、检查、督促区县级刑警大队开展侦查破案和业务建设；为刑警大队提供信息、技术等方面的支持和服务。部分副省级城市的刑事侦查支队，在单位内部也称为刑侦局，如武汉市公安局刑侦局（对外称武汉市公安局刑侦支队）包括十个内设单位：现场勘查大队（一大队）、情报信息大队（二大队）、命案侦查大队（三大队）、有组织犯罪侦查大队（四大队）、暴力涉枪侦查大队（五大队）、盗抢案件侦查大队（六大队）、基础工作大队（七大队）、协外追逃大队（八大队）、法制大队（九大队）、警犬管理大队（十大队），当然这种内设机构会随着工作重心的转移和社会犯罪趋势变化，可能随时有调整。

县（市）、区公安机关设刑事警察大队，是刑事侦查系统的基层机构，其主要职责是：负责侦破本辖区发生的重大疑难案件；指导各个刑警

---

① 广东省地方志编纂委员会编：《广东省志·公安志》，广东人民出版社2001年版，第64页。

② 贵州省地方志编纂委员会编著：《贵州省志·公安志》，贵州人民出版社2003年版，第102页。

中队搞好基础业务建设；为各个刑警中队提供信息、技术等方面的支持和服务。刑警大队下设责任区刑警中队，是公安刑侦工作重心往下移、工作下基层的直接表现，是刑侦工作最直接、覆盖面最广的战斗实体。各个区县级公安局（或者公安分局），应当根据本辖区行政区域的人口数量、覆盖面积、治安现状等因素，通过综合分析和研判，科学地、合理地划分侦查责任区，根据责任区的建设确立刑警中队的设置。根据现有管理体制的不同，刑警中队在不同县市的设置和驻所职责不完全相同，有的区县的刑警中队统一设在刑警大队，由刑警大队统一指挥、统一调度；有的县市则将刑警中队下设在相关派出所内部，成为派出所的一个内部机构，接受刑警大队和派出所双重领导。

（二）公安机关内部其他侦查部门

根据《公安部刑事案件管辖分工规定》［公通字（1998）80号］的规定，公安机关内部行使侦查权的部门包括国内安全保卫部门、经济犯罪侦查部门、刑事侦查部门、禁毒部门、治安管理部门、交通管理部门等。[1] 随着形势的发展，近几年又有继续扩大的趋势，网络安全监察局、出入境管理部门等也开始享有部分刑事案件的管辖权和侦查权。[2] 根据1988年公安部《关于改革城市公安派出所工作若干问题的意见》、1998年《关于公安派出所受理刑事案件有关问题的通知》、2005年《关于建立派出所和刑警队办理刑事案件工作机制的意见》，公安机关的派出所也开始承担一定的侦查管辖权力。2009年10月28日公安部印发的《公安机关执法细则》（公通字［2009］52号）明确规定，派出所办理辖区内发生的因果关系明显、案情简单、无须专业侦查手段的部分简单刑事案件。2020年9月7日，公安部印发新的《公安部刑事案件管辖分工规定》［公通字（2020）9号］，增加了防范和处理邪教犯罪工作局、反恐怖局和食品药品犯罪侦查局等三个侦查部门。

政治安全保卫部门是我国公安机关最早建立的机构之一。1949年经中央军委批准成立的公安部机构中，一局就是政治保卫局；1959年3月19日，经国务院批准设立的公安部14个专业机构中，政治保卫局序列为一局。1998年公安部机构改革后，设立了国内安全保卫局（一局）。2020

---

[1] 黄豹：《侦查权力论》，中国社会科学出版社2011年版，第195页。

[2] 高春兴：《对我国侦查职权科学配置的理性思考》，《侦查论坛》第9卷，群众出版社/中国人民公安大学出版社2010年版，第82页。

年，又将其改回政治安全保卫局（一局）。政治安全保卫部门行使侦查管辖权的案件范围包括：我国刑法分则第一章危害国家安全罪，第二章危害公共安全罪，第四章侵犯公民人身权利、民主权利罪，第六章妨害社会管理秩序罪，第七章危害国防利益罪，第九章渎职罪，这六章中大约30类案件。

经济犯罪侦查部门也是我国公安机关最早建立的机构之一。1949年经中央军委批准成立的公安部机构中，二局就是经济保卫局；1959年3月19日，经国务院批准设立的公安部14个专业机构中，经济保卫局序列为二局。1998年公安部机构改革后，设立了经济犯罪侦查局（二局）。经济犯罪侦查部门行使侦查管辖权的案件范围包括：我国刑法分则第二章危害公共安全罪，第三章破坏社会主义市场经济秩序罪中涉及走私、妨害对公司企业的管理秩序、破坏金融管理秩序、金融诈骗、危害税收征管、扰乱市场秩序罪中大部分案件，以及第五章侵犯财产罪、第六章妨害社会管理秩序罪部分案件，管辖这四章中大约77类案件。

禁毒部门是我国公安机关内部成立较晚的机构之一。1990年国务院成立国家禁毒委员会，对内称国家禁毒工作领导小组。1998年公安部机构改革中，设立了禁毒局（二十一局）。禁毒委员会主任由公安部部长担任，委员会的办公室设在公安部禁毒局。根据2007年12月29日通过的《禁毒法》第5条规定，国家禁毒委员会负责组织、协调、指导全国的禁毒工作。禁毒部门行使侦查权的案件范围较小，主要局限于我国刑法分则第六章妨害社会管理秩序罪中的走私、贩卖、运输、制造毒品罪，一共涉及11类案件。

治安管理部门是我国公安机关最早建立的机构之一。1949年经中央军委批准成立的公安部机构中，三局就是治安行政局；1959年3月19日，经国务院批准设立的公安部14个专业机构中，治安管理局序列为三局。1998年公安部机构改革后，设立了治安管理局（三局）。治安管理部门行使侦查管辖权的案件范围包括：我国刑法分则第二章危害公共安全罪、第三章破坏社会主义市场经济秩序罪、第四章侵犯公民人身权利民主权利罪、第五章侵犯财产罪、第六章妨害社会管理秩序罪和第七章危害国防利益罪中部分案件，管辖这六章中大约76类案件。

防范和处理邪教犯罪工作部门（简称反邪教局）是我国公安机关成立较晚的机构之一。1999年6月10日，防范和处理邪教问题领导小组办公室成立（2018年机构改革中划归中央政法委、公安部）后，从中国人民解放军8424部队（由解放军总参谋部直辖）、公安部国内安全保卫局（一局）和国家宗教事务局中从事侦办有关邪教组织及带有邪教性质组织或其他宗教性质犯罪的机构，划分出来成立了公安部反邪教局（二十六局，后改为四局）。公安部反邪教局与防范和处理邪教问题领导小组办公室（防范办、中央610办公室）合署办公，主要承担了原来由国内安全保卫部门侦查的部分涉及邪教的案件侦查任务，负责管辖我国刑法分则第六章第一节扰乱公共秩序罪中的2类案件。

反恐怖局是我国公安部成立较晚的机构之一。反恐怖工作是关系到中国人民群众生命财产安全和社会稳定、经济发展、国家安全的一件大事。国家对反恐怖工作十分重视，美国"9·11"事件后的2002年，国家在公安部设立了反恐怖局（六局），专门负责研究、规划、指导、协调、推动全国的反恐怖工作。各地，特别是大城市，也都相应加强了反恐怖专业机构和力量的建设，为促进和推动中国的反恐怖工作发挥了基础性的作用。反恐怖机构主要负责管辖我国刑法分则第二章危害公共安全罪和第六章第二节妨害司法罪中的7类案件。

食品药品犯罪侦查局是我国公安部成立较晚的机构之一。随着国家经济的发展，人民对物质文化生活的要求越来越高，对食品药品等领域的质量要求也越来越高。同时，食品药品领域制假售假的违法犯罪手段日趋复杂隐蔽，添加的物质越来越不易检测，添加的手段越来越隐蔽。随着互联网的发展，食品药品制假售假也开始由传统的售假渠道向新兴的网络等渠道逐步转变。2019年2月27日，中办、国办印发《公安部职能配置、内设机构和人员编制规定》，决定组建公安部食品药品犯罪侦查局（公安部七局），承担食品药品、知识产权、生态环境、森林草原、生物安全案件侦查职能，同时撤销国家林业和草原局森林公安局（公安部十六局），森林公安队伍成建制划转省级公安厅（局）。食品药品犯罪侦查部门主要负责我国刑法分则第三章破坏社会主义市场经济秩序罪第一节生产、销售伪劣商品罪、第七节侵犯知识产权罪，第六章妨害社会管理秩序罪第五节危害公共卫生罪、第六节破坏环境资源保护罪中的33类案件。

网络安全保卫局是公安部成立较晚的机构之一。1983年，公安机关设立了计算机管理监察机构。1987年9月14日，北京发出中国第一封电子邮件，揭开了中国启用互联网的序幕。1998年，公安部组建公共信息网络安全监察局（十一局），进一步加强了对互联网的安全管理。2008年，公共信息网络安全监察局更名为网络安全保卫局，地方公安部门的网安队伍也相继建立。网络安全保卫局管辖我国刑法分则第四章侵犯公民人身权利、民主权利罪和第六章第一节扰乱公共秩序罪中的11类案件。

边防管理部门是我国公安机关最早建立的机构之一。1949年经中央军委批准成立的公安部机构中，四局就是边防管理局；1952年4月公安部边防局编入军委公安部队司令部；1955年7月18日，国防部将中国人民解放军公安部队改为中国人民解放军公安军；1955年7月30日，公安部成立武装民警局。1979年12月，公安部设立边防保卫总局。1983年4月5日，中国人民武装警察部队总部正式成立，公安部武装民警局（六局）同时撤销。1998年公安部机构改革后，设立了边防管理局（四局）。2018年3月，中共中央印发《深化党和国家机构改革方案》，公安边防部队不再列武警部队序列，全部退出现役成建制划归公安机关，并结合新组建国家移民管理局进行适当调整整合。国家移民管理局行使侦查权的案件范围很小，主要局限于我国刑法分则第六章妨害社会管理秩序罪中涉及妨害国（边）境管理罪的7类案件。

交通管理部门也是我国公安机关较早建立的机构之一。1959年3月19日，经国务院批准设立的公安部14个专业机构中，交通保卫局序列为十局。1998年公安部机构改革后，设立了交通管理局（十七局）。我国交通管理的权限变化较大，新中国成立初期全国的道路交通管理曾经主要由交通部门负责，1986年国务院正式赋予"公安机关统一负责全国城乡道路交通管理"的各项职责。1998年国务院批准的《公安部职能配置、内设机构和人员编制规定》和2001年8月国务院第110次总理办公会议，都明确要求道路交通管理体制由公安机关管理部门统一负责。交通管理部门行使侦查权的案件范围更少，主要局限于我国刑法分则第二章危害公共安全罪中的交通肇事罪和危险驾驶罪（刑法修正案八增加）2类案件。

消防管理部门也是我国公安机关较早建立的机构之一。1959年3月19日，经国务院批准设立的公安部14个组织机构中，七局就是消防局。[①]1978年6月，经国务院批准，公安部党组决定恢复在"文革"中被撤销的消防局，各地公安机关也迅速恢复设立消防机构，组织开展消防工作。

---

① 董纯朴编著：《中国警察史》，吉林人民出版社2005年版，第118页。

1982年，经党中央批准，全国消防队伍自上而下全部纳入中国人民武装警察部队序列，人员编制为武警现役编制。1998年公安部机构改革后，设立消防局（七局）。消防管理部门行使侦查权的案件范围也很少，主要局限于我国刑法分则第二章危害公共安全罪中的放火罪，消防责任事故罪和不报、谎报安全事故罪（刑法修正案六增加）3类案件。2018年3月，中共中央印发《深化党和国家机构改革方案》，公安消防部队不再列武警部队序列，全部退出现役转为地方行政编制，成建制划归应急管理部。

（三）享有侦查权的其他机关

根据我国《刑事诉讼法》第3条、第4条、第19条、第308条，《国家安全法》第42条，《监狱法》第60条的规定，人民检察院、国家安全机关、军队保卫部门、中国海警局和监狱在一定范围内，对特定对象实施的或者特定类别的案件，有权行使侦查权。

我国检察机关一直是贪污贿赂犯罪、渎职犯罪领域重要的侦查主体。在1954年9月21日通过的《人民检察院组织法》第4条中就明确规定，地方各级人民检察院行使的职权包括"（二）对于刑事案件进行侦查，提起公诉，支持公诉"。1979年公布的《刑事诉讼法》和《人民检察院组织法》对以上规定继续维持并细化。1983年、1986年两次修订《人民检察院组织法》，1996年、2012年两次修订《刑事诉讼法》，均维持了检察机关职务犯罪侦查权的规定。2017年《关于在全国各地推开国家监察体制改革试点工作的决定》和2018年《中华人民共和国监察法》，明确各级监察委员会依照该法对所有行使公权力的公职人员进行监察，调查职务违法和职务犯罪。[①] 2018年10月26日，第十三届全国人大常委会第六次会议通过了对2012年刑事诉讼法的修正，规定人民检察院在对诉讼活动实行法律监督中发现的司法工作人员利用职权实施的非法拘禁、刑讯逼供、非法搜查等侵犯公民权利、损害司法公正的犯罪，可以由人民检察院立案侦查；对于公安机关管辖的国家机关工作人员利用职权实施的重大犯罪案件，需要由人民检察院直接受理的时候，经省级以上人民检察院决定，可以由人民检察院立案侦查。这样，检察机关的自侦范围被大幅压缩到14类案件中，但法律并未完全取消其自侦权，检察机关仍是享有独立

---

① 张楠：《成立国家监察委员会是深化监察体制改革的重大举措》，《学习月刊》2018年第4期。

侦查权的侦查机关之一。

作为我国重要的侦查权力行使主体之一，国家安全机关是从公安机关中分离出来的，其发展沿革与公安机关一致。1983年7月，中央改组中调部，将原中共中央调查部整体、公安部政治保卫局以及中央统战部部分单位、国防科工委部分单位，合并成为国家安全部。1983年9月2日，第六届全国人大常委会第二次全体会议通过的《关于国家安全机关行使公安机关的侦查、拘留、预审和执行逮捕的职权的决定》，明确赋予国家安全机关对间谍、特务案件的侦查职权，其在侦查案件的过程中，可以依法行使公安机关的侦查、拘留、执行逮捕和预审的权力。1993年3月22日，第七届全国人大第三十次会议通过《国家安全法》并于同日施行，其中也规定国家安全机关是国家安全工作的主管机关，在国家安全工作中依法行使侦查、拘留、执行逮捕和预审及法律规定的其他职权。

军队保卫部门行使侦查权在我国具有深刻的历史渊源。严格意义上说，我国早期的公安机关其实就是军队的保卫部门，是在战时军队保卫工作基础上建立和发展起来的。新中国成立初期，国家在成立公安部的同时，组建了公安部武装保卫局（五局），专门负责军队内部的安全保卫工作，行使法律规定的公安机关的侦查等职权。1950年4月，武装保卫局改由总政治部和公安部双重领导，在总政治部称保卫部，成为总政治部负责管理全军保卫工作的职能部门。1965年5月，保卫部在编制序列上脱离公安部，完全划归总政治部领导。[①] 1993年12月29日，第八届全国人民代表大会常务委员会第五次会议通过了《关于中国人民解放军保卫部门对军队内部发生的刑事案件行使公安机关侦查、拘留、预审和执行逮捕的职权的规定》，规定军队保卫部门对军队内部发生的刑事案件享有侦查权。1996年、2012年和2018年《刑事诉讼法》，均规定军队保卫部门对军队内部发生的刑事案件行使侦查权。

监狱在承担执行职能的同时，一直也承担着监狱内部发生刑事案件的侦查职能。1950年12月，公安部在《关于加强监狱工作的指示》中明确指出："必须认真加强狱内侦查工作，配合公开的看守工作……及时揭露与打击一切反革命活动。"这是新中国成立以来，最早见诸行政规章文件

[①] 郭耀武：《我军保卫工作的历史发展和主要经验》，《西安政治学院学报》2013年第6期。

的关于狱内侦查的规定。① 1952 年第一次全国劳改工作会议明确确立了"武装监护与群众监督,行政管制与狱内侦察工作相结合"的狱政管理原则。1954 年第六次全国公安会议指出:"应加强在犯人内部的侦查工作"。此后在历次全国公安会议和全国劳改工作会议上,几乎都强调加强狱侦工作。1983 年之前,我国劳改、劳教工作均由公安机关执行。1983 年 8 月,按照公安部、司法部《关于贯彻执行中央将劳改、劳教工作移交给司法行政部门管理的若干规定》,全国的劳改、劳教工作由公安机关划归司法行政机关管理。大多数地方的劳改工作处或者劳改工作管理局逐步改名为监狱管理局和劳动教养管理局。根据《监狱法》和《刑事诉讼法》的规定,对罪犯在监狱内犯罪的案件,由监狱进行侦查。

三 我国侦查评估指标体系的监督主体

侦查评估指标体系是一个庞大的系统工程,需要系列主体的积极参与与合作。除了前面提及的施行过程中可能存在的各类主体、实施评估的侦查对象外,还需要对侦查评估指标体系的运作进行必要的监督,以确保这项工作的依法依规、平稳有序地进行,以实现"从侦查中来到侦查中去""侦查评估与侦查管理服务于侦查实践"的目标。

(一) 立法机关或者政协机关的专门委员会

我国的立法机关是全国人民代表大会和地方各级人民代表大会及其常务委员会,根据我国宪法第 67 条的规定,全国人民代表大会常务委员会行使的职权有 21 项,其中第四项是监督国务院、中央军事委员会、最高人民法院和最高人民检察院的工作,公安机关的侦查工作属于公安机关的重要执法环节之一,当然也属于国务院广义工作的范畴。全国人民代表大会原下设有 9 个专门委员会,2018 年十三届全国人大下设 10 个专门委员会。原来的法律委员会和内务司法委员会,现在的宪法和法律委员会、监察和司法委员会,协助全国人大常委会行使监督权,对法律和有关法律问题的决议、决定贯彻实施的情况,开展执法检查,进行监督。全国人民代表大会常委会法制工作委员会是全国人大常委会的法制工作机构。全国人民代表大会宪法和法律委员会、监察和司法委员会没有单独设立办事机构,法工委的办事机构,同时也是宪法和法律委员会、监察和司法委员会

---

① 王泰主编:《狱内侦查学》,群众出版社 2004 年版,第 28—29 页。

的办事机构。法制工作委员会的职责包括进行法学理论、法制史和比较法学的研究，开展法制宣传工作；负责汇编、译审法律文献等。立法机关的专门委员会，在承担立法研讨工作的同时，也承担了对相关法律的执行情况开展调研、进行执法检查、开展执法监督等工作，由其对侦查评估指标体系的运作进行必要的监督，不仅有其权威性和合理性，也符合其工作的职能和要求。

中国人民政治协商会议，简称"人民政协"，是我国重要的国家机构之一。人民政协是中国共产党领导的多党合作和政治协商的重要机构，是全国人民爱国统一战线的组织，是中国政治生活中发扬社会主义民主的一种重要形式。我国宪法明确规定，中国共产党领导的多党合作和政治协商制度是具有中国特色的一项制度，将在我国长期存在和发展。人民政协根据"长期共存、互相监督、肝胆相照、荣辱与共"的合作方针，对国家的大政方针和群众生活的重要问题进行政治协商，并通过建议和批评发挥民主监督作用。人民政协的主要职能是政治协商和民主监督。其中，社会和法制委员会是人民政协全国委员会设立的 9 个专门委员会之一，是在常务委员会和主席会议的领导下，组织委员就国家社会和法制方面的问题开展经常性活动，发挥政治协商、民主监督、参政议政作用的工作机构。鉴于人民政协这种民主监督性质，由其对侦查评估指标体系的运作进行民主监督，既有其合理性和必要性，也符合其工作的职能和要求。

(二) 我国正在从试点到全面铺开的监察委员会

监察是特定时期的国家统治阶级通过在其政权内部设立的职官或机构，对国家公共权力掌握者权力行使的监督，以防止其失职、渎职和滥用，从而提高行政效率，维护政治秩序，调整社会阶级关系。[①] 从历史上看，监察制度早在我国商周时期就已经存在，出现了一些惩处腐败的事例；完善的监察制度伴随着统一的中央集权产生于秦汉时期的御史大夫；唐朝监察制度和机构已经定型，有"一台（御史台）三院"制度。民国时期，孙中山在借鉴西方国家的三权分立基础上，提出风行于世界的三权分立建政原则虽然有很多优点，但长期的实践也表明这一原则存在很多缺陷。要弥补这些不足，就要发扬三权分立原则的优点，恢复中国历史上固有的两大优良制度——考试制和监察制。新中国成立初期，政务院曾设有

---

① 侯兆晓：《监察权的历史由来》，《民主与法制》2017 年第 2 期。

人民监察委员会。1954年9月，人民监察委员会改为监督部，1959年4月撤销。1986年12月，设立监察部。1993年2月，监察部与中共中央纪律检查委员会的机关合署办公，机构列入国务院序列，编制列入中共中央直属机构。同时，国家预防腐败局列入国务院直属机构序列，在监察部加挂牌子。

  国家重大监察体制改革这两年正在从试点到全面铺开。2016年10月，中共中央审议通过的《中国共产党党内监督条例》中规定，各级党委应当支持和保证同级人大、政府、监察机关、司法机关等对国家机关及公职人员依法进行监督，这是我国党内最高条例中首次出现与人大、政府和司法机关并列的"监察机关"的提法。2016年11月7日，中央纪委监察部官网发布消息称，中共中央办公厅印发《关于在北京市、山西省、浙江省开展国家监察体制改革试点方案》，正式开始在全国部分地区开始监察体制改革的法律设计。2016年12月25日，十二届全国人大常委会第二十五次会议高票通过在北京市、山西省、浙江省开展国家监察体制改革试点工作的决定，对三省市监察委由谁组成、如何产生、对谁负责等问题，都做出了明确规定，为监察体制改革扫清了法律障碍。

  2018年3月通过的《中华人民共和国监察法》明确提到，国家监察体制改革的进一步深入，就是为了实现对所有行使公权力的公职人员的监督，确保国家监察广度上的全面覆盖和深度上的深入监督，推进我国治理体系和治理能力的法治化、现代化、高效化。监察法坚持中国共产党对国家监察工作的领导，以马克思列宁主义、毛泽东思想、邓小平理论、"三个代表"重要思想、科学发展观、习近平新时代中国特色社会主义思想为指导，构建集中统一、权威高效的中国特色国家监察体制。从监察委员会的产生及监察法的定位来看，监察委员会有权对包括公安机关在内的所有国家机关以及国家机关工作人员、非国家机关但行使公权力的工作人员，开展监察。从原来的行政机关内部的行政监察到现在的国家机关层面的国家监察，监察委员会监察的范围和对象有了大幅度的增加，这种改变决定了相对独立的监察权的逐步形成，由监察委员会对侦查评估指标体系进行监督，显然符合这种立法修改要求和监察改革趋势。因此，由监察委员会承担对侦查评估指标体系运作的监督工作，完全符合监察法的定位和要求，也有其可行性和现实性，符合当前监察体制改革的最新发展趋势和范围。

第二节 我国侦查评估指标体系的建构原则

侦查活动是我国刑事司法活动的重要组成部分,也是我国社会治安综合治理的重要环节之一。对侦查工作进行科学的、合理的评估,是促进刑事司法公正效率、提升社会治安综合治理水平的重要渠道。我国刑侦绩效考核已经在司法实务中运行多年,取得了一定的效果,在此基础上建构侦查评估指标体系,不仅是必要的而且也是可行的。根据当今世界管理学和评估学的发展趋势,结合我国侦查工作的特殊性和目标性,我国建构侦查评估指标体系应当坚持以下原则:依法评估原则、公平效率原则、科学合理原则、民主透明原则和统一灵活原则。

一 依法评估原则

(一) 什么是依法评估原则

作为一种评价、估量方法,评估是对特定对象或者特定内容进行评价和估算,形成一个综合性的最终结论,为相关机关或者特定主体提供作出某种决定或者形成某种意见的素材。评估已经成为一种管理行业的专业活动,适用领域包括国家立法、行政管理、经济交流、教育评价等。评估虽然并不产生直接的法律效力或者效果,但由于评估活动是为一定的法律行为或者法律事件提供依据和支撑,因此其在具体行为事件过程中的地位非常重要。在进行具体的评价和估量过程中,由于评估标准本身不可避免地带有一定的主观性,评估主体在实施过程中也不可避免地存在一定的人为性,因此对其提出更好的要求和规制是完全必需的,依法评估原则的提出,正是这种大背景下产生的需求。

依法评估原则要求评估活动本身必须获得法律法规的授权、评估过程必须以法律法规规定的标准和程序进行、评估结果的使用必须依法依规不得滥用等。如国务院颁布的《地方各级人民政府机构设置和编制管理条例》第24条规定,县级以上各级人民政府机构编制管理机关,应当定期评估各级政府及其内设部门的机构和编制的执行情况;具体执行情况的评估结果,将成为各级政府调整机构和调整编制的参考依据。该规定为我国各级政府开展机构、编制的依法评估,提供了法律上的最高依据。同时,该规定对政府机构、编制的评估提出了严格的要求：必须依据党的路线方针政策和国家有关法律、法规执行，充分体现机构编制管理的权威性和严肃性。①在房地产价格评估领域，价格评估必须以有关法律为依据，《城乡规划法》及随后的实施细则规定了土地的用途、容积率，建筑物高度与建筑风格等，房地产评估就必须考虑这些规定，评估人员必须熟悉相关法律法规的规定，依法评估、依规评估，维护评估工作的严肃性。在2015年7月17日颁布实施的《四川省法治建设状况评估办法（试行）》中，就重点突出评估主体、评估内容、评估方式和评估结果运用等关键环节，并且明确规定了"谁来评、评什么、怎么评、怎么用"等核心问题。

（二）为什么依法评估侦查

对侦查活动的评估，尤其需要坚持依法原则。侦查活动是我国重要的刑事诉讼活动，是刑事诉讼中发现收集犯罪证据、查获犯罪嫌疑人的重要过程。对侦查权的属性界定，虽然存在行政权和司法权的争议，但对侦查权是一种刑事执法权的界定是毫无疑义的。作为一种执法活动，侦查活动是极易侵犯犯罪嫌疑人的人身权利和财产权利的。我国《刑事诉讼法》第108条第1款将侦查界定为公安机关、人民检察院对于刑事案件，依照法律进行的收集证据、查明案情的工作和有关的强制性措施，前者包括勘验、检查，搜查，扣押物证、书证，讯问犯罪嫌疑人，询问证人，鉴定，通缉等；后者除了包括各类强制性侦查方法，如强制检查、强制扣押等外，还包括对犯罪嫌疑人采用的拘传、取保候审、监视居住、拘留、逮捕等强制措施。

作为一种重要的国家执法活动，侦查活动应当进行法治授权和法治限权。侦查法治在我国的最终实现，必须以国家最终实现法治化为基础。根据法治理论，所谓"侦查法治"，实际上应是"法治侦查"，这样才能体现出"法"的至高无上的权威，表明"侦查"是在"法"下的范畴。侦查法治核心就是限制国家公权力，保障人权；同时，要求对侦查权进行正确定位，以保证其符合法治国家的权力构造。②侦查活动必须依法进行，必须在法律的框架范围内开展相关活动。对侦查活动的评估，是一项更加慎重、特殊的工作，其结果的好坏与变化，对侦查活动会产生直接的影

---

① 李汀、韩军斌：《浅议机构编制评估的目的和原则》，《机构与行政》2011年第10期。
② 宫万路：《侦查法治论》，群众出版社2009年版，第13—17页。

响，因此必须坚持依法评估的原则，确保这种评估活动是在法律的框架范围内进行，是符合法律规定的侦查定位和评估界限。侦查评估不是一个单独的、孤立的评估活动，是依附在侦查活动之上的管理活动和评价活动，最终结果也会反馈到侦查机关下一阶段的侦查活动中，必须严格依法依规进行，确保评估活动的合法性和导向性。

（三）如何对侦查依法评估

对侦查活动的评估必须坚持依法原则，依法原则包括开展评估方面的法律依据、评估方法技术方面的依据和标准程序方面的依据。

侦查评估应当有法律法规方面的依据。从现行《刑事诉讼法》和《人民警察法》的规定来看，均没有直接体现评估方面的内容。可以理解，这两个法律主要是从职权方面对侦查机关的侦查权力进行授权与限权，但这两个法律并不是对侦查行为进行管理和评估的法律。当前，侦查机关内部开展绩效管理方面的法律依据，一个就是依据《公务员法》对公务员的考核管理，另一个就是依据公安部制定的《公安机关执法质量考核评议规定》和《关于改革完善执法质量考评制度的意见》，以及公安部刑侦局制定的《刑侦工作绩效考核办法（试行）》。这些可以视为公安侦查绩效管理的依据，但级别较低，特别是对侦查绩效考核而言，侦查评估显然覆盖面和范围要高于侦查绩效考核，因此应当在将来修订《人民警察法》或者《刑事诉讼法》中，在特定部分增加一个条款：国家依法开展侦查评估工作，由特定国家机关或者由特定国家机关委托社会组织进行。

侦查评估应当有方法技术方面的依据。侦查活动是一类非常重要的、特殊的国家执法活动，是对特定人群人身、财产可能形成重要影响的诉讼活动，因此对其的评估应当有方法技术方面的法律依据，避免随意评估、滥用评估。评价单个的政策或项目，其效率评价主要为技术效率，一般通过平均成本和内部收益法进行评价，这种评价方法可以广泛用于投入（成本）和产出（收益或效果）都能准确计量的项目的评价，但其局限性也显而易见，不能用于成本和收益无法用货币计量的、以社会效益为主的项目的评价。此时，可以采用成本——效果分析。[①] 社会经济领域的各类

---

① 施青军：《政府绩效评价：概念、方法与结果运用》，北京大学出版社2016年版，第240页。

评估，基本上都有特定的方法和技术，比如房地产评估常用方法就有成本法、市场比较法、剩余法、收益法、假设开发法，土地估价评估中还有基准地价修正法、路线价法、房地产价格指数调整法等。侦查评估要充分考虑侦查活动的特殊性，要分别从执法情况、执法效果、社会效果、宏观效果等诸多方面来考察，要充分考虑不同地域、不同级别侦查主体的工作现状和情况，充分考虑侦查活动不同于常规社会经济活动的特征，分门别类地制作不同级别的评估指标，形成一个科学合理的评估体系。

侦查评估应当有标准程序方面的依据。侦查评估需要依据一定的标准和程序进行，标准是衡量一个具体行为的尺度，程序是确保一个具体行为的保障。当前，我国的侦查评估体系尚未形成，公安机关内部的刑侦绩效考核标准过于注重数字、注重结果，因此需要充分借鉴吸收其他领域评估标准和程序的经验，形成一套相对稳定、明确具体的评估体系。这种评估应当由专业的评估人员，按照特定的侦查行为和法定的评估标准及程序，运用科学的方法，对不同评估对象进行执法和司法方面的检查，对其法律效果和社会效果进行鉴定，并最终得出一个社会价值上的估算。

二 公平效率原则

（一）什么是公平效率原则

公平是法所追求的基本价值之一。公平是指公正、不偏不倚。《管子·形势》中记载：天公平而无私，故美恶莫不覆，地公平而无私，故大小莫不载。具体地说，公平在现代社会中是指为人处事、待人接物必须合情、合理，不因个人好恶而故意偏袒某方或某人，即在社会关系中每个人均应按照一定的社会标准（法律、道德、政策等）、正当的秩序处理各类事务。同时，承担着每个人应承担的责任，得到每个人应得的利益。公平理论是美国心理学家1965年提出的，这个理论的核心要点是强调个人工作付出与报酬的对等性。美国学者罗尔斯在论证公平的时候，提出了一个分蛋糕的经典例证。要想最公平地分蛋糕，那么切蛋糕的人应该是最后拿取蛋糕的人。在社会利益分配中，利益分配者只有是最后一个选择利益份额的人，那么利益分配才能最大限度的公平。在法学和法治领域，公平常常和正义连用，正义是公正的义理，包括社会正义、政治正义和法律正义等。公平正义是每一个现代社会孜孜以求的理想和目标，构筑一个公平正义的社会，需要全社会进行长期努力。

效率的最基本含义包括两层内容：一是指单位时间内完成的工作量；一是机械、电器等工作时，有用功在总功中所占的百分比。从经济学一般意义上讲，效率是一种对比关系，在生产耗费经济资源和生产产品、劳务之间。也可以这样说，效率就是资源投入与产品产出或成本收益之间的对比关系。谈到经济运行效率时，美国学者萨缪尔森指出，效率是经济学所要研究的一个中心问题，也许是唯一的中心问题；效率意味着不存在浪费，即当经济在不减少一种物品生产就不能增加另一种物品的生产时，它的运行便是有效率的。[1] 意大利数理经济学家帕累托提出"资源配置最优的，也是有效率"的观点。我国学者提出，公平与效率是人类社会数千年所追求的共同目标，甚至可以被称为社会科学中的"哥德巴赫猜想"。[2] 美国学者诺思提出制度效率，即参与者的行为在约束机制的引导下导致产出增加；无效率则是指参与者的最大化行为将不能导致产出的增长。[3] 效率不同于效果与效益，效率强调的是工作量，效果强调的是结果，效益是效果与效率的集中体现；效率是效益的基础，效益是效率的体现，效率和效益应当是一种相得益彰的关系。

（二）为什么坚持公平效率原则

人类对公平和效率的认识，是与人类社会的思想发展进步紧密相连的。进入文明社会以后，公平和效率就成为哲学、经济学、政治学、社会学、伦理学等社会科学领域中价值判断方面的基本命题。我国自20世纪80年代改革开放以来，历史上的"大锅饭"平均主义被彻底打破，收入分配方式发生了巨大的改变，收入差距逐渐拉大。党的十三大以来，我国一直强调"效率优先、兼顾公平"。党的十七大开始强调两者的并重，要求"把提高效率同促进社会公平结合起来，初次分配和再分配都要处理好效率和公平的关系，再分配更加注重公平"。党的十八大报告中提出，推动经济更有效率、更加公平、更可持续发展；初次分配和再分配都要兼顾效率和公平，再分配更加注重公平。党的十九大报告中提出，努力实现更高质量、更有效率、更加公平、更可持续的发展。改革开放多年来的历

---

[1] ［美］萨缪尔森、诺德豪斯：《经济学》，高鸿业等译，中国发展出版社1992年版，第43页。

[2] 周平轩：《论公平与效率》，山东大学出版社2014年版，引论。

[3] ［美］道格拉斯·C.诺思：《经济史中的结构与变迁》，陈郁、罗华平等译，上海三联书店/上海人民出版社1991年版，第12页。

程证明，中国共产党已经实现了由"唯平等论"向"平等与效率并重""效率优先、兼顾公平"的转变，这种转变一方面促进我国社会生产力和国民经济的可持续增长，另一方面让社会更加和谐。① 在社会发展的不同历史时期，公平与效率的关系及侧重点可能会有不同，但追求的目标应该都是一致的，要在效率前提下追求公平，公平的要求下提升效率。

传统的刑事司法对效率要求不高，司法公正容忍了处理案件的拖沓。近年来，各国面对犯罪率居高不下、诉讼效率低下等现象，开始重新考量效率与公正的关系。其实，侦查活动当然要追求效率，任何国家投入到侦查中来的资源都是相对有限的，在资源有限的背景下，必须更快更好地提升效率，这需要充分利用各类新科技、新手段的引入与应用，更需要在现有人力、物力和财力范围内对内挖潜，充分发挥人的主观能动性和积极创造性。无论是实质公正还是程序公正，公正常常是在当事人合法权益受到非法侵害之后才开始启动的，公正在遭受侵害以后最终能否得到伸张，司法系统的办案资源与办案效率、检察官或法官的判案经验或违法行为、证据收集的难易程度等，都可能成为公正被延迟的司法因素，但决定因素其实在侦查阶段。侦查人员的侦查行为是否合法恰当，取证行为是否积极主动，都决定了公正实现的可能性。公正一旦被人为延迟，其价值势必大打折扣，甚至被当事人或社会大众拒绝和否认。尽快地侦查终结并移送起诉，对犯罪嫌疑人和被害人而言，都是一种公正实现的表现。高效的诉讼活动，对社会秩序和法制统一意义重大，这也是近年来各国愈加重视简易程序和速裁程序的原因。

（三）如何坚持侦查评估的公平效率

坚持侦查评估的公平效率，意味着对侦查活动评估设置及运行过程要体现出公平效率的要求，侦查评估结果要能够有效地促进侦查活动的更加公平、更加有效率。因此，侦查评估指标体系的建构中，公平效率原则既体现了对侦查评估本身的要求，也体现了对侦查活动的后期跟踪与影响。

侦查评估指标体系的设置与运行要体现公平与效率的需求。侦查评估指标体系设置哪些指标、需要哪些级别、如何开展运行，这些问题都需要综合考虑方方面面的因素，其中特别要注意其最后的设置与运行能够体现

---

① 蔡继明：《公平、平等与效率：何者优先，何者兼顾》，《中国青年报》2014年3月3日第2版。

出一定的诉讼价值和侦查目标。以我国传统的刑侦绩效考核为例，从2004年的"6+1"考核项目逐步演变至2015年的14个考核项目，其中多个项目历经多次婉转反复，都是体现了特定时期的特定价值目标要求。2011年公安部《关于改革完善执法质量考评制度的意见》中，取消罚没款数额、刑事拘留数、发案数、退查率、破案率等不合理、不科学的指标；2016年《公安机关执法质量考核评议规定》第14条继续明确，确定执法质量考核评议项目和指标，应当注意执法质量与执法数量、执法效率与执法效果的有机结合，通过科学合理的考核机制，激励民警又好又多地执法办案。由此可见，评估指标和评估项目的设置与运行非常重要，在设置过程中必须充分考量侦查活动的特色和目标，既要考虑执法质量与执法数量，也要考虑执法效果，简单地追求某一个或者某几个数字目标是不科学的，但完全放弃效率的追求也是不符合我国国情的。

侦查评估活动应当能够有效地促进侦查活动的公平与效率。侦查评估活动的结果，对现实中侦查机关的侦查活动具有很强的促进作用，能够一定程度上引导侦查机关开展有针对性的侦查活动。以我国一直施行的刑侦绩效考核为例，前几年考核工作中非常重视打击处理增长率，甚至作为排名第一的考核项目，但从2008年改为起诉数增长率，2009年开始则彻底取消，这说明这种简单地根据某一个数据特别是打击数据的是否增长来作为考核依据，显然是不公平的，这种秩序的效率增长在现实司法实践中也是不可能的。再以中央及公安部三令五申要求取消的罚没款数额、刑事拘留数、发案数、破案率等指标为例，需要注意的是，高层要求取消的是不合理的考核指标、考核项目，但不是取消所有考核数据，更不意味着完全废止考评机制。考评机制以及相应的考核指标肯定是需要的，关键问题是考评什么、谁来考评、怎么考评。公平当然需要，但效率同样也是侦查活动的追求目标，没有效率的公平是毫无意义的公平。一旦完全取消所有的考评指标，如何认定和鉴别公安侦查工作的好坏，是个很重要的，也必须要面对的问题。取消所有的考评指标，不意味着公安机关侦查工作的消失，事情还要做，怎么办？所以，适度调整应当是个可行的选择，公平基础上来追求效率才是正确的选择。

三　科学合理原则

(一) 什么是科学合理原则

科学，英文写作science，本义是知识。清末，Science曾被译为"格致"。明治维新时期，日本学者把 Science 译为科学，清末康有为将日文汉字科学引入中文。严复翻译《天演论》和《原富》两本书时，也把 Science 译为科学，20 世纪初开始在中国流行起来。科学属于知识，区别于一般知识的是：科学是系统化的知识。哲学家和科学家经常试图给何为科学提供一个充分的本质主义定义，但并不很成功。《辞海》（第六版）中是这样界定的，科学是指运用范畴、定理、定律等思维形式反映现实世界各种现象的本质和规律的知识体系。达尔文曾说："科学就是整理事实，从中发现规律，作出结论。"中国科协常委、天津大学校长龚克教授指出，规律是客观的，是发现出来的，而不是人为制造出来的。[①] 可见，科学是要发现人所未知的事实，并以此为依据，实事求是，而不是脱离现实的纯思维的空想。

合理，指合乎道理或事理，语出唐朝刘知几的《史通·载言》："言事相兼，烦省合理。"现代意义上将其作了适当的引申，认为合理是指在自然界中，合乎个体与整体的发展规律的一种状态。但自然界中的整体与个体出现不和谐的时候，需要提供一种让整体与个体进行碰撞的平台，最终实现相互融合、学习进步的状态。合理一词在中国历史上屡有出现，如《北史·斛律光传》记载："每会议，常独后言，言辄合理。"明代张居正《进帝鉴图说疏》曰："覆辙在前，永作后车之戒，则自然念念皆纯，事事合理。"这里的合理，指不同的双方彼此认同达成的共识之理。合理中提出的道理或者事理、共识之理，其实就是一种规律，这种规律也正是科学从事实中整理出来的。规律也称为法则，是事物之间的内在的必然联系，决定着事物发展的必然趋向。

科学合理原则就是在具体工作中，要通过整理事实，从中发现合乎道理或者事理的规律，从而以此为依据作出一个结论。科学合理原则强调工作及结论必须从具体事实中，发现出不为人所共知的规律，同时其最后的结论不脱离现实、实事求是，能够形成系统化的知识体系。

(二) 为什么要科学合理评估侦查

整个评估指标体系的构建，从构成元素到体系结构，从每一个指标计算内容到计算方法都必须科学、合理、准确。[②] 作为一种事后通过各类证

[①] 龚克：《求真知，做真人》，《科学时报》2010 年 10 月 12 日第 B4 版。

[②] 张军主编：《人民法院案件质量评估体系理解与适用》，人民法院出版社 2011 年版，第 48 页。

据、材料来逆推、重现犯罪行为的发现活动,侦查一直就属于科学的范畴。马克思曾经指出,机器生产的发展要求自觉地应用自然科学,"生产力中也包括科学";"社会劳动生产力,首先是科学的力量";"大工业把巨大的自然力和自然科学并入生产过程,必然大大提高劳动生产率"。[①]根据当代科学技术发展的趋势和现状,邓小平同志在1988年9月提出了"科学技术是第一生产力"的著名论断。邓小平同志的这个论断完全可以应用于侦查领域,科学技术其实就是侦查的第一战斗力。一根头发、一个指纹这样的细微痕迹都可以成为找到罪犯的关键证据。专家们不仅在犯罪现场解开罪犯巧妙布下的复杂疑团,他们还在实验室里辛勤分析各种证据。随着科技的发展,科学侦查的手段也越来越先进。[②] 从人类几千年的侦查发展史看,侦查行为和技术的每一次进步,必然都是科学技术已经产生的巨大进步;科学技术的每一次迅猛发展,都必然带来侦查行为和技术的天翻地覆的变化。

侦查行为是一项目标导向很明确的逆向思维,其主要目的之一便是查明已经发生的案件的事实。对于案件事实而言,必须通过充足的、无合理怀疑的证据予以证明,并达到相应的证明标准,才能确定特定案件事实的客观存在。侦查机关收集、整理、提交的证据直接决定着实体法的准确适用,有效的侦查成为成功的控诉的前提和基础。证据是诉讼证明的核心问题之一。在侦查阶段,科学的应用也主要是为了获取相应的证据。[③] 侦查工作本身就是一个运用科学手段和技术,获取相关证据认定案情的科学过程,这个运用科学的过程其实也是一个确定案件真实(反过来说也就是在证伪)的过程。而能否证伪正是一个确定的、可检验的结论在逻辑上或原则上,存在与一个或一组观察陈述发生冲突或抵触的可能。可以证伪本身不需要一个理论或者结论必须要被证明是错误的,可证伪只需要这个理论或者结论具备可以被证明是错的可能性即可。侦查行为的这种特征决定了其蕴含的科学性,对这种运用科学的过程的评估,如果无法运用科学的方法、技术,其评估结果必然是不科学的、不被认可的。

(三) 如何科学合理地评估侦查

如何科学合理地评估侦查行为,中央和公安部的有关规定、意见中

[①] 《马克思恩格斯全集》第46卷下册,人民出版社2003年版,第211页。
[②] [韩]曹永先编文:《WHY?科学侦查》,武鼎明译,世界知识出版社2014年版,前言。
[③] 刘静坤:《论科学侦查与科学证据》,《法治论丛》2006年第1期。

均提出了一定的要求，包括中央政法委的《关于建立健全政法机关执法办案考评机制的指导意见》、公安部的《公安机关执法质量考核评议规定》和《关于改革完善执法质量考评制度的意见》等。如公安部在《关于改革完善执法质量考评制度的意见》中就提出，建立完善执法质量考评指标体系，设立考评指标应当依法、科学、有效、统一。《公安机关执法质量考核评议规定》第14条规定，确定执法质量考核评议项目和指标……不得以不科学、不合理的罚没款数额、刑事拘留数、行政拘留数、发案数、退查率、破案率等作为考评指标。那么，哪些考评项目、指标和数据是不科学、不合理的呢？2015年1月，中央政法委要求，中央及各地政法机关对各类执法司法考核指标进行全面清理，坚决取消不合理的考核项目，建立科学的激励机制等。从以上中央和公安部的文件可以看出，与刑事侦查直接相关的主要是刑事拘留数、发案数、退查率、破案率等指标，取消的主要是这些不科学、不合理的考核指标和考核排名，但并不是说要彻底取消所有的考核指标和考核项目。正如有学者指出的那样，中央政法委、公安部只是要求取消一些不合理的考核指标，并未明确如何建立合理的考核指标。一些不合理、不必要的考核指标被清理与取消后，如果合理、必要的指标却未保留或重建，如何规范地开展执法工作，避免办案人员不作为、乱作为就会成为问题。[①]可见，中央的要求很清晰，科学的激励机制还是需要的，一定的效率还是要追求的，但必须改变原来那种"唯破案率""唯有罪率"的做法。一定的破案率考核要求的提出，本身没有太大问题，但如果是"唯破案率"，后果就可能很严重。

评估行为的科学合理展开，早已经得到党中央和各级政府、研究机构的重视。20世纪90年代中期，原国家科委率先提出用"第三只眼睛"对政府资助的科技计划、项目等开展独立评估。党的十七届二中全会通过的《关于深化行政管理体制改革的意见》中，明确提出要"推行政府绩效管理和行政问责制度"，"建立科学合理的政府绩效评估指标体系和评估机制"。原国家科委在建设和适用具体的科技评价体系中，一方面不断规范技术操作体系，另一方面逐步健全和完善科技评价的组织体系和制度保

---

① 贺小军：《效果与反思：公安机关刑事执法质量考评机制实证研究》，《法学家》2017年第3期。

障，从而解决科技评价工作中的基础性、根本性的问题。[①] 学者也提出，法治指数在我国处于起步阶段，无论是已经建成的法治社会，还是正在建设的法治社会，法治指数的科学性、地方化、本土化、类型化、实证化，都应当受到关注。[②] 结合侦查行为的特殊性，科学合理的侦查评估应注意理解考评机制的科学性、完整性和统一性。从外延角度解析考评机制的科学性、完整性、统一性应包括体系的科学性、完整性和统一性；关键绩效指标的科学性、完整性、统一性；权重设置的科学性、完整性、统一性；结果运用的科学性、完整性、统一性四个方面。需要特别强调的是关键绩效指标和权重设置的科学性、完整性和统一性。权重的设置表现在两个方面：一是对不同的业务工作设立不同权重，二是对每个不同业务的不同部分设立权重。[③] 以上观点虽然是检察系统针对检察业务考评机制提出的，但毫无疑义也自然适用于侦查评估指标体系建设，当然在具体评价指标和权重设置上要特别考虑常规侦查的要求。

四 民主透明原则

（一）什么是民主透明原则

民主一词源于希腊语的 demos，最原始的含义指人民。阶级社会一般将民主定义为在一定的阶级、阶层范围内，按照平等原则和民主集中制原则（或者少数服从多数原则）来共同管理国家事务和社会事务的一种政治制度。从根本上说，民主就是"一种国家形式，一种国家形态，它意味着在形式上承认公民一律平等，承认大家都有决定国家制度和管理国家的平等权利。"[④] 在人类社会发展的不同阶段，民主多是保护特定人群自由和权利的一种管理原则和行为选择，是自由的规范化、制度化的外在表现。在具体的国家管理或者社会运转中，民主原则要求以多数决定为主的同时，也尊重少数人权利的表达。民主政府的首要职能，就是通过立法和执法活动，保护每个人的言论自由、信仰自由等基本人权，保护每个人参与社会政治、经济和文化生活的机会，保护法律面前人人平等权利的实

[①] 方衍：《积极探索科学合理的科技评价体系》，《求是》2012年第4期。

[②] 周尚君等：《法治定量：法治指数及其中国应用》，中国法制出版社2018年版，第81—85页。

[③] 张智辉等：《如何构建科学合理的检察业务考评机制》，《人民检察》2009年第5期。

[④] 《列宁选集》第3卷，人民出版社2012年版，第257页。

现。在民主国家，公民不仅享有宪法和法律规定的各项权利，而且还负有参与政治活动、政治生活的自由，而他们的权利和自由也正是通过民主体制得以实现和被保护的。

透明的原意是指物质透过光线的性质或情况，如光线可以穿过，通彻明亮；通过透明的玻璃窗，我们能看到对面被遮挡的事物。延伸到的含义有透明度、透光度，特指某些矿物透光的能力。再继续延伸到彻底的、完全的、清楚的，甚至可以理解为一种晓悟，如在计算机中，从某个角度看不到的特性称该特性是透明的，这个意义上的透明与社会生活中的透明含义恰好相反，如计算机组织对程序员是透明的，就是说计算机组织对程序员来说虽然是看不到的，但也不需要看到。发展到现代社会中的法治领域，透明原则常常与公开原则同步出现，所指的是在特定情形下的开放程度，或者利益相关者能够获得的知识和信息的比例。透明原则也被称为透明度原则，是世贸组织各类主要协定、协议中规定的重要原则。根据这个原则，世贸组织成员有义务将有效实施的现行贸易政策法规公布于世。[①] 透明原则最早起源于西方国家的贸易活动中，伴随着西方早期市场经济的发展而逐渐完善，该原则又称为阳光原则或者知晓原则。

（二）为什么要坚持民主透明原则

民主原则是一种人民主权原则，要求在具体事务中体现大多数人的意志，这点特征正是绩效考核和绩效评估的应然要求。在行政绩效考核和政府绩效评估的主体权限上，必须最终体现人民的意志、符合人民的意志、表达人民的意志，将人民群众作为最高的价值判断主体和最后的评估主体。在具体的运作过程中，必须坚持以是否满足、实现最广大人民的根本利益作为唯一的价值判断标准，要把人民群众满意不满意、拥护不拥护、支持不支持、赞成不赞成、高兴不高兴、答应不答应、损害不损害人民群众的根本利益，作为工作中判断是非、决定取舍、制定政策的最高标准。[②] 现有政府绩效评估工作中，基本上是一种政府的内部管理手段，即评估主体是政府自身，一般都是上一级政府评估下一级政府、上一级政府部门评估下一级政府部门、政府部门领导评估部门内部工作人员。严格意

[①] 龚琦：《什么是透明度原则》，《经济日报》2001年4月11日第2版。

[②] 李小辉、罗春梅：《从党的十八大报告看中国特色社会主义人民群众观》，《求知》2013年第4期。

义上说这种评估不能称为评估,而只能界定为行政绩效管理、行政业绩管理。古希腊思想家亚里士多德就曾经说过,对一桌菜肴好坏的评价权应该在于食客而不是厨师,对一座房屋好坏的评价权在于住户而不是建筑师。① 人民具有对政府绩效的最终评估权,是现代民主政治的基本要求。政府及其部门的作为和效果必须得到了最大多数人民的认可和赞同,通过人民群众对于政府及其部门的绩效的认可和赞同的评价机制,既可以非常直接地将政府及其部门的行为规范在正确的宗旨范围之内,也可以非常客观地对政府及其部门的绩效作出公正合理的评价。② 以上关于政府绩效评估的道理和论断,同样也适用于侦查评估指标体系的建构,侦查绩效评估不能完全由侦查机关自己说了算,要坚持民主原则,要充分考虑最广大人民群众的利益和认可度,这才是民主原则在该领域的直观体现。

透明原则是一种公开原则,也是一种阳光原则。公开是为了监督,监督是为了权力运行更科学、更健康、更符合治理现代化的要求。更详尽地公开需求,说明公众对于参与公共治理的热情在提高。在公开数据以接受监督的共识之下,以学术界测评为代表的社会监督,作为督促公开的力量值得肯定,相应的,人大监督为主的制度设计则更值得期待。要以参与监督的人大代表能找得到、看得懂相关财政公开数据为起点,从制度层面保障人大监督的有效推进、细节落实,这无疑也是治理现代化的起点。③ 在这一点上,我国各级政府以及相关部门已经开始了很好的努力与尝试,如上海财经大学公共政策研究中心连续多年发布中国省级财政透明度指数。需要注意的是,透明原则或者公开原则一方面要求被评估对象提升透明度,另一方面也要求自身的评估过程和活动透明公开。在侦查评估指标体系中,透明原则与侦查不公开原则并不矛盾,透明原则并不要求各地、各级侦查机关的侦查活动的公开,而只是对已经结束的侦查活动进行后期评估和跟踪调查,因此并不影响正在进行的侦查活动。

---

① 转引自李冰洋《建立公安机关现代警务评价机制的若干思考》,《公安研究》2011年第7期。

② 桑玉成:《政府绩效评估的职能定位与民主原则》,《文汇报》2008年10月6日第10版。

③ 南都社论:《公开是为了监督,重申财政透明的价值》,《南方都市报》2017年11月29日第A02版。

（三）如何民主透明地评估侦查活动

民主地评估侦查活动要求评估过程中必须充分尊重和考虑人民群众的利益和意志，尽可能多地听取参与主体以及影响对象的观点和意见。侦查评估指标体系的建构过程包括侦查评估指标的选择、侦查评估指标的设定、侦查评估指标的赋值、侦查评估指标的收集整理等工作，都应当充分考虑最广大人民群众的根本利益。曾经有段时间广受批评的破案率，虽然在中央及公安部相关文件中被否定，但其实需要关注的是：破案率这个考核指标本身是没有太大问题的，只是由于设置过于简单被基层过度追求和神话，使得最后出现为了数字而破案的不良后果，但这个考核指标最初的原意其实是为了响应广大人民群众对刑事犯罪案件高发的关注和憎恨，因此即使在取消破案率后，公安刑侦绩效考核中的相当数据仍然体现了相类似的内容，如八类命案破案率、打黑除恶工作效率、五类侵财犯罪人数的增长率等，这些考核指标仍然属于破案率的范畴，不过是在具体案件范围和对象方面做了一定的界定而已，由于这些犯罪对人民群众的影响特别广泛、特别直接、特别严重，因此在侦查评估指标体系建构中，对其的评估必然还是需要纳入指标体系中。在最后的评估指标体系中，既要反映广大人民群众的声音，也要倾听作为评估对象的各级侦查机关及其侦查人员的意见，还要体现侦查程序参与者——包括被害人及其法定代理人、犯罪嫌疑人及其法定代理人、近亲属以及其他诉讼参与人的想法。

透明地评估侦查活动要求评估标准和评估过程必须公开、公示，不得采取神秘主义、不得完全内部操作。如前所述，透明原则或者公开原则并不要求侦查机关公开正在办理的案件的具体情况，也不需要公开侦查机关不应当公开的侦查秘密，该原则与侦查不公开原则并不矛盾，这个原则的要求更类似于我国公安机关曾经实行的警务公开。1999年6月，公安部在总结实行多年的"两公开、一监督"（公开办事制度、公开办事结果、接受群众监督）等警务公开形式的基础上，依照《人民警察法》第44条的规定，向全国各级公安机关发出了实行警务公开的通知，并在当年的10月1日正式施行。在公安部《关于在全国公安机关普遍实行警务公开制度的通知》（公通字[1999]43号）中明确指出，除法律法规明确规定不能公开的事项外，公安机关的执法办案和行政管理工作都要予以公开。一些地方公安机关为了响应公开的号召甚至建立了侦查公报、侦查热线、侦查直播或者侦查听证等制度，但这些只是侦查机关单方面对侦查活动有选择性的适度开放，更多的是为侦查机关收集犯罪线索服务，并没有真正的、完全的向广大社会群众公开，更不可能像审判公开那样接受社会群众的监督。① 可见，警务公开与侦查不公开也不矛盾，警务公开只是公安机关执法办案权限和行政管理工作的公开，并不是具体个案侦查活动的公开。侦查绩效考核即属于公安机关重要的行政管理工作，侦查评估更是对侦查机关行政管理工作的评价和估量，因此应当采取公开、透明的方式进行，评估的标准、评估的条件、评估的程序等，都应当公开或者公示，接受社会群众、被评估对象的监督和制约。

五　统一灵活原则

（一）什么是统一灵活原则

统一，最初的含义是使成一体，如统一文字，后期引申为一致、没有分歧、没有差别，如统一的意见、统一的价格、统一的标准等。统一是使零散的、分散的统合为一体，我国最早的统一专指秦始皇统一天下后，继续统一全国的度量衡、车轨宽度及文字等。统一原则在我国很多领域中都存在，体现了一致性的标准和要求，如社会主义法制统一原则要求一个国家必须统一制定宪法和其他相关法律，保证宪法和其他法律在全国范围内得到一体化的遵守和执行。法制统一原则要求一切法律、行政法规和地方性法规，包括各种规章和其他规范性文件，都不得同国家宪法和法律相抵触。维护国家法制统一原则，是我们党和国家从历史上得来的经验教训。

灵活，最初的含义是快捷、不死板、敏捷不呆滞，如体态轻盈灵活，后期引申为不拘泥于固有模式、善于变通，如中国人的头脑是灵活的。灵活是与原则相对应而言的，坚持原则而同时具有灵活性，这是正确应用坚持原则的方法；灵活而能坚持原则，这是妥善应用灵活的方法。强而能弱，这是用强的方法；弱而能强，这是用弱的方法。坚持原则就容易方，灵活就容易圆。为人处世、做人做事、工作生活，方圆并用，坚持原则灵活相结合，才是全面的、正确的办法。如只能坚持原则却没有灵活，只能方却不能圆，只能强却不能弱，只能进却不能退，必定遭受失败。老子在《道德经》第76章中提到："是以兵强则灭，木强则折。强大处下，柔弱

---

① 黄豹：《侦查公开若干基础理论问题辨析》，载于《侦查学论丛》第7卷，中国人民公安大学出版社2006年版，第330—338页。

处上。"意思就是说用兵逞强就会遭致消亡，树木粗壮就会遭遇砍伐。凡强盛的，老是处于下位；凡是灵活的，反而居于上位。这就是"道"原则下的大机大用，也是对灵活原则的最佳解读。

(二) 侦查评估中为什么要坚持统一灵活

侦查评估中应当坚持统一灵活原则，统一原则要求侦查评估的指标体系的一致性，强调采取一个标准和尺度对评估对象进行评估，避免标准不一而导致杂乱无章；灵活原则则是对统一原则的特殊解读，是在特定情况下考虑到实际情况而进行的必要的变通处理。统一灵活原则在实践中，常常也被解读为原则性与灵活性相结合的原则。原则是做好工作的基本规范，只有坚持原则，才能做好工作、做对工作，所以评估中一定要坚持原则；但原则是笼统的、抽象的，是缺乏细节的，评估中所面临的情节和问题是多种多样的，这需要在坚持原则的基础上灵活多样地开展工作，将原则性和灵活性充分地结合起来，把评估中面临的问题顺利解决，顺利实现评估目的和要求。2015年实施的《四川省依法治省评价标准（试行）》中，就提出了三项原则：一是宜粗不宜细原则；二是客观公正公认原则；三是便于操作、实用管用原则。对于标准各部分设置最突出、最容易出现的问题指标，明确对出现问题的评估结果运用，以期通过比较精准的评估推动解决实际问题。为提高评估的可操作性，评估实施前，该省依法治省办依据《评估办法》，以评价标准定性指标为基本遵循，并对其三级指标进行适度量化，实现定性分析和定量评估相结合。[①] 这就是在法治评估中，具体应用统一灵活原则的典范。

坚持统一灵活原则，把握原则性和灵活性相统一的标准，准确分辨原则性与灵活性的差异与统一。在制定评估标准的过程中，要注意坚持原则性、统一性的要求。在坚持原则性的前提下，必须全面地、客观地反映和体现侦查评估中不同地域、标准、条件等的立场、利益和要求。坚持统一性是区分灵活性的基础，是判断灵活性的根本尺度。灵活性要看它是否有利于维护而不是伤害最广大人民的根本利益，不能为了灵活性而损害原则性。在具体评估工作中，要注意把握原则性和灵活性的并重与兼容。原则性不意味着一成不变、照搬照抄，灵活性也不意味着无法无天、自由散漫。必须灵活地运用原则性，才能够针对不同对象、不同地域、不同内

---

① 庞莹：《依法治省度量衡有了具体刻度》，《四川日报》2015年7月22日第2版。

容、不同目标，开展有效率的、有针对性的工作，实现评估的根本利益和社会效益的双丰收。在评估工作中，要善于设置、开展必要的灵活性的运用，注意防止和克服在灵活性度量问题上"过火"与"不及"这两种错误。评估工作要坚持一切从实际出发的根本路线。实事求是，一切从实际出发，既是党的根本思想路线，也是侦查评估的根本方法。要深入实际，加强调研。没有调查就没有发言权，没有科学的调查同样也没有发言权，只有深入实际，深入基层一线，才能为制定原则性和区分灵活性奠定基础。

（三）侦查评估中如何坚持统一灵活原则

侦查评估中坚持统一原则要求在评估标准、评估目标、评估程序、评估救济等方面实现一致性。侦查活动是一个国家刑事司法的重要组成部分，更是一个国家公平正义实现的现实保障和基础。对侦查活动的评估，应当有明确的评估目标，从侦查实践中来为司法诉讼服务，最终能够更好地、更快地实现侦查活动打击犯罪、保障人权的目标，这种目标决定了侦查评估的目标应当全国统一、步调一致，才能全国一盘棋地开展侦查活动。评估标准的设置也必须坚持统一原则，我国现行的刑侦绩效考核正是由公安部刑侦局统一指挥、统一标准、统一进行，这样才能够保证最后的结果具有可比性。《庄子·徐无鬼》记载："天下非有公是也，而各是其所是。"如果不同地方均设置不同的评估标准，各自为政、各行其是，这种评估就不是一种"公"，更不是现代意义上的评估，而只是一种单位内部的考核罢了，没有任何现实意义。同理可得，侦查评估的评估程序、评估救济等程序性内容，也应当坚持统一原则，确保在一个标准框架体系下进行，这样才能保证侦查评估的科学性、合理性、有效性。

当然，侦查评估也要坚持灵活原则，这就要求在评估对象、评估指标、设定系数等方面实现相对的灵活性。侦查评估在坚持原则性的基础上，某些特定事项比如评估对象、评估指标、设定系数等方面，可以设定一定的灵活性。传统绩效考核中，也特别注重灵活原则的运用。现代市场变化频繁，唯一不变的就是变化，组织应积极适应市场的变化，增强组织的灵活性。[①] 侦查评估也应当根据地域和层次的不同，随时关注

[①] 余建年、吴华利、唐棠：《基于文化变量 灵活引进360°绩效评估体系》，《人才资源开发》2004年第Z1期。

犯罪发展动态和国家治安形势，针对不同的评估对象设定相对合理的、有针对性的评估指标，对不同级别、不同地域的评估对象可以在指标系数设定上，进行适当调整。比如县级公安机关侦查部门和省级侦查部门的侦查工作侧重点肯定不一样，具体评估指标当然也不应当相同；刑侦部门的案件性质和案件数量，与其他承担侦查权的公安内设部门，完全不可同日而语；大城市的各类命案、重大案件的发生比率与小城市的发生比率，当然也不是一个比较层次；沿边沿海城市的毒品案件侦查和内陆城市的毒品案件侦查，重点和难点肯定也不完全一样。如果简单地、不加区分地以一个标准来衡量、评价不同地方、不同级别、不同部门的侦查工作，显然是不合理的，也无法作出相关区分度，从而最终实现推动侦查工作健康发展的目标。

第三节　我国侦查评估指标体系的指标内容

我国侦查评估指标体系的具体指标内容，是我国侦查评估指标体系构建的中心和基础。谁来评估、评估谁、如何评估、如何救济等内容，都必须在对指标内容进行研究的基础上提出。根据评估学的发展现状和我国侦查工作的业务实际，我国侦查评估指标体系可以分为三个层级：一级指标、二级指标和三级指标。在一级指标设置上，侦查评估指标体系应当包括工作职能指标、社会状态指标和发展潜力指标三大块，其中工作职能指标是对侦查机关侦查工作的最直观反映，基本吻合原有的刑侦绩效考核项目规定的内容。二级指标则根据一级指标的分类不同，分别有不同的内容（见下图）。三级指标主要体现在具体的每一个二级指标内容设置上，三级指标将主要表现为具体的考核项目或者考核数据，能够直观反映二级指标的内容。

一　侦查评估之一级指标：工作职能指标

工作职能指标是侦查评估指标体系中最重要的一级指标，是最能够直观反映侦查工作优劣、好坏、效率的指标数据。工作职能指标主要来源于侦查机关内部的相关侦查数据，在具体数据采集和数据挖掘上，和常规地利用各类已存在的指标数据不同的是，由于侦查工作的特殊性和相对封闭

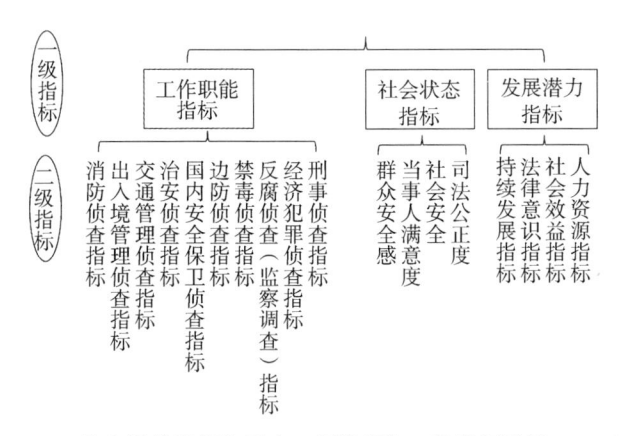

侦查评估指标体系中一级指标和二级指标图例

性，必须充分利用现有侦查机关内部的行政管理和绩效考核数据。当然，对现有的侦查行政管理和绩效考核数据要进行充分的、有效的挖掘。数据挖掘是指采取某种方法或技术方式从大量不完全的、有噪声的、模糊的、随机的数据中，提取隐含在其中的、有价值的信息和知识的过程。[1] 与侦查评估相关的工作职能指标很多，根据侦查部门的不同，我们将这里的工作职能指标划分为十大类，其中前面九类均属于公安机关内部侦查部门的工作职能，当然最核心的就是第一类刑事侦查指标；第十类反腐侦查（监察调查）指标主要是针对原来检察机关反贪侦查、反渎侦查工作，现在根据转隶规定，相关工作转交给新成立的监察委员会的反腐监察调查工作。

（一）侦查评估二级指标：刑事侦查指标

在工作职能指标的十类二级指标中，由于我国的核心侦查主体以及绝对数量的刑事案件的侦查任务，都落在刑事侦查部门的头上，所以刑事侦查指标才是侦查评估工作职能指标下二级指标的重中之重，其他二级指标基本上均是在刑事侦查指标的基础上，仅仅做适当调整和改变而已。结合公安部刑侦局刑侦工作绩效考核的通知和方案，我们认为刑事侦查指标主要包括案件侦破指标、命案侦查指标、侵财犯罪侦破指标、打（扫）黑除恶指标等数据。

---

[1] 尚虎平：《基于数据挖掘的我国地方政府绩效评估指标设计——面向江苏四市的探索性研究》，经济管理出版社2013年版，第22页。

1. 案件侦破指标

虽然中央和公安部多个文件均提到，要求取消发案数、破案率等不合理、不科学的指标，不过这种要求是针对各个司法机关内部的绩效考核体系而言的。对一个相对中立的、第三方的侦查评估指标体系而言，评价一个地方侦查工作好坏的所有指标或者数据中，案件侦破指标（即破案率）仍然是一个最直观、最简单、最可行的观测数据点。破案是衡量侦查部门工作效率的一种最常用指标，而对侦查人员个人而言，破案是衡量个人成功与否的标志。这反映了他的职业声誉、在同伴中立足、提升的前景。同样地，不管对侦查部门还是侦查人员个人而言，无法破案都会为他们带来高昂的代价。在警察机关内部，破案率被当作加强纪律管理的重要工具，低破案率还会导致侦查人员降级。① 破案率能反映出公安机关和犯罪作斗争的能力，这种能力对一般公众的安全感能够产生重要的影响，破案率的变化将直接影响到人们对社会治安状况以及公安机关效能的评价。② 如何计算案件侦破率？最简单的计算方法是：一定单位时间内的案件侦破率（破案率）= 一定单位时间内侦破案件的数量÷一定单位时间内立案的数量。一般说来，一定单位时间根据评估需要设置，常见的时间单位最小应当为一年，也可以对一个较长时间周期内（比如5年、10年等）的破案率进行评估。因此，年度案件侦破指标的计算公式为：

$$\frac{侦破案件的数量}{立案的数量} \times 100\%$$

需要注意的是：这里的侦破案件数量和立案的数量都是以一定单位时间内一定地域范围内的数量为考核依据。侦查评估指标体系虽然最后是要形成一个全国性的侦查评估指数，但这个全国性的指数必然是在各个地方指标、指数的基础上形成的。此外，我国公安机关全国四级设置中，在一线承担各类侦查职责的主要是区县级公安机关和地市级公安机关，所以直接的侦查评估数据主要来自这两级，直接考核对象主要是这两级公安机关的侦查部门。当然，局限于我国不同地方的体制，一般区级公安机关是市公安机关的派出机构，独立性较弱，所以考核对象主要是设区的市级公安

---

① ［美］丹·西蒙：《半信半疑：刑事司法中的心理学》，刘方权、陈晓云译，上海交通大学出版社2017年版，第44—45页。

② 朱景文主编：《中国人民大学中国法律发展报告2011：走向多元化的法律实施》，中国人民大学出版社2011年版，第258页。

机关和县级公安机关。

如何界定侦破案件的数量？传统的侦查绩效考核中，大多是以公安机关侦查终结（俗称"破案"）移送检察机关审查起诉为标准，至于后期检察机关是否提起公诉、审判机关是否定罪，不属于公安机关侦查考核的范畴。这种做法显然不妥，其在基层侦查部门极容易被做成应付考核而扭曲的现实，不管案件事实是否清楚、证据是否确实充分、法律手续是否完备，"大概做得差不多了""侦查羁押期限快到了"，就赶紧移送吧！因此，在侦查评估指标体系的构建中，必须防止这种扭曲、错误的做法，案件侦破数量必须以人民法院的刑事判决书正式生效为标准，这种高标准、严要求的做法正是为了敦促公安机关做好前期的侦查取证工作。当然，由于司法实践确实存在审查起诉、审判（一审、二审）时间的延后，比如当年侦查终结的案件第二年判决才做出来，这样必然对侦查评估的准确度有一定的影响。不过，考虑到每年都存在这种情况，前一年侦查终结的案件的数据自然算到第二年，所以从综合角度看，这种设计本身也没有什么问题。

至于立案的数量，这个更好界定。我国已经进行多年的刑事案件和治安案件的立案数统计工作，这些相关数据在《中国法律年鉴》[①] 和《中国统计年鉴》（中华人民共和国国家统计局编，中国统计出版社从 1981 年开始每年出版）中都可以查到。以下是从 1981—2019 年我国刑事案件立案数、破案数和破案率的统计，除了个别年份的个别数据外，大部分年份的数字是一致的，应当是目前国内关于刑事立案数量和破案数量最权威的数据来源。

1981—2019 年我国刑事立案数、破案数和破案率

项目内容	立案数（起）	破案数（起）	破案率	立案数（起）	破案数（起）	破案率
1981	—	—	—	890281	—	73.10%
1982	—	—	—	748476	—	77.40%

[①] 1986 年，在全国人大常委会法工委的倡议下，在中国法学会内建立了《中国法律年鉴》编辑部。1988 年 10 月，《中国法律年鉴》作为年刊，进行了登记注册。《中国法律年鉴》1987 年刊、1988 年刊和 1989 年刊，都是委托法律出版社出版。从 1990 年刊起，《中国法律年鉴》由中国法律年鉴社出版。

续表

项目内容	立案数（起）	破案数（起）	破案率	立案数（起）	破案数（起）	破案率
1983	—	—	—	610478	—	—
1984	—	—	—	514369	—	76.90%
1985	—	—	—	542005	—	78.80%
1986	—	—	—	547115	—	79.20%
1987	—	—	—	570439	463883	81.30%
1988	—	—	—	827594	626488	75.70%
1989	—	—	—	1971901	1112152	56.40%
1990	—	—	—	2216997	1265240	57.10%
1991	—	—	—	2365709	1460622	61.70%
1992	—	—	—	1582659	1079517	68.20%
1993	—	—	—	1616879	1211888	75.00%
1994	—	—	—	1660734	1298005	78.20%
1995	1621003	—	—	1690407	1350159	79.90%
1996	1600716	1279091	79.90%	1600716	1279091	79.90%
1997	1613629	1172214	72.60%	1613629	1172214	72.60%
1998	1986068	1264635	63.70%	1986068	1264635	63.70%
1999	2249319	—	—	2249319	1375109	61.10%
2000	3637307	—	—	3637307	1644094	45.20%
2001	4457579	—	—	4457579	1910635	42.90%
2002	4336712	—	—	4336712	1925090	44.40%
2003	4393893	1842699	41.94%	4393893	1842699	41.90%
2004	4718122	2004141	42.48%	4718122	2004141	42.50%
2005	4648401	2097369	45.12%	4648401	2097369	45.12%
2006	4744136	—	—	4653265	2212625	47.54%
2007	4807517	2410344	50.14%	4807517	2410344	50.14%
2008	4884960	2400566	49.14%	4884960	2400566	49.14%
2009	5579915	2447515	43.86%	5579915	2447515	43.86%
2010	5969892	2329947	39.03%	5969892	2329947	39.03%
2011	6004951	2312832	38.52%	6004951	2312832	38.51%
2012	6551440	2807246	42.85%	6551440	2807246	42.86%
2013	6598247	2647659	40.13%	6598247	2647659	40.13%

续表

项目内容	立案数（起）	破案数（起）	破案率	立案数（起）	破案数（起）	破案率
2014	6539692	—	—	6539692	2415367	36.93%
2015	7174037	—	—	7174037	2243227	31.27%
2016	6427533	—	—	6427533	2136300	33.24%
2017	5482570	—	—	5482570	2084768	38.03%
2018	5069242	—	—	5069231	1922011	37.92%
2019	4862443	—	—	—	—	—
数据来源	中华人民共和国国家统计局编：《中国统计年鉴》，1997—2020年各卷。			中国法律年鉴编辑部编辑：《中国法律年鉴》（1987—2019卷）		

从国家层面的数据来源来看，刑事案件的立案数和破案数都已经形成了统计上的惯例，因此这个数据的统计不难。困难的地方是，我国侦查评估指标体系需要细分不同侦查部门承担的任务，从《中国统计年鉴》对公安机关刑事案件的统计类别来看，主要分为十类：杀人；伤害；抢劫；强奸；拐卖妇女儿童；盗窃；诈骗；走私；伪造、变造货币，出售、购买、运输、持有、使用假币；其他。前面九类均由公安机关刑事侦查部门负责侦查，但仍然尚未涵盖刑侦部门的所有管辖范围，第十类"其他"项中既包含了刑侦部门管辖的其他案件范围，也包含了其他侦查部门管辖的案件范围。所以，从案件的绝对数量来考量，设定刑侦部门侦查评估的工作职能指标，肯定具有最广泛的、最全面的代表意义。

在具体计算案件侦破指标（即破案率）的时候，是否需要考虑不同地域、经济发展、人口多寡的不同呢？这个问题需要全面综合考虑，相比较而言，沿海沿边地区、经济发达地区、（流动）人口多的地区，由于经济社会等各类影响因素较多，确实存在刑事案件发案数远远多于其他地区的现状，这些地方的侦查工作压力较大；大城市和小城市的这种区分也很明显。是否有必要在评估系数的设置中，单独斟酌考虑这些因素呢？其实完全没有必要，因为各个地方的警力配备，多是根据当地的地域范围和社会治安形势确立的，不同地区警力的配备就已经考虑到这种地区差异。比如，武汉市每年发生的刑事案件总量，可能超过湖北省其他任何一个地市刑事案件的数量，但武汉市两级公安机关的警力配备也几乎接近整个湖北省（武汉市外）警力配备的一半，且武汉市公安机关的各项设备、技术条件、依托环境等，当然远远超过其他地市。因此，对各项因素进行综合考虑后，在确定案件侦破指标（即破案率）时，暂时不需要对地区、经济、人口等区别因素进行特别的设置。

| 1988—2019年湖北省相关刑事数据 ||| 年份 | 1988—2019年武汉市相关刑事数据 |||
刑事发案数（起）	刑事破案数（起）	破案率		刑事发案数（起）	刑事破案数（起）	破案率
51155	42327	82.7%	1988	5644	4930	87.35%
137191	81040	59.1%	1989	31573	13664	43.28%
166630	99604	59.8%	1990	23602	12849	54.44%
181546	118940	65.5%	1991	25483	14020	55.02%
108391	75439	69.6%	1992	17790	12318	69.24%
103857	79912	76.9%	1993	18210	13858	76.10%
97359	79664	81.8%	1994	17507	13503	77.13%
85876	73831	86.0%	1995	15802	12194	77.17%
77224	66607	86.3%	1996	14799	11236	75.92%
69067	60512	87.6%	1997	12890	11472	89.00%
67532	58012	85.9%	1998	13380	11741	87.75%
105127	71660	68.2%	1999	32552	19452	59.76%
114866	72796	63.4%	2000	52295	21345	40.82%
177558	94674	53.3%	2001	52075	26090	50.10%
162556	84188	51.8%	2002	50960	23598	46.31%
147210	72223	49.1%	2003	49102	21519	43.83%
143165	69212	48.3%	2004	45750	20237	44.23%
147004	71455	48.6%	2005	56607	12576	22.22%
154114	67595	43.9%	2006	53456	17666	33.05%
164415	74833	45.5%	2007	56438	22796	40.39%
173061	79035	45.7%	2008	59577	21274	35.71%
195836	90916	46.4%	2009	66455	25632	38.57%
221735	76401	34.5%	2010	72020	26136	36.29%
243521	63849	26.2%	2011	80204	15733	19.62%
335813	139738	41.6%	2012	104091	32727	31.44%
279638	118092	42.2%	2013	88572	39191	44.25%
265260	90652	34.2%	2014	81947	27302	33.32%
299522	77355	25.8%	2015	105528	28714	27.21%

续表

1988—2019 年湖北省相关刑事数据			年份	1988—2019 年武汉市相关刑事数据		
刑事发案数（起）	刑事破案数（起）	破案率		刑事发案数（起）	刑事破案数（起）	破案率
275707	69775	25.3%	2016	94267	29918	31.74%
233670	83723	35.8%	2017	81085	30319	37.39%
210296	65766	31.3%	2018	70073	26417	37.70%
198736	66026	33.2%	2019	65155	23608	36.23%
《湖北统计年鉴》（1990—2020 年，中国统计出版社相应年份出版）			数据来源	《武汉统计年鉴》（1995—2020 年，中国统计出版社相应年份出版）		

在统计和计算案件侦破指标（即破案率）的过程中，需要特别注意的是，目前不论是全国的统计数据还是各个地方的统计数据，都存在没有直接将当年所破的历史上的旧案、积案（指非当年发生的刑事案件，但案发当年未破）的数据统计进去，使得一些数据统计出现前后矛盾的地方。比如《中国统计年鉴》和《中国法律年鉴》的数据（两者应该是互通的）均显示，2013 年全国公安机关共立刑事案件 6598247 起，共破获刑事案件 2647659，后者占前者比重 40.13%，所以 2013 年当年的破案率是 40.13%。但在《公安工作》部分却记载：2013 年，全国公安机关共立刑事案件 659.8 万起，比 2012 年上升 0.7%；共破获刑事案件 354.1 万起，比 2012 年降低 0.65%。[1] 这里的破案的统计数字 2647659 与 354.1 万，相差了 89.33 万，这近 90 万数字是什么呢？这应该就是旧案、积案，传统的绩效考核在计算每年度的破案率的时候，破案数仅仅针对当年的立案数而言，不包括旧案、积案。公安部刑侦局每年的刑侦绩效考核中，将破获具有重大影响的疑难命案积案，视为单独的加分项。

当然，这种方式是否妥当，值得斟酌。破获历史上的旧案、积案，本来就是破案工作的一环，是否有必要单列为单独的加分项呢？从历史发展的角度看，每年都会破获相当比例的历史旧案、积案，这个数据根本没有必要放在当年破案数之外，而理所当然地应当视为当年的破案数字。从具体地域考量，可能存在某个地方某类案件某一年度破案率超过 100%（比如发案 10 起，破获 12 起，其中当然有两起为积案，这样破案率就是

---

[1] 中国法律年鉴编辑部编辑：《中国法律年鉴（2014 年）》，中国法律年鉴社 2014 年版，第 206 页。

120%），这样数据统计工作更加一目了然、更加清晰可见，应当予以肯定。

2. 命案侦破指标

按照公安部《关于实行"侦破杀人案件工作机制"的通知》的规定，纳入公安机关侦破命案工作的考核对象是八类命案：故意杀人、故意伤害致死和致人死亡的爆炸、投毒、放火、抢劫、强奸、绑架案件。对命案的侦破工作进行考核，一直是我国各级公安机关的重中之重，毕竟命案对国家和社会的影响太大，对公民生命权利和人身权利的危害太大。相比较于40%左右的年均整体刑事案件的破案率，我国侦查机关对命案的关注度更高，投入的人力物力财力更大，当然完全也是可以理解的。特别是在"命案必破"的要求下，这种侦查效率的追求更加明显。"命案必破"的提出时间和地点，已经无法查到最早出处，主流观点认为是在21世纪初期（2003年前后），网上有人认为起源于武汉市公安局，也有人认为发端于河南省公安厅。

2004年11月，公安部南京会议（全国侦破命案工作会议）上，公安部认可了此前湖北、河南等地的尝试，正式提出"命案必破"的口号。[①] 其实，公安部南京会议的口号不只有"命案必破"一句，而是提出了"四必"：命案必破、黑恶必除、两抢必打、逃犯必抓。但学界的诸多批评，却仅仅停留在"命案必破"上，主要意见集中在从逻辑角度看其是不科学、不可能的，从绩效考核角度看容易产生冤假错案。对于逻辑的批评，必须认识到的是："命案必破"中的"必"指代的是什么？是必然还是必须，如果是必然则不符合辩证唯物论的认识规律，但如果是必须则是一种态度、一种决心。首创者之一的武汉市公安局就认为："命案必破"是一个工作目标，解决命案破案率不高的问题，发生的命案要努力做到全部破获；"命案必破"是一个工作要求，解决破案决心和信心不足的问题，侦破命案没有退路，不能留有余地；"命案必破"是一个工作过程，解决追求破案结果韧性不够的问题，集小胜为大胜，由局部胜利到全局胜利。[②] 可见，从逻辑科学规律角度来看待"命案必破"口号，可能确实存在不太科学、不太符合逻辑的地方，不是每一起命案都能百分之百地破

[①] 魏明、周顺忠：《对我国"命案必破"的检思》，《山东警察学院学报》2013年第5期。

[②] 田霖：《"命案必破"是理想 是旗帜 是境界——武汉市公安局"命案必破"的实践与认识》，《中国刑事警察》2004年第3期。

获，但将刑讯逼供与"命案必破"捆绑起来的批评态度，可能过于简化复杂世界中的因果关系。逻辑上的可能并不必然是现实的可能，因为逻辑上可能的因果关系链是无限的，将两者捆绑的说法显然是"联系过度"。[1] "命案必破"是新时期党和政府对公安机关特别是对公安刑侦部门的最高工作追求，是公安侦查工作的最高目标，也是刑事侦查工作永不言败、永不放弃的理想与追求。

作为一种执法为民的法治理念，作为一种锲而不舍的工作态度，作为一项从严治警的具体体现，"命案必破"体现出公安侦查工作的高标准和严要求，结果不一定都能做到完美，但一定要体现对侦查工作的完美追求。这种近乎完美的追求，也确实在实践中收到了较好的效果，近年被新闻媒体广泛提及的是高达90%甚至95%以上的命案破案率就是明证。2006年，公安部公布我国2005年八类命案的破案率是89.6%，这已接近德国、日本、韩国等发达国家的破案水平，超过了英国（87%）、法国（81%）、加拿大（78%）、美国（63%）等国家的命案破案率。[2] 美国非营利机构 Murder Accountability Project（简称 MAP）统计，美国谋杀案的平均破案率为66.54%，2012年至2016年五年间的谋杀案平均破案率为58.42%。FBI公布的数据显示，2014年美国谋杀案破案率为64.5%（MAP数据库中为61.12%）。当然，各国命案破案率不同的一个重要原因是各国对"破案"的定义不同：德国定义最宽松，确定了凶手身份就算是"破案"；加拿大"破案"是指确定凶手身份，并开始走其他相应流程；美国知道了嫌疑人是谁还算不上破案，要成功抓捕才是"破案"；瑞典的"破案"定义则更进一步，要走到起诉嫌疑人这一步，才算是"破案"。所以瑞典国家犯罪委员会统计显示，该国涉及人身安全的案件破案率仅为15%。[3] 坦率地说，对于我国提出的"命案必破"，不能简单地理解为硬任务，虽然在实践中其确实已成为了一个硬任务，这也容易导致过于追求破命案而出现的冤假错案，因此有必要在绩效考核、评估机制方面进行合理设计，以扬长避短、发挥所长、规避风险。

---

[1] 刘忠：《"命案必破"的合理性论证——一种制度结构分析》，《清华法学》2008年第2期。

[2] 郝宏奎：《论命案防范》，《中国人民公安大学学报》（社会科学版）2007年第3期。

[3] 李慧翔：《美国MAP：民间帮警方追凶》，《南方周末》2018年2月1日第B18版。

公安部刑侦局对命案工作的考核，短短的十来年间经历了四种不同的方式：2004—2006年间设置了原始分和排名分；2007—2011年间的分三档；2012—2013年分三块计分；2014—2017年则根据第一名的得分扣分。这个不断修改完善的历程，充分说明了公安部刑侦局的极度慎重与发展进步，同时也证明了这个考核工作的难度和曲折。命案是所有各类刑事案件中最重要的内容，是社会治安状况直接的、综合的反映，而破命案是公安机关战斗力的集中的、最佳的表现。群众看公安，关键看破案；大道理，小道理，侦破命案才是硬道理。命案必破，对公安机关来说是责任，对公安民警来说是决心，对犯罪分子来说是震慑，对人民群众来说是鼓舞。[1]因此，不论是对侦查工作的微观考核，还是对侦查工作的宏观评估，命案侦破率必然是其中非常重要的一个指标数据。考虑到命案的侦破时间以及后续的审判、复核时间较长，建议对八类命案的破案率计算时，以当前年份往前推五年内的平均成绩作为当年的命案破案率，比如2015年的命案破案率必须以2011—2015年这五年的平均破案率作为最后成绩。当然，每一年度的破案率计算公式的计算公式为：

$$\frac{近五年八类现行命案破案数}{近五年八类现行命案发案数} \times 100\%$$

与案件侦破指标（即破案率）的计算公式类似的是，命案侦破率原则上采取最简单、最直观的方式确立，即八类命案破案率是以八类命案破案数除以八类命案发案数，不需要考虑其他的折算分和排名分。不过，由于命案的社会影响度大，特别是一些重大的、长期未破命案所引发的社会关注度更高，因此，在年度计算命案破案数量的时候，对于破获八类命案中的旧案、积案，应当给予一定的折算。初步拟定以五年、十年、十年以上三个时间节点，对于破获非本年度发案、五年内案发的八类命案的，每破获一起乘以系数1.2，破获非本年度发案、五年以上十年以下案发的八类命案的，每破获一起乘以系数1.5，破获非本年度发案、十年以前案发的八类命案的，每破获一起乘以系数2。用这种方式激励、表彰对八类命案积案的侦查、取证及破获工作作出贡献者。

《中国统计年鉴》和《中国法律年鉴》中，对公安机关刑事案件的统计类别主要分为十类，其中能够直观地体现为命案的就是杀人案件，虽然

---

[1] 郝宏奎：《论命案防范》，《中国人民公安大学学报》（社会科学版）2007年第3期。

在其他类别，比如故意伤害、抢劫、强奸等犯罪中，如果致被害人死亡，现在也被统计为命案，但致被害人死亡的比例相对较低，因此历年统计中没有单独列出。从2004年开始，公安部在相关材料中开始有意识地出现对八类命案的具体数据的统计，下表是从《中国统计年鉴》和《中国法律年鉴》中列举或者提及的数据，提取出来的与命案有关的数据和比例。从数据中可以看出，随着破案率特别是命案破案率的提升，我国故意杀人案件、八类命案均呈逐年下降趋势。其中，每年故意杀人案件的数量几乎占了八类命案的60%以上，个别年度甚至更高。

我国杀人案、八类命案立案数、破案数和破案率部分年度数据①

项目内容	杀人案立案数	杀人案破案数	杀人案破案率	八类命案发案数	八类命案破案数	八类命案破案率
2003	24393	19027	78.00%	—	—	—
2004	24711	21350	86.40%	32880	29000	88.20%
2005	20770	18111	87.20%	31349	28104	89.65%
2006	17936	—	—	28821	26342	91.40%
2007	16119	—	—	26000	25000	93.70%
2008	14811	—	—	24024	22366	93.10%
2009	14667	—	—	23471	22016	93.80%
2010	13410	—	—	21805	20462	93.84%
2011	12013	—	—	19734	18925	95.90%
2012	11286	—	—	—	—	95.50%
2013	10640	—	—	—	—	96.95%
2014	10083	—	—	—	—	97.53%
2015	9200	—	—	—	—	98.30%
2016	8634	—	—	12286	12102	98.50%
2017	7990	—	—	11276	11141	98.80%
2018	7525	—	—	9674	9577	99.00%

---

① 数据来源：中国法律年鉴编辑部编辑：《中国法律年鉴》，2004—2019年卷。

3. 侵财犯罪侦破指标

随着我国"命案必破"口号的提出和追求，我国近几年的命案侦破率均超过90%，甚至近四年已经超过98%，部分地市区甚至已经连续多年实现命案100%的侦破目标。但是，在"赶英超美"的命案破案率背后，难以掩盖的事实是，由于在命案侦破上投入警力巨大，而更多危害面相对较广、破坏性相对略低、但数量庞大的普通刑事案件，警力投入明显不足。中国公安机关刑事案件分类和《中国统计年鉴》《中国法律年鉴》的犯罪统计数据显示，侵财类犯罪的绝对数量一直稳居各类犯罪绝对数量之首。2000—2008年，盗窃、抢劫、诈骗案件数之和基本都在犯罪案件总数的78%以上，2007年、2008年两年则超过了80%。[1] 进入21世纪后，除了个别年份以外，大多数年份的盗窃、抢劫、诈骗案件数占比都在80%以上，最近几年的数据更是如此，2013年80.78%、2014年81.54%、2015年占83.8%、2016年占83.18%。但奇怪的是，公安部刑侦局早年并没有将侵财犯罪作为刑侦绩效考核的主要内容，从2005年才开始设定为临时考核项目"两抢一盗专项斗争"，2007年改为打击"两抢一盗"考核临时项目，2008年又改为"打盗抢抓逃犯"专项斗争，2009年开始增加"打击犯罪新机制"（或称"打击侵财犯罪"）规定考核项目，2014年固定为"打击侵财犯罪"，2018年又改为"打击传统盗抢骗犯罪"。

这种设置的多变和态度的含糊，反映出了公安部刑侦局绩效考核工作的尴尬：一方面知道这类案件直接事关人民财产安全，为人民群众高度关注；但另一方面也不得不承认，由于这类案件数量多、种类多，在警力相对有限的情况下，全面打击惩处难度太大。此外，侵财犯罪的考核统计工作中，还存在着大量的隐案和犯罪黑数。所谓犯罪黑数，又称犯罪暗数、刑事隐案，是指实际已经发生但由于种种原因尚未纳入警方记载的犯罪数量。[2] 犯罪统计中犯罪黑数的存在，是世界各国非常尴尬却又不得不面对的问题。美国全国犯罪调查组织National Crime Survey对被害人调查的结果显示，公民向执法机关报告的犯罪数量仅为他们调查发现的犯罪数量的1/3。德国的数字更低，德国学者曾分别在1975年、1976年和1987年做过三次抽样调查，结果表明在一般盗窃犯罪案件中，犯罪黑数的比例分别

---

[1] 郝英兵：《2000—2008年中国犯罪现象分析》，《中国人民公安大学学报》（社会科学版）2010年第1期。

[2] 石勇：《犯罪的道德分析》，《河南警察学院学报》2011年第4期。

为 1∶15、1∶6、1∶8，这意味着绝大多数的盗窃犯罪根本就没有被列入犯罪统计之中。我国国家"七五"社科规划重点项目《中国现阶段犯罪问题研究》公安部课题组的调查结果显示，犯罪明数最多只占实际发生的 1/3；其中杀人、强奸、爆炸、涉枪等严重侵犯人身、公共安全案件隐案较少，明数约占 90%；盗窃非机动车、扒窃等侵犯财产犯罪案件黑数较大，往往只占接报案件数的 10%。[1] 这个结果与德国学者和美国犯罪调查组织的调查结果基本吻合，但盗窃等侵财案件的犯罪黑数在我国显然更大，远远高于德国和美国的调查结果。

我国盗窃案件立案数及所占比例[2]

项目内容	立案数（起）	盗窃立案数	盗窃案所占比例
1981	890281	744374	83.61%
1982	748476	609481	81.43%
1983	610478	—	—
1984	514369	395319	76.86%
1985	542005	431323	79.58%
1986	547115	425845	77.83%
1987	570439	435235	76.30%
1988	827594	658683	79.59%
1989	1971901	1673222	84.85%
1990	2216997	1860793	83.93%
1991	2365709	1922506	81.27%
1992	1582659	1142556	72.19%
1993	1616879	1122105	69.40%
1994	1660734	1133682	68.26%
1995	1690407	1132789	67.01%
1996	1600716	1043982	65.22%
1997	1613629	1058110	65.57%
1998	1986068	1296988	65.30%

---

[1] 冯树梁：《〈中国现阶段犯罪问题研究〉综述》，《公安大学学报》1989 年第 1 期。

[2] 数据来源：中国法律年鉴编辑部编辑：《中国法律年鉴》，1987—2019 年各卷；中华人民共和国国家统计局编《中国统计年鉴》，1981—2020 年各卷。

续表

项目内容	立案数（起）	盗窃立案数	盗窃案所占比例
1999	2249319	1447390	64.35%
2000	3637307	2373696	65.26%
2001	4457579	2924512	65.61%
2002	4336712	2861727	65.99%
2003	4393893	2940598	66.92%
2004	4718122	3212822	68.10%
2005	4648401	3158763	67.95%
2006	4653265	3143863	67.56%
2007	4807517	3268670	67.99%
2008	4884960	3399600	69.59%
2009	5579915	3888579	69.69%
2010	5969892	4228369	70.83%
2011	6004951	4259482	70.93%
2012	6551440	4284670	65.40%
2013	6598247	4506414	68.30%
2014	6539692	4435984	67.83%
2015	7174037	4875561	67.96%
2016	6427533	4304321	66.97%
2017	5482570	3459742	63.10%
2018	5069231	2786804	54.97%
2019	4862443	2258236	46.44%

侵财犯罪的犯罪黑数的存在，一方面是因为一些被害人觉得破案希望不大、返还被盗财物的希望渺茫，所以根本不愿意报案；另一方面则是一些侦查机关为了提高破案率，有意识地减少发案率的结果。要提高破案率，即必须减少立案数，或者先破案后立案，又或者把一些刑事案件降格为治安案件处理，因为治安案件不算在破案率之内，这就形成了另一个渠道的犯罪黑数。在漂亮的百分比背后，其实损害的是公共安全。原辽宁省锦州市公安局某局长对此曾自曝家丑："虽然杀人案件侦破率连续两年达到100%，而由驻所刑侦中队负责的一般刑事案件破案率明显偏低，始终

在10%左右徘徊，尤其是占发案总量85%的侵财类案件破案率仅为6%左右。"① 这么低的侵财犯罪的破案率，也难怪公安部刑侦局在每年的绩效考核工作中，对此类案件的考核从来不按照简单的发案数除以立案数的结果来计算，而是通过考核各地实际破案数与本地破案基数的比值，按比值大小由高至低排序。各地破案基数为前三年度与考核同时间段内侵财案件破案数的平均值。一般做法是，第一名设定为满分，其他地方的分数以其数值与第一名的比例折算；也有的年度直接划分为三档，确定基本档次之后，再根据分值比例确定分数。这种做法有点"掩耳盗铃"，通过一系列换算的方式，使人无法看到具体的破案率，而只能对被考核对象进行一个综合的排名，具体工作如何无法准确衡量。

其实，不用刻意回避一个社会中犯罪特别是侵财犯罪的存在，法国学者涂尔干就曾经指出，犯罪的存在一般说来具有间接的好处，有时候这种好处还是直接的。说间接的好处，是因为犯罪不可能不存在……说直接的好处，是因为有时候，罪犯是未来道德的先行者。② 美国犯罪学家谢利化认为，随着城市化的发展，世界各国盗窃罪与暴力犯罪都会大幅增加，并且盗窃罪增加程度显然高于暴力犯罪的程度。③ 世界各国的发展历程证明，越是处于现代化进程中，越是容易出现明显的犯罪率增长。我国20世纪50、60年代，犯罪率确实非常低，但这种最低犯罪率的"盛世景象"，确实通过大幅牺牲社会生产力为代价的，是一种阻碍整个社会发展的低层次的稳定。从经济学角度分析，最低犯罪率并非最佳犯罪率。④ 因此，公安系统其实也没有必要过于忌讳很低的侵财犯罪破案率，直面问题才能分析问题、分析问题才能解决问题。此外，这也未尝不是一件好事情，这意味着刑侦部门的侦查人员的每一步付出都容易得到回报。以命案侦破率为例，一旦已经达到98%以上甚至部分地区多年100%，这意味着当地刑侦部门巨大的压力呀！因此，在具体考核评估过程中，基于我国大

---

① 俞飞：《取消破案率排行值得称赞》，《法制日报》2013年7月25日第7版。
② ［法］爱弥尔·涂尔干：《乱伦禁忌及其起源》，汲哲、付德根、渠东译，上海人民出版社2003年版，第463页。
③ ［美］路易斯·谢利：《犯罪与现代化——工业化与城市化对犯罪的影响》，何秉松译，中信出版社2002年版，第55—56页。
④ 汪明亮：《论犯罪饱和性生成模式：犯罪宏观生成模式研究》，《刑事法评论》2006年第2期。

多数地区已经实现网上立案（相对而言，有案不立、先破后立无生存土壤），同时各地应当积极鼓励人民群众报案，要求被害群众对公安立案工作进行监督，确保立案工作的真实性和可靠性。同时，调动力量，"抓大不放小"，既要解决命案的侦破问题，也要重视侵财案件的破获工作。因此，对侵财案件的年度侦破指标的计算公式为：

$$\frac{侦破侵财案件的数量}{侵财案件的立案数量} \times 100\%$$

当然，以上公式中，侵财案件的立案数量应当严格按照公安系统警综平台的立案数据，破案数据则应当根据当年度人民法院的判决来确定，破案数据应当包括破获历年来的旧案、积案。

4. 打黑除恶指标或者扫黑除恶指标

打黑除恶专项工作是我国刑事侦查的有机组成部分，也是我国社会治安综合治理的重要保障。根据我国刑法及相关解释的规定，涉及黑社会性质的罪名主要是3个，包括组织、领导、参加黑社会性质组织罪；入境发展黑社会组织罪；包庇、纵容黑社会性质组织罪。涉及恶势力性质的罪名主要有9个，包括强迫交易罪，敲诈勒索罪，寻衅滋事罪，聚众斗殴罪，非法拘禁罪，故意毁坏财物罪，组织卖淫罪，强迫卖淫罪，开设赌场罪等。不过，对黑社会性质案件和恶势力案件的认定存在一定的区别：黑社会性质的罪名和案件很明确，只要存在组织特征、经济特征、行为特征和危害性特征，就可以认定。而恶势力性质的罪名大多属于普通案件性质，在具体认定过程中，必须根据最高人民法院、最高人民检察院、公安部在《办理黑社会性质组织犯罪案件座谈会纪要》的通知（法［2009］382号）以及《全国打黑除恶专项斗争恶势力战果统计标准》（全国打黑办［2008］61号的通知）中的规定，在法院一审判决中能够体现"三人（或者三人以上）有组织地实施三起（或者三起以上）刑事案件"的，可以认定为恶势力。由于这种认定标准上的严格性，所以在《中国统计年鉴》和《中国法律年鉴》中很难找到准确的打黑除恶数据，但在《中国法律年鉴》介绍公安工作的部分以及一些新闻媒体的报道中，会发现部分信息数据（但大多数是一个概要数据），以下表格中的打黑除恶破案数就是据此而来，相关准确度、精确度有待进一步考证。

近年来，我国立案数、破案数及打黑除恶破案数①

项目内容	立案数（起）	破案数（起）	打黑除恶破案数	黑恶案件破案数/立案数的千分比（‰）
2005	4648401	2097369	17110	8.16
2006	4653265	2212625	—	—
2007	4807517	2410344	—	—
2008	4884960	2400566	—	—
2009	5579915	2447515	—	—
2010	5969892	2329947	37000	15.88
2011	6004951	2312832	29000	12.54
2012	6551440	2807246	29000	10.33
2013	6598247	2647659	18000	6.80
2014	6539692	2415367	13000	5.38
2015	7174037	2243227	11900	5.30
2016	6427533	—	3129	0.48
2017	5482570	2084768	13000	2.37
2018	5069231	1922011	6881	1036

对打黑除恶工作的考核，公安部刑侦局从2004年开始全国性的刑侦绩效考核之日起，每年都是不变的考核重点项目之一（另一个一直不变的考核项目是侦破命案工作），不过不同年度考核方式不完全一致。2004年考核办法中，只涉及"打黑"工作，而没有"除恶"工作，"打黑"工作的考核以各地执行《刑法》第294条罪名（即前面提及的黑社会性质三个罪名）向法院提起公诉的案件数，按提起公诉案件数量排列名次，第一名设定为32分，其他名次按照办案数量递减。2005年的考核办法参照2004年；2006—2013年将第一名设定为64分，其他名次依次递减；2014年以后，根据百名民警战果数，将第一名设定为150分，其他名次依次递减。之所以采取这种计算相对复杂的做法，是因为打黑除恶工作无法沿用简单的破案数除以立案数之比，因为黑恶案件的认定及惩处是非常慎重的。虽然全国打黑除恶专项斗争协调小组的办公室设在公安部刑侦

---

① 数据来源：中国法律年鉴编辑部编辑：《中国法律年鉴》，2006—2019年各卷。

局，但其具体工作由中央综治委负责，而中央综治委是与中央政法委合署办公的。这种体制决定了打黑除恶工作从来就不仅仅是公安机关一家的事情，而是公检法等机关的合力，一旦确定为黑恶案件，基本上都是得到了各机关的共同认可，所以一旦立案到最后定罪基本上是百分百。但黑恶案件也不是所有地方每年都有，公安部刑侦局每年的统计数据中，都有相当比例的省市区这项得分为零或者极低。如果将这个指标列为对每个基层地方的考核，可能容易出现不利后果。根据澎湃新闻网2018年2月7日报道，我国东部某省在全省检察长会议上部署"扫黑除恶"行动，要求全省每个基层检察院在2018年内至少要办理1起涉嫌黑社会性质组织犯罪案件或恶势力犯罪集团案件，完不成的基层检察院年终考核一票否决。"扫黑除恶"是重大政治任务，也是严肃的司法行动。下达办理涉黑涉恶案件年度办案指标，将严肃的司法任务简单化，落到某一个基层司法部门，可能出现为了完成任务而生搬硬凑的结果。因此，这项考核数据不宜对各个地方进行考核评估，但可以考虑对整个公安刑侦工作进行评估，即采取简单地将打黑除恶破案数除以全国总的破案数，形成一个千分比，计算公式为：

$$\frac{全国涉黑涉恶破案数}{全国总的破案数} \times 1000‰$$

2018年1月中共中央国务院在《关于开展扫黑除恶专项斗争的通知》中，将传统的"打黑除恶"专项斗争，改为"扫黑除恶"专项斗争。正如新华社记者指出的那样，近年来黑恶势力虽然得到一定程度的遏制，但是社会的方方面面还是或多或少地存在，一些黑恶势力活动随着打击力度加大而趋于隐蔽，游走于合法与非法、违法与犯罪之间，同时其组织形态、攫取利益的方式也在发生改变。[①] 鉴于黑恶势力的打击范围已不再局限于"3+9个罪名"的刑事犯罪，而扩展到相关的治安违法领域，如中央政法委主办的《长安》杂志整理的8种情形的黑恶势力、山东省公安机关重点打击的11类黑恶势力、河南郑州市公安局提及的10类黑恶势力性质违法犯罪活动等，这使得黑恶势力显然已经不仅仅是犯罪侦查的考评内容，而将成为整个社会治安综合治理的反馈系数，下一步对其进行的相

[①] 杨维汉、刘奕湛：《从"打"黑除恶到"扫"黑除恶，一字之变有何深意？》，《中国经济周刊》2018年第5期。

关数据统计和考核评价工作，可能会更加庞大、宏观、复杂。

（二）侦查评估二级指标：经济犯罪侦查指标

经济犯罪（Economic Crimes）一词，是由英国学者希尔1872年最早提出的。希尔在该年度英国伦敦召开的预防与惩治犯罪的国际会议上，以"犯罪的资本家"为题作了主题演讲，其中首次提及了"经济犯罪"一词。1982年3月8日，我国第五届全国人大常委会第二十二次会议通过的《关于严惩严重破坏经济的罪犯的决定》中，对经济犯罪进行了阐述。在这个立法文件中，首次使用了"经济犯罪"这一词语，但该决定并没有对"经济犯罪"的含义作出规定，仅是从外延方面对"经济犯罪"进行了归纳，列举出常见的经济犯罪类别，包括走私、套汇、投机倒把、盗窃公共财物、盗卖珍贵文物和索贿受贿等。1979年和1997年刑法没有关于"经济犯罪"的表述，但在刑法理论及司法实践中，"经济犯罪"被广泛使用，理论界对"经济犯罪"的内涵和外延的认识各有不同。[①] 从我国当前的刑法研究及司法实践来看，关于"经济犯罪"尚没有形成比较完整的、统一的内涵式概念。

虽然开展了对经济犯罪的首次立法外延界定，实现了从无到有的突破，但该决定把盗窃公共财产、索贿受贿等涉财类犯罪均笼统地列入经济犯罪的范畴，在惩罚犯罪的实践中是具有实务针对性，但从理论上看是不妥的。党的十四大作出建立社会主义市场经济体制的决定以后，我国经济犯罪的种类、特点及今后的发展趋势已表明，1982年决定所列举的经济犯罪类别已经不适应经济的迅猛发展和司法的实践需求，应当结合当前及今后的犯罪趋势，从经济犯罪概念内涵、范畴界限、外延拓展等方面开展针对性探索。犯罪概念一直是刑法学术界的热点问题之一，经济犯罪的概念和范畴更是其中的难点。迄今为止，各抒己见、认识不一，包括经济领域说、经济关系说、主观图利目的说、经济领域和客体混合说，等等。不过，如果仅仅从刑事诉讼的立案侦查管辖角度出发，对经济犯罪的界定却是比较简单，公安机关经济犯罪侦查部门行使管辖权的范围，就是我国刑法分则第三章破坏社会主义市场经济秩序罪中的部分案件和第五章侵犯财产罪中的部分案件，正是当前司法实践中认定的经济犯罪。

---

① 郑洪广：《经济犯罪侦查的求索》，东北大学出版社2015年版，第8页。

关于经济犯罪的具体立案数、破案数以及破案率，除了 2001—2004 年以外，其他大多数年份公安机关都没有公布这方面的详细数据，仅能够根据《中国法律年鉴》中公安部提供的全国公安机关前一年度"公安工作"的总结材料中，截取部分数据材料，下表是目前能够检索到的 2001—2017 年间我国经济犯罪立案数、破案数及破案率的相关数据，由于 2005—2017 年间部分数据缺失，且很多立案数、破案数在公安部材料中是一个概数，相关准确度、精确度有待进一步考证。

2000—2017 年我国经济犯罪立案数、破案数及追回损失数①

项目 内容	经济犯罪 案件立案数	经济犯罪 案件破案数	挽回经济损失 数额（亿元）
2000	—	69000	149.7
2001	85940	77483	195.7
2002	71219	62233	187
2003	65647	56300	119.4
2004	65983	55429	106
2005	—	61000	143.6
2006	8万余起	65000	190.5
2007	—	69000	497.8
2008	—	65000	241
2009	—	81765	313.5
2010	—	91000	277.3
2011	—	102000	282.6
2012	—	314000	925.1
2013	—	149000	492.6
2014	192000	131000	762.7
2015	190000	110000	390
2016	—	96000	356
2017	—	10000	69

2017 年 11 月 24 日，最高人民检察院、公安部联合发布《关于公安机关办理经济犯罪案件的若干规定》（公通字〔2017〕25 号），这个规定

---

① 数据来源：中国法律年鉴编辑部编辑：《中国法律年鉴》，2001—2018 年各卷。

取代了 2005 年 12 月 31 日发布的《公安机关办理经济犯罪案件的若干规定》（公通字 [2005] 101 号）。新规定在第 76 条对"经济犯罪案件"进行了界定，不过这里仍然是将案件范围与公安机关内部的侦查部门分管直接关联，将经济犯罪案件限定为公安机关经济犯罪侦查部门管辖的刑事案件，不包括以资助方式实施的帮助恐怖活动案件，该类案件仍然由刑侦部门或者反恐部门直接管辖。公安机关经济犯罪侦查部门没有严格意义上的、适用于全国的经济犯罪侦查绩效考核规定或者办法，在公安部的相关材料以及各地方的公安工作总结中，也仅仅提交查处多少起经济犯罪案件、挽回多少经济损失。也就是说，虽然不存在完整意义上的经济犯罪侦查指标，但现阶段经济犯罪侦查工作主要考核两大点：查处经济犯罪案件比例指标和挽回经济损失数额指标。

1. 查处经济犯罪案件比例指标的计算公式为：

$$\frac{侦破经济犯罪案件的数量}{经济犯罪案件的立案数量}\times100\%$$

2. 挽回经济损失数额指标的计算公式为：

$$\frac{当年度挽回经济损失的数额}{前五年挽回经济损失的数额的平均数}\times100\%$$

（三）侦查评估二级指标：反腐侦查（监察调查）指标

根据《刑事诉讼法》《人民检察院组织法》的规定，我国检察机关既是国家法律监督机关，也是专职从事反腐侦查的国家机关。多年来，一直从事职务犯罪，包括贪污贿赂、渎职犯罪的侦查工作。相比较而言，欧洲体制下的检察官不直接向公众负责，也不以对抗制下的标准，如定罪率，来进行考核。相反，他们是隶属于司法体系的无派性（nonpartisan）的公务员，负责查明真相和追求公正。[①] 我国虽然也承认检察机关的客观性和公正性，但侦查职能和公诉职能的行使，决定了其追诉的天然本质。1979 年刑诉法将人民检察院直接受理的案件范围，界定为贪污罪、侵犯公民民主权利罪和渎职罪等 22 类。1996 年刑诉法在当时经济犯罪大幅扩大的情况下，将人民检察院自侦案件范围界定为贪污贿赂犯罪、渎职犯罪、侵犯公民人身权利公民民主权利的犯罪以及其他重大犯罪四大类，共约 52 类。多个刑法修正案罪名增删调整以后，增加了 6 类。

---

① ［美］艾瑞克·卢拉、［英］玛丽安·L. 韦德主编：《跨国视角下的检察官》，杨先德译，法律出版社 2016 年版，第 5 页。

不过，从我国的法律统计实践来看，1990年及以后的统计才基本遵循法律严格的管辖规定。在此之间，人民检察院的案件统计数据比较混乱，基本上按照刑法典分则的体系顺位进行，个别年度（如1989年以前）甚至出现了检察机关查处反革命案件、侵犯财产案件、妨害婚姻家庭案件的自侦统计数据。以下是根据《中国法律年鉴》归纳整理的，1986年至2017年间人民检察院自侦办案的具体数据：

1986—2017年我国检察机关办理自侦案件的相关数据

项目内容	受案	立案 合计		其中 大案	要案	结案 合计		其中 大案	要案	结案率 合计 百分比(%)	大案 百分比(%)	要案 百分比(%)
	件	件	人	件	人	件	人	件	人			
1986	—	62726	—	—	—	—	—	—	—	—	—	—
1987	—	43937	—	—	—	—	—	—	—	—	—	—
1988	—	46182	—	—	—	—	—	—	—	—	—	—
1989	—	92730	—	—	—	—	—	—	—	—	—	—
1990	175341	88595	104013	18806	1511	91418	109735	21648	1393	103.19	115.11	2.19
1991	161701	85621	99158	19666	1112	82430	97100	21494	906	96.27	109.30	81.47
1992	149023	78519	90906	27776	727	77681	90993	25934	610	98.93	93.37	83.91
1993	161321	72879	86647	25187	1149	65085	78052	20164	644	89.31	80.06	56.05
1994	169355	77956	92206	32003	1915	79812	95055	30269	1534	102.38	94.58	80.10
1995	176425	83685	98619	36548	2476	76784	91193	30734	1848	91.75	84.09	74.64
1996	180186	82356	96275	39727	2700	88574	104222	37822	2220	107.55	95.20	82.22
1997	153946	70477	80112	42194	2577	62336	71424	33460	1930	88.45	79.30	74.89
1998	108828	35084	40162	9715	1820	34081	38883			97.14		
1999	103356	38382	43533	13059	2200	34806	39396			90.68		
2000	104427	45113	50784	16121	2872	40770	45720			90.37		
2001	97240	45266	50292	19004	3013	41390	45910			91.44		
2002	86187	43258	47699	18496	2925	40776	44777			94.26		
2003	71032	39562	43490	18695	2728	37042	40639			93.63		
2004	68813	37786	43757	18611	2960	35138	40431			92.99		
2005	63053	35028	41447	18416	2799	32616	38457			93.11		
2006	57867	33668	40041	18241	2736	31774	37723			94.37		

续表

项目内容	受案	立案 合计	立案 其中 大案	立案 其中 要案	结案 合计	结案 其中 大案	结案 其中 要案	结案率 合计	结案率 大案	结案率 要案
	件	件	人	件	人	件	人	件	人	百分比(%)	百分比(%)	百分比(%)
2007	53978	33651	40753	19633	2706	32534	39322			96.68		
2008	51961	33546	41179	20805	2687	33749	41338			100.61		
2009	51868	32439	41531	21366	2670	32560	41505			100.37		
2010	49969	32909	44085	21732	2723	34821	46253			105.81		
2011	46833	32567	44506	22131	2524	32006	43718			98.28		
2012	46964	34326	47338	24626	2569	34922	48013			101.74		
2013	49044	37551	51306	27681	2871	35903	49225			95.61		
2014	63341	41487	55101	32285	4040	37844	50816			91.22		
2015	74169	40834	54249	32295	4568	36949	49387			90.49		
2016	65039	35397	47650		3349	32547	43738			91.95		
2017	44037	34163	46113		2996	40254	53751			117.83		

注：大案：指立案中，贪污贿赂案件数额在五万元以上，挪用公款数额在十万元以上，以及按照《人民检察院直接受理立案侦查的渎职侵权重特大案件标准（试行）》认定的案件。

要案：指立案的县处级以上干部犯罪案件。

数据来源：中国法律年鉴编辑部编辑：《中国法律年鉴》（1987—2018年卷）

从以上数据可以看出，检察机关自侦办案的考核指标主要是受案数、立案数和结案数。其中，立案数和结案数又分别从件数和人数上进行统计，还将大案和要案单独统计。从相关统计数据可以看出，检察机关自侦案件的特征与公安机关侦查管辖的案件特征完全不同，检察机关自侦案件的立案率不高，几乎只有50%左右，甚至个别年度只有30%。但结案率非常高，几乎都是90%以上，甚至个别年度存在超过100%的情况（这应该是包括了跨年度的积案、旧案）。这是因为检察机关管辖的贪污贿赂、渎职犯罪，相当比例的案件的发现，依赖于群众的报案和举报，而这些线索来源受案以后，可能很多根本不构成犯罪不需要追究刑事责任，因此不需要立案。一旦立案，就意味着嫌疑人可能确实存在贪腐犯罪行为，经过进一步的侦查取证，大多数可以确定有罪并结案。虽然结案率较高，但检察机关自侦案件的考核评估，仍然可以参照公安机关侦查评估的计算公式：

$$\frac{自侦案件的结案数量}{自侦案件的立案数量} \times 100\%$$

当然，伴随着 2016 年《关于在北京市、山西省、浙江省开展国家监察体制改革试点方案》《关于在北京市、山西省、浙江省开展国家监察体制改革试点工作的决定》的颁布，国家监察体制改革已经起航。2017 年 11 月 7 日，《中华人民共和国监察法（草案）》在中国人大网首次公布，向社会公开征求意见。12 月 22 日，监察法草案提请十二届全国人大常委会第三十一次会议二审。2018 年 3 月 20 日，十三届全国人大一次会议表决通过了《中华人民共和国监察法》。监察机关是在原有党委纪检和行政监察的基础上，吸收了人民检察院的反贪侦查、反渎职侦查以及预防犯罪的机构和职能，形成的一个全新的行使国家监察职能的专职机关。监察机关对行使公权力的公职人员进行监察，具体调查范围如下图：

职务违法　　　　职务犯罪

贪污贿赂　滥用职权　玩忽职守　权力寻租　利益输送　徇私舞弊　浪费国家资财

监察机关调查范围示意图

同时，由于监察机关和中国共产党的纪律检查委员会是合署办公的，所以其查处的案件范围除了涵盖违法与犯罪以外，还包括大量党纪政纪、道德纪律方面的内容。从京、晋、浙三地的国家监察体制改革试点情况来看，处理案件的绝对数量和相对比例均大幅上扬的同时，查处犯罪案件的数量却并未同步上升，这当然一方面意味着国家整体吏治环境有所改善，另一方面也是《中国共产党党内监督条例》"四种形态"的规定中，对第四种"严重违纪涉嫌违法立案审查的"明确界定为"只能是极少数"有关联。这种机构体制上的变革和监察调查重点上的转移，给反腐侦查或者监察调查的评估指标提出了富有开创性的挑战。根据《国家监察委员会管辖规定（试行）》的规定，监察机关管辖了六大类 88 个职务犯罪案件。万变不离其宗，对监察机关办理的刑事案件的调查评估指标体系，需要构建的仍然是破案率与定罪率，计算公式分别为：

$$破案率的计算方法：\frac{破案的数量}{刑事案件的立案数量} \times 100\%$$

定罪率的计算方法：$\dfrac{\text{定罪案件的数量}}{\text{刑事案件的立案数量}} \times 100\%$

(四) 侦查评估二级指标：其他各类侦查指标

在侦查评估指标体系中，还存在其他的二级指标，比如危害国家安全案件的侦查评估指标、监狱内部发生案件的侦查评估指标、军队内部刑事案件的侦查评估指标等，由于这几类侦查机关及侦查案件范围具有特定的局限性和特殊性，过去及现在也不存在这方面的考核与评估，在此不做赘述。公安机关内部还存在其他的享有侦查权的部门，相关工作也存在一定的侦查考核，下面简要做一个论述。

毒品案件的侦查指标。关于毒品案件的侦查统计情况，缺乏全国性的、比较准确详细的数据。根据《中国法律年鉴》中公安部提供的"公安工作"报告，2001年毒品案件立案数为11.1万起，从2002年以后，报告中仅提及毒品案件破案数，分别是11.2万起（2002年）、9.4万起（2003年）、9.8万起（2004年）、4.5万起（2005年）、4.6万起（2006年）、5.6万起（2007年）、6.2万起（2008年）、7.8万起（2009年）、8.9万起（2010年）、10.2万起（2011年）、13.2万起（2012）；随后的2013年有准确的数据，是15.0943万起；2014年后又只有一个概数，分别是14.59万起（2014年）、16.5万起（2015年）。从2006年开始，刑侦缉毒工作开始绩效考核，2007年则成为刑侦绩效考核的固定项目，2016年开始退出刑侦绩效考核范畴。由于全国各地公安机关均成立了专门的禁毒机构，毒品案件侦查工作的考核已经不由公安部刑侦局负责。按照公安部刑侦局原来的考核方案，缉毒工作应当由破获毒品案件数项、打击处理毒品犯罪嫌疑人数项和缴获毒品数项三部分组成，三部分可以按照一定的比例（比如2∶4∶4）形成一个综合得分。

2000—2018年我国毒品案件查处中的相关数据[①]

项目 内容	毒品案件破案数 （件）	打击处理毒品犯罪 嫌疑人数项（万名）	缴获毒品数项（吨）
2000	96000	6.9	27.32
2001	111000	7.3	18.14
2002	112000	9	13.83

---

① 数据来源：中国法律年鉴编辑部编辑《中国法律年鉴》，2001—2019年各卷。

续表

项目 内容	毒品案件破案数 （件）	打击处理毒品犯罪 嫌疑人数项（万名）	缴获毒品数项（吨）
2003	94000	6.37	15.36
2004	98000	6.7	13.5
2005	45000	5.8	15.12
2006	46000	5.6	13.6
2007	56000	6.7	16.4
2008	62000	7.3	15.7
2009	78000	9.2	26.47
2010	89000	10.1	23.32
2011	102000	—	21.4
2012	132000	13.1	45.1
2013	150943	—	42.33
2014	145900	16.89	68.95
2015	165000	19.4	102.5
2016	118000	16.75	82.12
2017	140000	16.9	89.2
2018	110000	13.7	67.9

边防案件的侦查指标。多年来，我国公安边防机关一直按照武警部队要求执行解放军的条令条例，但同时也是公安机关的重要组成部分。2018年3月，根据中共中央《深化党和国家机构改革方案》的规定，公安边防部队成建制划归公安机关全部转为人民警察编制，这意味着边防已经不再是军队属性。边防的任务是重点打击沿海及海上偷渡、走私、贩毒等违法犯罪活动，维护边防辖区治安秩序，维护国家边防安全，其对边境管理区6类案件有侦查权。从历年各类统计年鉴数据来看，其工作涉及黄赌毒、黑拐枪和走私、偷渡等问题，虽然部分年度也有具体的立案数、破案数甚至侦破率，但大多数年份只有破案数的数据（详见下表）。在公安部历年的公安工作汇报材料中，会将刑事案件和治安案件一起统计，如2013全年共发生刑事案件3.6万起，破获1.6万起；治安案件9.7万起，查处8.3万起。然后将各类具体案件类别进行归纳总结，如查获偷渡案件1030起3806人；查破毒品案件4257起5343人，缴获各类毒品8.2吨；查破走私案件1727起，案值4.1亿元；缴获各类枪支3353支（其中军用

枪32支）；查获毗邻国家地区非法入境人员1.2万余人，完成对台双向遣返2批211人；等等。从侦查评估指标体系的计算方式上看，也应当延续"破案数/立案数×100%"的模式。

1999—2017年公安边防机关刑事案件部分数据①

项目内容	立案数（起）	破案数（起）	破案率（%）
1999	—	7028	—
2000	—	—	—
2001	—	11167	—
2002	—	10098	—
2003	—	7272	—
2004	—	9782	—
2005	—	11158	—
2006	—	—	—
2007	—	12000	—
2008	—	12000	—
2009	—	13976	—
2010	—	16480	—
2011	—	17000	—
2012	—	17000	—
2013	36000	16000	44
2014	42857	18000	42
2015	—	16200	—
2016	—	17778	—
2017	—	18000	—

国内安全保卫案件的侦查指标。国内安全保卫是公安机关重要的政治保卫职能的捍卫者，也承担部分刑事案件的侦查，包括刑法分则第一章危害国家安全罪、第二章危害公共安全罪、第四章侵犯公民人身权利民主权利罪、第六章妨害社会管理秩序罪、第七章危害国防利益罪和第九章渎职罪中相关案件约30类。不过，由于这类案件的政治性较强，国际影响较大，目前国内不论是公安部门的公安工作报告，还是各类法律统计年鉴，对其的统计数据和考核评估几乎没有。考虑到我国的现实情况和这类案件侦查的特殊性，本书暂不将其列入侦查评估范畴。

---

① 数据来源：中国法律年鉴编辑部编辑《中国法律年鉴》，2000—2018年各卷。

治安管理部门侦查案件的侦查指标。公安机关内部的治安管理部门，既是我国重要的社会治安管理职能的承担者，也是部分刑事案件侦查职能的承担者。仅从案件类别的多寡来看，治安侦查涵盖了公共安全领域、社会主义市场经济秩序领域、公民人身权利民主权利领域、社会管理秩序领域和涉及国防利益领域的一百多类案件。从案件类别的具体数目来看，治安侦查涉及的案件数量仅略低于刑事侦查部门。从《中国法律年鉴》的记载看，治安侦查工作与治安违法惩处、治安行政管理工作经常混在一起。如2015年，全国公安机关治安部门在火车站、民用机场、重点码头及行业，共破获刑事案件1.8万起，查处治安案件20.9万起，处置突发个人极端行为事件19起；查破涉枪涉爆犯罪案件1.9万起，抓获嫌疑人2万人；查处利用互联网组织卖淫、赌博、制贩枪爆炸物品、非法买卖户口身份证等案件3.4万余起，抓获涉案人员8.1万余名；部署全国组织开展打击食品药品犯罪"利剑"行动，各地破获食品药品案件2.6万余起，抓获犯罪嫌疑人3.7万余名；组织开展打击环境污染犯罪"清水蓝天"行动，共破获污染水体环境类刑事案件2063起，污染土壤环境类刑事案件1543起，污染大气环境类刑事案件35起，分别抓获犯罪嫌疑人4601人、2874人、67人。[①] 由于涉及案件类别多、种类繁杂，且很多案件行政违法与刑事犯罪交叉，所以统计工作相对难度较大，一直没有形成统一的、规范的、全国性的考核评估体系。考虑到这种特殊情况和复杂性，本书暂不将其列入侦查评估范畴。

交通管理部门的侦查指标。公安机关内部的交通管理部门，在承担全国道路交通安全管理工作的同时，紧紧围绕保安全、保畅通、防事故的目标，狠抓源头路面管控，在公安体制改革背景下进行交管体制改革，大力破解交通发展中的难题和顽症，努力提高全国道路交通管理的层次和交通管理的水平，实现全国道路交通安全的持续与平稳。[②] 从《中国法律年鉴》的记载来看，涉及交通管理的主要数据包括：全年汽车增减数量、机动车保有量、驾驶人增减数量、道路通车里程新增公里等，以及全国接报涉及人员伤亡的道路交通事故和死亡人数同比的变化。考核的主要内容

---

① 中国法律年鉴社编辑部编辑：《中国法律年鉴2016》，中国法律年鉴社2016年版，第205页。

② 蒋菱枫：《破解难题治顽症 管理能力服务水平双提升》，《人民公安报》2016年1月15日第4版。

为各类道路交通事故和伤亡人数、财产损失的数量，几乎不涉及侦查工作。自从2011年《刑法修正案（八）》增加规定危险驾驶罪以来，交通管理部门管辖的刑事案件数量有了大幅上升，但由于危险驾驶罪一般是在交警查处过程中发现的，一旦确定车辆驾驶人员血液中的酒精含量大于或者等于80mg/100mL，达到醉驾的标准，即构成犯罪。因此，危险驾驶罪比较简单，一旦立案，破案必然是百分百。所以，对交通管理部门侦查工作的考核没有什么实际的意义、迫切的需求。

消防管理部门的侦查指标。公安机关内部的消防部门，承担了失火案等二类案件[①]的侦破工作。不过，由于公安消防工作更多地是从防止火灾发生的角度出发的，因此案件侦破工作并不是其主业。在公安部公安工作汇报中，对消防工作一般是从主动适应新形势新变化、大力推进法治消防建设、创新社会消防治理、强化灭火救援工作等方面，要求公安消防部队不断提升服务大局的能力和水平，使得全国火灾形势持续平稳下降，社会消防安全环境得到进一步改善。所以涉及消防的各类数据，多是发生火灾情况及伤亡、财产损失等，如2015年全国公安消防部门共接报火灾33.8万起，亡1742人，伤1112人，直接财产损失39.5亿元，与2014年相比，分别下降14.5%、4%、26.5%和16%。而对于具体二类案件的侦破工作，基本上没有做任何报道和统计。一则数量太少，缺乏对比性；二则很多火灾案件一旦发现故意纵火的，就应当移交刑侦部门负责侦查。根据2018年国务院机构改革方案，公安部的消防管理职责整合到新组建的应急管理部，公安消防部队作为综合性常备应急骨干力量，也转由应急管理部管理。考虑到消防部门侦查案件的稀有性和机构转隶的特殊性，本书不将其列入侦查评估范畴。

出入境管理部门的侦查指标。传统上，出入境管理部门并不直接行使侦查权，但根据公安部的规定，出入境管理部门可以协助刑侦部门共同管辖骗取出境证件案、提供伪造变造的出入境证件案等五类案件。在各类《中国法律年鉴》的记载中，均是关于全国公安机关出入境管理部门共签发内地居民因私出入境证件、签注多少亿本（次），同比增长多少，其中，护照多少万本，往来港澳地区签注多少万人次，往来台湾地区签注多

[①] 根据2018年4月17日中央纪委国家监委印发的关于《国家监察委员会管辖规定（试行）》的规定，消防责任事故案划归国家监委管辖，消防管理部门的侦查管辖范围进一步压缩。

少万人次，出入境通行证多少万本；签发外国人签证、停留居留证件多少万人次；等等。在防范打击制贩使用伪假出入境证件犯罪活动、组织毗邻国家人员非法入境、非法就业活动以及外国人骗取我国签证入境等违法犯罪活动中，配合刑侦部门侦破了一批大要案件，有力震慑了各类非法出入境活动。由于出入境部门的主业是出入境管理，侦查工作基本上都是配合而不是主体，所以其侦查工作几乎可以忽略不计，当然也就没有必要进行侦查评估。此外，根据 2018 年国务院机构改革方案，公安部的出入境管理、边防检查职责整合，组建国家移民管理局，由公安部管理。国家移民管理局的主要职责是，协调拟定移民政策并组织实施，负责出入境管理、口岸证件查验和边民往来管理，负责外国人停留居留和永久居留管理、难民管理、国籍管理，牵头协调"三非"外国人治理和非法移民遣返，负责中国公民因私出入国（境）服务管理，承担移民领域国际合作等。[①] 由于国家移民管理局归属公安部管理，原来出入境管理部门和边防部门行使侦查权的几类案件，估计还会继续保留，但如何继续进行行政管理和侦查考核，尚待下一步机构改革完成后继续研究。

二 侦查评估之一级指标：社会状态指标

（一）侦查评估二级指标：司法公正度指标

国家司法权力运作过程中，各种参与主体的各类因素综合需要达到的理想状态，就是司法公正。这是现代社会政治进步、社会民主、人权保障的重要标志，也是世界各国经济进步和国家稳定的重要支柱。司法公正是法律的本质内涵和应有之义，更是依法治国、依法诉讼的重要组成。具体来说，司法公正要求在司法活动的过程和结果中，能够完全体现出公平、平等、正当、正义的精髓。当然，作为一个口号提出是容易的，但如何确定司法公正、司法公正的标准如何掌握，却是各国理论界和实务界均在不断追求的主题。2007 年上半年，《瞭望》新闻周刊记者在基层调查中发现，目前中国越来越多的主体，都开始从法治角度去理解整个社会的发展进程，评价整个体制的转型的价值，剖析国家整体利益的分化现状。司法公正度已经成为社会评价司法活动的标准和尺度，无论是不甚懂法的基层

[①] 王勇：《关于国务院机构改革方案的说明——2018 年 3 月 13 日在第十三届全国人民代表大会第一次会议上》，《中华人民共和国全国人民代表大会常务委员会公报》2018 年第 4 期。

群众,还是参与法治建设的专业人士,在谈到法治建设时,都不约而同地谈到了司法不公问题。[①] 在这个背景下,为了实现司法公正的价值定位和目标取向,为了评估一个国家或者地区在特定历史时期司法公正的程度和情况,而提出了司法公正度这个专业的考核术语和评价标准。

如何界定司法公正度的概念和内容,仁者见仁、智者见智,目前尚未形成一个统一的标准。一般认为,评价司法公正性有两个基本标准:法律标准和社会标准。法律标准即人民法院的裁判要合乎相关法律的规定,认定事实无误,适用法律准确,公平而对等地用法律约束控、辩、审三方。社会标准没有详细的程序操作,尺度较之法律标准更有浮动性。社会标准的核心表现为社会舆论对裁判结果的赞同与否,侧重于探究民众对裁判的接受容忍程度。从人民法院每年的统计公报来看,最能反映司法公正与否的指标便是服判息诉率,这是人民群众特别是参与诉讼的群众对司法公正的最直观反馈。简单地说,一定程度上可以说明,二审后的服判息诉率可以评估具体个案中的司法公正,从制度指标上量化司法机关的司法能力,用客观的数字直观地评价各级法院的工作。[②] 当然,侦查评估范畴内的司法公正度指标,不能完全等同于人民法院的标准,而应当与侦查工作任务和特色紧密结合,体现出对侦查工作的指导意义和评价作用。具体地说,司法公正度指标应当包括以下几点内容:

1. 侦查活动不受非法干预。由中国人民大学法学院朱景文教授主持编写的《中国法律发展报告》2015年《中国法治评估指标》中,设定了包括法治实施体系在内的六个一级指标,一级指标法治实施体系下2.2司法适用二级指标中,列举了司法独立、司法公正等五个三级指标。2.2.1司法独立指标的调研中,对"公安机关侦查活动是否受到非法干预"进行了专题的调研,调研结果如下表。被调查者分为三大类:公众、执业者和专家。在不同的被调查者中,公众认为侦查活动受到非法干预的程度最小,公众对侦查活动抵制非法干预的能力给予的分数也最高。平均来看,侦查活动是否受到非法干预这一问题,获得了25.4%的好评,32.3%的差

[①] 郭奔胜、傅丕毅:《探索中国法治标准》,《瞭望》2007年第19期。
[②] 张晓璐:《指标之外的公正——从心理学实证分析司法公正感受度》,载于《公正司法与行政法实施问题研究(全国法院第25届学术讨论会获奖论文集)》(上),人民法院出版社2014年版,第176—186页。

评，综合得分68.8分[1]，在中等水平以下，社会认可度偏低，具体数据见下表。传统研究司法独立，一般是将法院的审判活动相对独立视为当然的研究对象。不过，按照刑法对司法工作人员的界定，承担侦查、检察、审判、监管职责的人员都属于司法工作人员，因此都应该属于广义上的司法研究的范畴。侦查活动是否受到各类非法干预，是衡量和评价一个国家、一个地区侦查工作司法公正度的重要内容，是侦查评估活动必须重视的指标体系。朱景文教授的研究，为我们这里的司法公正度提供了一个三类调查对象"评价+赋值"的考核方式，值得推广。

"公安机关侦查活动是否受到非法干预"调查结果统计表[2]

被调查者	好评%	中评%	差评%	合计%	根据赋值计算得分
公众	33.1	48.1	18.9	100.0	71.6
执业者	23.9	34.8	41.3	100.0	67.3
专家	19.1	44.3	36.6	100.0	67.5
平均	25.4	42.4	32.3	100.0	68.8

2. 警务公开与警务透明度现状。在中国人民大学法学院朱景文教授设定的一级指标法治实施体系下，2.2司法适用二级指标下还有一个2.2.4司法公开，其中对审判公开、检务公开、警务公开和狱务公开进行了调研。其中的警务公开，值得我们学习和借鉴。根据朱景文教授的调研，不同的被调查者对警务公开水平的评价有一定差距，但是差距较小；平均来看，执业者略高于专家给予的评价。综合不同的被调查者来看，警务公开综合水平在中等水平以下，社会认可度较低，具体数据见下表。需要注意的是，警务公开不等于侦查公开，1999年公安部《关于在全国公安机关普遍实行警务公开制度的通知》已明确规定，警务公开是指公安机关的执法办案和行政管理工作的公开，法律法规规定不能公开的事项除外。相比较而言，也许使用警务透明度这个词语，更加容易理解和明晰。

---

[1] 2016年该项目得分71.7分，有显著进步。——朱景文主编《中国人民大学中国法律发展报告2016：基于九个省数据的法治指数》，中国人民大学出版社2017年版，第84页。

[2] 朱景文主编：《中国人民大学中国法律发展报告2015：中国法治评估指标》，中国人民大学出版社2016年版，第88页。

"被调查者对警务公开的评价与评分"调查结果统计表[①]

被调查者	好评%	中评%	差评%	合计%	根据赋值计算得分
执业者	15.9	34.6	49.6	100.0	65.1
专家	9.7	40.9	49.4	100.0	64.6
平均	12.8	37.7	49.5	100.0	64.9

2018年3月22日,由中国社会科学院法学研究所和社会科学文献出版社联合主办,"法治蓝皮书《中国法治发展报告No.16(2018)》发布暨2018年中国法治发展研讨会"在北京举行。中国社会科学院法学研究所法治指数创新工程项目组,研发出中国警务透明度指标体系,并首次发布了中国警务透明度指数。以公安机关网站公开为视角,围绕着"基本信息公开""服务公开""执法公开"对27家省会城市的公安机关和4家直辖市公安机关的警务公开进行评估。[②] 2018年,中国警务透明度指数评估对象进一步扩大,将大连、青岛、宁波、厦门、深圳等5个计划单列市的公安机关纳入评估范围,至此评估对象扩展至36个。[③] 警务透明度指数为我国的警务公开研究,特别是由警务公开引申出来的司法公正度的评估,提供了一定的思路和基础。2018年中国警务透明度指标体系由"基本信息公开""便民服务""执法公开""数据公开"4个一级指标组成,2018年36家公安机关的警务透明度指数平均得分为66.53分。当然,警务透明度指数的研究尚属起步阶段,其研究对象仅仅依据公安机关网站信息公开为视角,有一定的局限。公安机关警务活动,特别是侦查活动的主体内容,存在于公安内网不对外,公开的外网信息纯属宣传作用。在中国社会科学院法学研究所法治指数创新工程项目组进行的调查中,多个评估对象以"所申请内容保密""不属于政府信息"或"不掌握相关数据"

[①] 朱景文主编:《中国人民大学中国法律发展报告2015:中国法治评估指标》,中国人民大学出版社2016年版,第100页。

[②] 李林、田禾主编:《中国法治发展报告No.16(2018)》,社会科学文献出版社2018年版,第289—307页。

[③] 中国社会科学院法学研究所法治指数创新工程项目组:《中国警务透明度指数报告(2018)——以公安机关网站信息公开为视角》,载于《中国法治发展报告No.17(2019)》,社会科学文献出版社2019年版,第273—297页。

为由不予公开，表明公安机关在警务数据公开工作中存在一定问题。此外，警务透明度指数尚未达到全覆盖，只是全国部分主体城市的测评，缺乏全国性、统一性的结论，有值得继续改进和完善的地方。

3. 侦查结论的司法（诉讼）认可度指标。侦查机关的侦查活动最后的结论，就是形成一个有明确意见的《结案报告》，以及如果认定构成犯罪依法需要追究刑事责任的《起诉意见书》。从刑事诉讼的阶段发展和审判中心主义的要求，侦查机关的侦查结论是否得到司法（诉讼）的认可，最直接的标志就是人民法院的生效判决书以及再审程序中的改判决定书。不论是一审判决书、二审判决书还是再审判决书，一旦人民法院认定被告人无罪或者再审改判，即意味着侦查工作的最后结论被推翻，侦查工作存在程序上或者实体上的问题，需要纠正。虽然现在无法找到关于公安机关刑事案件最后被判处无罪或者再审改判的数据，但由于公安机关刑事案件的绝对数量和相对比重，人民法院关于刑事无罪判决和再审改判的数据，应该主要是公安机关侦查工作贡献的。根据历年最高人民法院工作报告和《中国法律年鉴》的统计，近9年我国法院的无罪判决数量和再审改判数据以及万分比重如下（个别数据根据工作报告推算出来）：

近9年我国法院的无罪判决数量和再审改判数据及比重①

年代	本期生效判决 件	本期生效判决 人	宣告无罪数据（名）	再审改判案件（件）	宣告无罪比重‰	再审改判比重‰
2010	656198	1007419	999	1378	9.92	21.00
2011	700660	1051638	891	1236	8.47	17.64
2012	816759	1174133	727	1246	6.19	15.26
2013	953976	1158609	825	1176	7.12	12.33
2014	1023017	1184562	778	1317	6.57	12.87
2015	1099205	1232695	1039	1357	8.43	12.35
2016	1116000	1220000	1076	1376	8.82	12.33
2017	1296802	1274134	775	1521	6.08	11.73
2018	1198383	1430091	819	1821	5.73	15.20

需要说明的是，以上表格数据中，宣告无罪的比重是根据宣告无罪的

---

① 数据来源：中国法律年鉴编辑部编辑：《中国法律年鉴》（2011—2019年卷），后面的比重数据是根据前面数据计算出来的。

被告人的数据除以本期生效判决涉及的被告人数得来，准确度较高；而再审改判比重虽然也是根据再审改判案件数量除以本期生效判决件数得来，但由于再审改判的案件大多数跨年度，甚至有一些案件可以跨越数十年，因此这种数据比重仅具参考价值。宣告无罪和再审改判均体现的是人民法院对早期侦查工作的否定，因此司法认可度指标应当是根据其反向数据才是准确的，即每一年度的非宣告无罪比重为（1-宣告无罪比重数据），非再审改判比重为（1-再审改判比重数据），两者进行平均后的数据为该年度的司法认可度数据。具体计算公式为：

$$\frac{(1-宣告无罪比重)+(1-再审改判比重)}{2}\times 10000‰$$

依据这个公式，最后可以按照百分制赋值计算，得出近九年来我国侦查结论的司法（诉讼）认可度数据分别为：84.54（2010年）、86.94（2011年）、89.28（2012年）、90.28（2013年）、90.28（2014年）、86.97（2015年）、89.43（2016年）、91.09（2017年）、89.54（2018年）。

（二）侦查评估二级指标：社会安全的指标

尊重和保障人权，是我国宪法规定的对人权的最高定位。在一个具体的国家和社会中，人权是一个具体化的道德与伦理的体现，是需要社会上各项权利的支撑和维护，是需要社会稳定秩序和安全环境来保障。联合国世界人权宣言（*Universal Declaration of Human Rights*，简称 UDHR）及国际经济社会与文化权利公约（*International Covenant on Economic Social and Cultural Rights*，简称 ICESCR），均将社会安全权视为基本人权。在一个社会安全没有保障的国家，奢谈人权是毫无意义的。社会安全的指标反映了社会秩序与安全受到保障的程度，这是法治社会的社会基础，也是一个国家社会状态好坏的直接反映。我国各类现行的法治评估指标中，大多均有相关的介绍和应用，比如朱景文教授主持的《中国法律发展报告》2015年《中国法治评估指标》中，关于社区安全方面，就"从治安角度考虑，您所在的社区安全不安全"进行了调研问卷，从指标反映情况来看，公众对社区治安的好评率远远高于差评率，说明公众对社区治安的总体满意程度较高，对治安状况评价较好。[①] 这就是一种最直观的、主观性

[①] 朱景文主编：《中国人民大学中国法律发展报告2015：中国法治评估指标》，中国人民大学出版社2016年版，第233页。

较强的社会安全评价方式。当然，在这方面，国家统计局和中国统计学会已经进行了多年的实践，已经形成了较为科学的、合理的社会安全评价指标体系，其蕴含在地区发展与民生指数（Development and Life Index，简称 DLI）中。地区发展与民生指数，是中国统计学会为客观、全面反映各地区发展与民生状况，组织有关专家研究并测算出来的一套体系框架（如下图）。

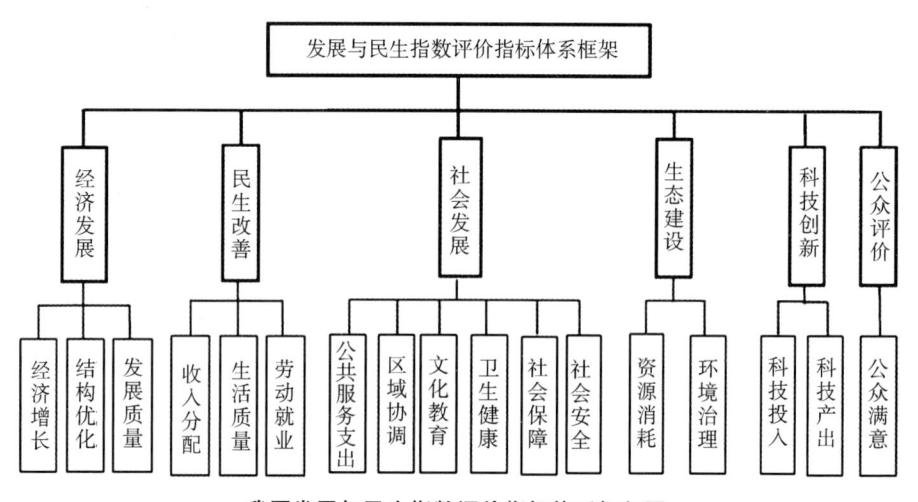

```
发展与民生指数评价指标体系框架
├─ 经济发展 ─┬─ 经济增长
│            ├─ 结构优化
│            └─ 发展质量
├─ 民生改善 ─┬─ 收入分配
│            ├─ 生活质量
│            └─ 劳动就业
├─ 社会发展 ─┬─ 公共服务支出
│            ├─ 区域协调
│            ├─ 文化教育
│            ├─ 卫生健康
│            ├─ 社会保障
│            └─ 社会安全
├─ 生态建设 ─┬─ 资源消耗
│            └─ 环境治理
├─ 科技创新 ─┬─ 科技投入
│            └─ 科技产出
└─ 公众评价 ─── 公众满意
```

我国发展与民生指数评价指标体系框架图

DLI 指数评价指标体系包括经济发展、民生改善、社会发展、生态建设、科技创新、公众评价六大方面，共 42 项指标。DLI 指数的计算与合成，在学习和借鉴的基础上参考了联合国人类发展指数（HDI）等的做法，根据指标的上、下限阈值来计算各个指标的评价指数（即无量纲化），指数介于 0—100 之间，根据指标权重合成分类指数和总指数。[①] 社会发展指标体系中的社会安全指数，是一个合成指数，表示社会安全的状态。社会安全指标是评价一个国家或地区社会安全状况总体变化程度的重要指标，是国家统计局全面建设小康社会统计监测指标体系的重要指标之一。作为衡量一个国家或地区社会安全要素的指标体系，社会安全指标主要考核四个领域的不同指标，具体内容如下图：

[①] 中国统计学会：《〈2011 年地区发展与民生指数（DLI）报告〉图表及相关解释》，《中国信息报》2013 年 2 月 8 日第 2 版。

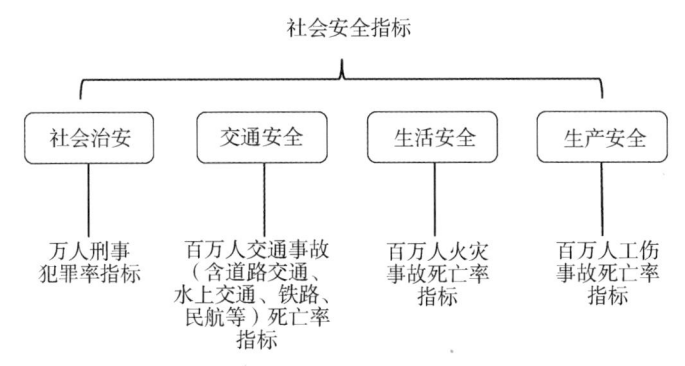

第五章 我国侦查评估指标体系的合理建构 231

```
                        社会安全指标
        ┌───────────┬──────────┬──────────┐
    社会治安      交通安全      生活安全      生产安全
    万人刑事    百万人交通事故   百万人火灾    百万人工伤
    犯罪率指标   （含道路交通、  事故死亡率    事故死亡率
              水上交通、铁路、   指标         指标
              民航等）死亡率
                指标
```

社会安全指标的适用领域和具体指标示意图

社会治安、交通安全、生活安全、生产安全等领域的具体数据，来源于人民法院、公安机关、安全生产管理部门统计资料，每年的《中国统计年鉴》《中国法律年鉴》中也有体现。社会安全指数的具体计算公式为：

$$\frac{基期每万人刑事犯罪率}{报告期每万人刑事犯罪率}\times 25\%+\frac{基期每百万人交通事故死亡率}{报告期每百万人交通事故死亡率}\times 25\%+$$

$$\frac{基期每百万人火灾死亡率}{报告期每百万人火灾死亡率}\times 25\%+\frac{基期每百万人工伤事故死亡率}{报告期每百万人工伤事故死亡率}\times 25\%$$

不过，由于国家统计局和中国统计学会的这套 DLI 指数评价指标体系，主要是应用于对我国地方（各个省及地市）进行考核的，如果需要对全国社会安全指数进行统计，需要对其中个别数据和计算方法微调，全国性的社会安全指数的计算公式应当为：

$$\frac{前五年全国平均每万人刑事犯罪率}{当年全国每万人刑事犯罪率}\times 25\%+$$

$$\frac{前五年全国平均每百万人交通事故死亡率}{当年每百万人交通事故死亡率}\times 25\%+$$

$$\frac{前五年全国平均每百万人火灾死亡率}{当年每百万人火灾死亡率}\times 25\%+$$

$$\frac{前五年全国平均每百万人工伤事故死亡率}{当年每百万人工伤事故死亡率}\times 25\%$$

当然，我国对社会安全指标的评估，还不仅仅只有 DLI 这一种指数体系。2017 年 9 月，中国社会科学院城市发展与环境研究所、中国博士后特华科研工作站、深圳市民太安风险管理研究院正式发布了《公共安全蓝皮书：中国城市公共安全发展报告（2016—2017）》，由社会科学文献出版社正式出版①。这是由我国学术机构和社会相关研究机构通过合作，共同研制的城市公共安全状况的发展报告，成为首个专题研究中国城市公共安全的指数报告。报告通过采集全国 35 个主要城市的相关数据，计算出我国的城市公共安全指数，形成了一套相对科学、比较完整的城市公共安全评价方案。根据该报告的数据记录，从评价过程和结果方面，对全国 35 个城市的公共安全情况进行排名和比较分析。

（三）侦查评估二级指标：当事人满意度指标

当事人是案件的直接利害关系人，对案件的启动、发展和结束均有着重要的联系和决定性作用。侦查活动的好坏，不仅仅从法律规定、机构职能、任务配置角度考虑，还应当适度考虑当事人的满意度。西方有学者指出，要客观衡量警察力量的指标，至少还应当把其服务的对象即公民对警察的态度放入警察力量的测量指标中。② 2018 年 1 月，习近平总书记在新进中央委员会的委员、候补委员和省部级主要领导干部学习贯彻习近平新时代中国特色社会主义思想和党的十九大精神研讨班开班式上提出，"时代是出卷人，我们是答卷人，人民是阅卷人"。这为我国的政法综治工作（当然也包括侦查工作）进一步指明了方向。2018 年 3 月，习近平总书记在十三届人大闭幕会议上重申，把人民拥护不拥护、赞成不赞成、高兴不高兴、答应不答应作为衡量一切工作得失的根本标准。

我国从中央到地方，包括侦查工作在内的政法工作，一直特别注意对当事人满意度的关注和提升，如河南省各级政法机关通过 2017 年一年来的努力，向党和人民交上一份优秀的答卷。据统计，河南省 2017 年度全省的公众安全感、执法满意度分别达到 93.5%、90.6%，同比分别上升 2.1、1.6 个百分点，尤其是执法满意度，第一次突破 90%。③ 当然，具体当事人到侦查工作的满意度，其实停留在两个方面，一方面

---

① 黄育华、杨文明、赵建辉主编：《中国城市公共安全发展报告（2016—2017）》，社会科学文献出版社 2017 年版，第 80 页。

② J. D. Jobson and Rodney Schneck, "Constituent Views of Organizational Effectiveness: Evidence from Police Organizations", *Academy of Management Journal*, No. 1, 1982, pp. 25-46. 转引自樊鹏《社会转型与国家强制：改革时期中国公安警察制度研究》，中国社会科学出版社 2017 年版，第 35 页。

③ 张亮、赵红旗：《向党和人民交上一份优秀答卷：河南公众安全感执法满意度持续提升》，《法制日报》2018 年 2 月 2 日第 1 版。

是被害人一方对侦查工作的满意度,另一方面是犯罪嫌疑人一方对侦查工作的满意度。

毫无疑问,满意度是被访者的主观评价,带有强烈的主观色彩。司法满意度评价表面上似乎是"公说公有理,婆说婆有理",但如果一种评价占相当大比例,这种主观评价就具有不小的客观意义。① 在中国人民大学法学院朱景文教授主持编写的《中国法律发展报告》2015 年《中国法治评估指标》中,一级指标法治实施体系下 2.2 司法适用二级指标中,2.2.5 司法效率下面的 2.2.5.3 是侦查效率,一定程度上可以代表被害人一方对侦查工作的满意度。从下表的这个结果来看,公众对刑事侦查的效率明显不太满意。

"公众对刑事侦查效率的评价与评分"调查结果统计表②

司法领域	评价				根据赋值计算得分
	好评%	中评%	差评%	合计%	
刑事侦查	19.4	35.8	44.8	100.0	66.8

而在 2.2.2 司法公正三级指标中,为了更好地向社会公众进行调查,选取一定的能够代表司法领域的典型问题,其中第一个问题就是"侦查过程中警察是否刑讯逼供"。这是一个非常敏感的话题,也是最能体现犯罪嫌疑人一方对侦查工作的满意度的问题。从朱景文教授《中国法治评估指标》中反馈的结果来看,结果尚可,没有想象中的严重(见下表)。

"侦查过程中警察是否刑讯逼供"调查结果统计表③

司法领域	评价				根据赋值计算得分
	好评%	中评%	差评%	合计%	
刑讯逼供	39.9	36.4	23.7	100.0	72.0

---

① 朱景文:《司法满意度的社会评价——以 2015—2017 年法治评估数据为基础》,《中国应用法学》2018 年第 3 期。

② 朱景文主编:《中国人民大学中国法律发展报告 2015:中国法治评估指标》,中国人民大学出版社 2016 年版,第 105 页。

③ 朱景文主编:《中国人民大学中国法律发展报告 2015:中国法治评估指标》,中国人民大学出版社 2016 年版,第 92 页。

（四）侦查评估二级指标：群众安全感指标

群众安全感指标不同于社会安全指数，后者是一系列客观指数的汇编和统计，而群众安全感则是一个相对主观的反馈。群众安全感，也被称为公众安全感，美英等国研究人员将其称为恐惧感或者犯罪恐惧感，比利时学者将其称作不安全感。安全感的感受客体是社会治安秩序与公共安全的现状。[①] 1983年，中共中央国务院、全国人大常委会在决定开展严厉打击严重刑事犯罪分子活动的相关文件中，第一次提出要将人民群众普遍具有安全感作为社会治安根本好转的标志。[②] 1988年5月，公安部公共安全研究所主持的《社会秩序与公共安全指标体系》总课题下的第一项子课题《公众安全感指标研究与评价》进入研究阶段，公共安全感被正式纳入理论研究范畴，其标志性成果为《你感觉安全吗？——公众安全感基本理论及调查方法》，这本书于1991年在群众出版社正式出版。

国家统计局从1991年开始做全国安全感问卷调查，零点市场调查公司从2002年起做上海公众安全感问卷调查。[③] 不过1991年开始的这种问卷调查结果，并没有形成结论公之于众。据国家统计局相关负责人介绍，从2001年开始，根据中央综治委的要求，国家统计局组织实施全国群众安全感调查，由人口司负责，与每年人口抽样调查同步开展，调查方式为入户调查。2001—2007年的全国群众安全感抽样调查数据，广泛见于各类媒体和网络，具体内容见下表。自2001年以来连续7次的"全国群众安全感抽样调查"结论都是：绝大多数中国群众表示"具有安全感"，而且群众的安全感在逐年上升。不过，民间调查机构零点研究咨询集团的跟踪调查，却给出了不完全相同的结果，认为居民社会治安安全感呈现波动下降态势，其中城镇居民安全感波动幅度较小，而农村居民安全感波动幅度较大，尤其在2007年农村居民安全感首次低于城镇居民。居民安全感的下降，从侧面反映出社会治安问题的日益严峻性。

[①] 公安部公共安全研究所编著：《你感觉安全吗？——公众安全感基本理论及调查方法》，群众出版社1991年版，第18—20页。

[②] 姜兰昱、杨学峰：《从因变量到自变量——犯罪恐惧感研究的发展与启示》，《晋阳学刊》2013年第6期。

[③] 林荫茂：《公众安全感及指标体系的建构》，《社会科学》2007年第7期。

2001—2007 年度全国群众安全感抽样调查数据对比[①]　　（单位:%）

	很安全	安全	基本安全	不太安全	不安全	安全比例	不安全比例
2001	6.20	31.60	43.60	14.50	4.10	81.40	18.60
2002	6.90	35.60	41.60	12.40	3.50	84.10	15.90
2003	—	32.80	58.39	—	8.81	91.19	8.81
2004	—	34.51	53.33	—	9.16	87.84	9.16
2005	—	37.10	54.80	—	8.10	91.90	8.10
2006	15.40	40.10	36.50	5.80	2.20	92.00	8.00
2007	20.80	42.80	29.70	5.20	1.50	93.30	6.70
平均	18.10	41.45	33.10	5.50	1.85	92.65	7.35

　　2004 年以来，国家统计局先后组织实施了 1600 多项的有关社情民意的专题调查项目，培育出思想动态调查、安全感调查、组织工作满意度调查、地方党政领导班子及其领导干部满意度调查、部门行风评议、地方政府绩效评测等支柱项目。按照国家统计局的部署和要求，各个省级统计机构的社情民意调查中心也开展了制度建设和硬件建设，先后拥有各类计算机辅助电话线路 1000 多条。同时，工业和信息化部批准设立 12340 专用号段，作为全国社情民意调查热线，专门用于各类社情民意的调查工作。2006 年 9 月 5 日，中央机构编制委员会办公室批复同意，在国家统计局中国统计信息服务中心加挂"国家统计局社情民意调查中心"牌子，负责指导和规范全国统计系统的社情民意调查工作，承接中央和国务院有关部门委托的社情民意调查任务并组织具体的实施工作等。2007 年 5 月 28 日，国家统计局发出通知，决定中国统计信息服务中心（国家统计局社情民意调查中心，简称 CSISC）与中国经济景气监测中心实施合署办公。合署办公后的单位全称为"中国统计信息服务中心（国家统计局社情民意调查中心）、中国经济景气监测中心"，简称为"信息景气中心"。中心对外开展业务时可视不同情况，分别使用中国统计信息服务中心、国家统计局社情民意调查中心、中国经济景气监测中心的机构名称和印章。2009

[①] 数据来源：国家统计局 2001—2007 年全国群众安全感抽样调查主要数据公报。

年开始，安全感调查的调查方式改为计算机辅助电话调查（CATI），各省（区、市）群众安全感调查主要受各省级政法、综治部门委托，服务于各省级政法、综治部门工作的实际需要，问卷不完全一致，有共性的内容，差别也不小。[①] 2012 年起，在全国社情民意调查平台基础上，"信息景气中心"正式开展智能搜索引擎和网络舆情监测技术研究和探索，并面对各级党政机关、职能部门、事业单位、学术机构、社团组织、品牌企业等提供舆情监测及分析、大数据研究与应用、危机公关传播等系列专业服务。从网络资料来看，根据全国社会治安满意度调查结果，2012 年、2016 年、2017 年全国人民群众的社会治安满意度分别是 87.55%、91.99% 和 95.55%。

全国群众安全感调查，其实不仅仅存在于全国层面的国家统计局社情民意调查中心，也延伸到中央政法单位，以及地方政府和地方政法机关。2014 年 9 月，中央综治办在整理 2013 年全国各地群众安全感调查的方案、主要内容、具体数据的基础上，通过材料剖析，出版了《全国群众安全感年度报告》（2013 年卷，中国长安出版社 2014 年版），其中列出当前严重影响群众安全感的违法犯罪问题及对策研究。2013 年 10 月，河南省公安厅审议通过了《关于印发〈河南省公安机关关于进一步加强和改进刑事执法上作切实防止发生冤假错案的十项措施〉的通知》，其中规定废除破案率，强化执法质量考评结果运用，进一步健全完善执法办案考评标准，建立以规范执法为主线、以群众满意为主要目标、以各部门参与为基础、以信息化考核为主要手段的科学绩效考评体系。[②] 从 2008 年开始，宁夏回族自治区开展了公众安全感调查，调查问卷分为三大板块：公众安全感调查、基层基础工作和政法工作队伍。2009 年开始将其作为评判长效机制，2010 年开始调查方法改为电话调查。每年发放调查问卷（2008 年国家在宁夏发放 2000 份、2009 年国家在宁夏发放 5000 份）或者有效电话样本 10000 份，分别涉及各类问题 40 个（2008 年，国家 22 个）、35 个（2009 年，国家 15 个）、12 个（2010 年）、14 个（2012 年）。历年得分分别是 77.61 分（2008 年国家对宁夏的给分是 93.01 分）、83.46 分

[①] 莉莉、冯锐、岳波：《三问群众安全感和满意度指数的"前世今生"》，《人民公安报》2013 年 8 月 26 日第 5 版。

[②] 刘子倩：《河南警方废除破案率指标 媒体称其转身令人瞩目》，《21 世纪》2013 年第 12 期。

(2009年)、91.26分（2010年）、91.47分（2011年）、91.46分（2012年）。

三 侦查评估之一级指标：发展潜力指标

（一）侦查评估二级指标：人力资源指标

人力资源（Human Resource，简称HR），又称劳动力资源或劳动力，是指能够推动整个国家经济、社会发展、社会进步，同时具有劳动资源和劳动能力的社会人口的总和。经济学上，则把资源限定为能够创造物质财富而投入生产活动的一切要素，包括人力资源、信息资源、时间资源、物质资源、财物资源等。其中，人力资源是所有资源中，最宝贵、最重要、最不可替代的资源，常常被称为第一资源或者基础性资源。马克思在批判地继承了古典经济学劳动价值论的基础上，建立了科学的劳动价值理论，在承认和高度评价人的素质在劳动生产中的决定性作用的同时，实际上认可人力资源是一种重要的经济资源。[1] 人力资源已经成为现代社会企业管理中广泛运用的一个概念，常常被引申为对价值创造起贡献作用的教育、能力、技能、经验、体力等系列因素的总称。首创人力资源概念的美国人力资源大师戴夫·乌尔里克（Dave Ulrich），在20世纪90年代出版的《人力资源最佳实务》（Human Resource Champions）中，讨论了人力资源管理可提交的成果（deliverables），确定了人力资源专业人员在人力资源管理中所扮演的四种角色：员工拥护者、管理专家、变革代理人以及战略合作伙伴。[2] 并在随后的研究中提出，人力资源管理专业人员要把思考的重心从原先的"可做的事"转移到了前瞻性的"将要发生的事"上。[3] 在此之前，人力资源一直被叫作人事管理（Human Management）。当然，就今天国内的研究现状来看，人力资源更多停留在企业管理中，党政机关内部的仍然被称为人事管理，但人事管理确实在很多地方开始吸收和借鉴人力资源的相关理论和研究成果。

侦查评估指标体系中的发展潜力指标，必须将人力资源指标纳入此项

---

[1] 李华：《马克思恩格斯的人力资源思想》，《当代经济研究》2005年第12期。

[2] [美] 戴夫·乌尔里克、韦恩·布罗克班克：《人力资源管理价值新主张》，吴雯芳译，商务印书馆2008年版，前言。

[3] [美] 戴夫·乌尔里克编著：《人力资源管理新政》，赵曙明译，商务印书馆2007年版，引言。

研究的范畴中。2012年7月19日,我国首部人力资源蓝皮书《中国人力资源发展报告(2011—2012)》,由社会科学文献出版社、中国人事科学研究院和中国劳动科学研究院联合发布。自此之后,社会科学文献出版社每年均发布并公开出版一本人力资源蓝皮书,从就业形势、人才队伍、工资收入、社会保障、劳动关系等方面进行年度报告,这些报告内容也正是人力资源指标需要考核和研究的内容。当然,对大多数企业和单位人力部门制定新的年度规划时,首要考虑的三大人力资源模块是:薪酬管理规划、人员配置、招聘规划。随着国家经济形势的发展,大多数处于发展期的企业规模不断扩大,企业对于人员的激励和培养需要投入更多精力,合理的绩效激励体系和人员培养计划也就越发重要。不过,由于侦查部门的国家机构属性和侦查工作的行政权力属性,决定了其薪酬和人员招聘的稳定性,必然都纳入国家宏观编制计划和各个地方编制财务计划,这是侦查部门无法决定和调控的。

侦查机关内部人员的流动和部门之间人员的配置,这是一个地方性的和可调性的人力资源指标。以公安机关为例,虽然一般说来,公安机关内部各个部门之间的人员配置是相对固定的,但由于人员的流动性和时间的推移,必然会出现一些变化,比如公安机关新进人员的部门分配、每年度退休人员的比例、不同部门之间正常的人员调整等,都可能对某一个具体部门的人力资源产生影响,从而最终影响侦查工作的结果。除了人员稳定性外,工资和奖金虽然现在因为实行国家政法专项编制应不存在拖欠或者挪移,但不排除某些地方会存在阳奉阴违、拆东墙补西墙的实例,因此也值得考察。还有,虽然工资和奖金的发放一般应当没有问题,但办案经费的报销是否及时,也是一个影响侦查工作的重要的人力资源指标。基于此,在发展潜力指标下的二级人力资源指标中,需要设置三个三级指标:

1. 侦查人员数量的稳定性指标。侦查人员的相对数量和绝对数量应当保持一定的稳定性。随着社会治安形势、国家安全要求的提升和发展,侦查人员的绝对数量也应当保持稳步递增趋势。我国人民警察的数量,从1986年的120万(刑事警察15万,下同),到1988年的135万(7.9万),再到1990年的138万(7.9万)、1991年的148.4万(8.1万)、1992年的147.7万(8.2万),2004年数量小幅下降为131.9万(刑事警察数据缺),2007年增加到160万,2016年激增至230万。侦查人员数量的稳定性指标中,主要数据源有三个:当年度国家或某个地区人口总数、人民警察总数和刑事警察总数。当年度国家或某个地区人口总数可以从国家统计局每年公布的《中国统计年鉴》中获得，人民警察总数和刑事警察总数需要公安系统有关部门收集和统计。计算公式分别为：

$$警民比的计算方法：\frac{当年度全国人民警察的数量}{当年度全国的人口总数量} \times 10000‰$$

$$刑警与警察比的计算方法：\frac{当年度刑事警察的数量}{当年度人民警察的数量} \times 100\%$$

在依据上面公式计算出万人警民比、刑警与警察比之后，将当年警民比的数值除以前五年警民比平均数，加上当年刑警与警察比的数值除以前五年刑警与警察比的数值，两个数字综合后的平均分，即为侦查人员数量的稳定性指标。最后的计算公式为：

$$\frac{当年度警民比的数值}{前五年度警民比平均数} \times 50\% + \frac{当年度刑警与警察比的数值}{前五年度刑警与警察比平均数} \times 50\%$$

2. 侦查人员薪酬等及时性指标。美国学者琼斯认为，警察预算开支并不反映地方犯罪率，这是因为地方决策者可能并不认为犯罪数据是调整预算的唯一标准，或许有其他更重要的指标作为警察经费预算的标准。[①] 不过，我们这里探讨的不是整个警察队伍的工作预算，而是个人的工资薪酬等的及时发放问题。侦查人员是我国行政机关的工作人员，我国公务员法第2条规定的公务员，是指依法履行公职、纳入国家行政编制、由国家财政负担工资福利的工作人员。人民警察法第37条规定，国家保障人民警察的经费。人民警察的经费，按照事权划分的原则，分别列入中央和地方的财政预算。人民警察列入国家行政公务员序列，实行国家公务员的工资制度，并享受国家规定警察身份专有的警衔津贴和其他津贴，享受法定的加班补贴和各类保险福利待遇。此外，1982年11月10日，中央政法委员会、中央组织部、劳动人事部、财政部在《关于公安、检察、法院、司法行政系统编制和经费若干问题的联合通知》（政法［1982］7号）中明确，"将全国各级公安、检察、法院、司法行政系统编制单列，实行统一领导，中央和省、市、自治区分级管理"。理论上讲，侦查人员薪酬的及时、按时发放，应该是没有问题。但不排除个别地方存在拖欠、挪用的情况。因此，本评估指标需要对涉及侦查人员薪酬的主要几个方面进行调

[①] 转引自樊鹏《社会转型与国家强制：改革时期中国公安警察制度研究》，中国社会科学出版社2017年版，第51页。

研，包括工资、奖金、医疗报销、出差报销等是否顺利、及时。拟通过人工抽样调查问卷或者在公安内网上设置调查网页的方式，通过对工资、奖金、医疗报销、出差报销四个项目的内容，设置发放或者报销"及时""基本及时""不及时"和"不发放或者未报销"等四个选择项。对以上四个内容的四个选项得出百分比的情况下，根据赋值计算四个内容的相对分值，分别乘以一定比例得出薪酬等及时性指标。对工资、奖金、医疗报销、出差报销的比例权重不同的原因在于，工资、奖金一般由财政稳定拨付，及时性较好，所以评估特性不强；而医疗报销、出差报销则常常可能根据单位财政情况会有变化，体现出差异性，所以赋予较高的比例和分值。最后的计算公式为：

工资赋值得分×20%+奖金赋值得分×20%+
医疗报销赋值得分×30%+出差报销赋值得分×30%

3. 侦查人员培训的必要性指标。能够定期接受专业的培训，也是侦查人员人力资源指标中重要的内容。我国人民警察法第 38 条规定，人民警察工作所必需的训练设施，各级政府应当列入基本建设规划。1995 年 8 月 16 日，公安部发布的《公安机关人民警察培训暂行规定》第 6 条规定，公安机关人民警察培训分为新录用人民警察初任培训，警衔晋升和职务晋升培训，专门业务与岗位培训，知识技能更新培训。根据人民警察的职务和衔级，实行高级培训、中级培训和初级培训。这里重点需要关注的是专门业务与岗位培训、知识技能更新培训两大类。根据《公安机关人民警察培训暂行规定》的规定，专门业务与岗位培训根据专项工作的实际需要确定，培训时间不少于一个半月，政保、治安、刑侦、预审和科技部门的培训不少于 2 个月；知识技能更新培训，则根据形势和任务的需要确定。但这里的问题是，这两类培训都没有说明两次培训之间的间隔周期，所以这种培训是否存在、是否有真实价值，需要评估。根据公安侦查实践要求和培训规定的内容，可以设定不少于 2 个月的为刑侦部门培训的必备要求，时间上设定为三年以内。本培训必要性指标的调研问题为："三年内接受专门业务与岗位培训、知识技能更新培训的次数分别为多少?"设置选项三个："一次以上""一次""一次都没有"。特别注明：培训时间必须为 2 个月或者以上，不论是专门业务与岗位培训还是知识技能更新培训均可，培训内容和时间也可叠加，但不能将初任培训、警衔晋升和职务晋升培训算在内。根据这三个选项的选择的百分比，通过赋权以百分制方式得出培训必要性指标。

(二) 侦查评估二级指标：社会效益指标

社会效益（Social Efficiency），一般是指最大限度地利用有限的资源满足社会上人们日益增长的物质文化需求。从宏观上看，社会效益是指其效果对社会、国家和广大人民的有益程度，而效益、社会效益、社会效果、社会影响等问题是价值问题。早在1985年9月，邓小平同志就提出："思想文化教育卫生部门，都要以社会效益为一切活动的唯一准则，它们所属的企业也要以社会效益为最高准则。思想文化界要多出好的精神作品，要坚决制止坏产品的生产、进口和流传。"[①] 从邓小平同志的论述中可以看出，社会效益体现的是一项工作是否有价值，其在社会上是否产生实际效益、效果、影响。2015年7月1日，中央全面深化改革领导小组第十四次会议审议通过了《关于推动国有文化企业把社会效益放在首位、实现社会效益和经济效益相统一的指导意见》等文件，其中提出：要建立健全社会效益和经济效益相统一的评价考核机制，形成对社会效益的可量化、可评估、可审核的要求。这个文件针对当前某些企业存在的"抓经济效益的手很硬，抓社会效益的手很软"的现状，提出把社会效益放在首位，实现社会效益与经济效益相统一的目标。

社会效益是与经济效益相对应而言的。如何进行社会效益的考核、评估，以建立社会效益考核的机制，国内一些新闻出版单位开展了有益的尝试，如从2004年开始，上海市新闻出版局开始"出版单位社会效益评估体系"的考核体系。南方出版传媒集团对下属出版单位的经营业绩考核也体现了大量的社会效益指标，包括市场占有率、畅销书品种数、精品项目数、数字出版、"走出去"成果等五项内容。[②] 侦查工作属于国家司法活动的重要组成部分，司法活动是否需要讲求社会效益，这个问题的答案是毫无疑义的。在社会效益和经济效益之间，司法活动特别是刑事司法活动几乎就没有考虑过后者。近几年我国在刑事司法领域开始推行被告人认罪认罚简易审程序、当事人和解程序，就因为担心存在"以钱买刑""过分追求速度和效率"而遭受一定的质疑。因此，我国关于侦查效益方面

---

① 邓小平：《在中国共产党全国代表会议上的讲话》，《邓小平文选》第3卷，人民出版社1993年版，第141—147页。

② 魏玉山：《把社会效益放在首位需要建立考核评估体系》，《出版发行研究》2015年第9期。

的研究非常匮乏,有学者指出,侦查效益这一概念的两个关键词是侦查成本和侦查收益。侦查效益的结构形态分为经济效益结构形态和社会效益结构形态,前者包括侦查的经济成本结构、侦查经济收益的结构,后者包括侦查权力成本的结构形态、侦查社会收益的结构形态。侦查社会效益的结构形态中,侦查权力成本的结构形态包含了对相关人员人身权利的限制和剥夺、对相关物品和场所权利的限制和剥夺,侦查社会收益主要为诉讼受益、防控犯罪收益和增强公众安全感三层表现。① 这种分类和界定,是我国侦查效益非常罕见的研究成果,对今天的侦查考核和侦查评估均具有重要的指导作用。

在具体的侦查效益评判标准上,有学者将其分为评判的经济学标准、评判的法学标准和评判的社会学标准,这是符合当前学术分类和评估学的发展趋势的。不过,由于这种分类评判的方法与本书中的侦查评估存在一定的交叉,特别是很多工作职能指标的归类,两者不完全相同。此外,这三种评判标准对侦查效益没有进行社会效益和经济效益的分类评判,所以本部分发展潜力指标中,只能对其中部分涉及社会效益的内容进行借鉴。坦率地说,社会效益是一个非常宏观的话题,社会效益的表现方式很多,甚至也包括经济效益。很难想象,没有经济效益的社会效益如何实现,只不过两者的侧重点、关注点不一致而已。如何评价侦查活动的社会效益,除了在常规的工作职能指标和社会状态指标中很多能够体现以外,还应当关注宏观经济投入成本(不是指个案侦查成本)和对公民人权的影响程度(以逮捕羁押为关键考核点)。基于此,本部分的三级考核指标拟包括以下两点:公共安全成本指数和侦查羁押比率指数。

1. 公共安全成本指数。公共安全是指国家确保社会中个人、集体、物品、权利不受到自然灾害或各类事故等威胁的一种安全状态。在不同的社会制度中,对公共安全的理解和评估也不完全相同。我国目前对公共安全的范围界定较广,包含食卫药安全、群众出行安全、个人信息安全、建筑产品安全等。公共安全的投入,是一个国家财政支出的重要方面,反映国家和政府对公共安全的重视程度。公共安全成本不等于侦查成本,但其成本投入和支出是侦查工作的重要影响因素和发展决定因素。因为公共安全成本的投入意味着国家对公共安全的重视,一份投入意味着一份防护,

---

① 任惠华:《法治视野下的侦查效益问题研究》,群众出版社 2009 年版,第 5、17—20 页。

一份投入意味着一份保障，公共安全投入的高低与侦查工作的难度成反比。根据《中国统计年鉴》的记载，我国2015年的国家公共安全支出中，一般公共预算支出9379.96亿元，其中中央支出1584.17亿元，地方支出7795.79亿元；2016年的国家公共安全支出中，一般公共预算支出11031.98亿元，其中中央支出1741.91亿元，地方支出9290.07亿元。因此，公共安全成本指数，应该根据国家公共安全支出除以人口数，即为人均公共安全支出。各个省自治区直辖市、地区县市的人均公共安全支出数据，也可以通过地方公共安全成本数据得出。即计算公式为：

$$年度人均公共安全支出 = \frac{当年度国家公共安全支出总金额}{当年度国家人口总数额}$$

以上公式中，如果计算省市区县等的人均公共安全支出（单位为元/人），则将"国家"替换为相应的行政区划。在依据上面公式计算出人均公共安全支出后，将人均公共安全支出的数值除以前五年人均公共安全支出的数值，即为公共安全成本指数。最后的计算公式为：

$$\frac{当年度人均公共安全支出数值}{前五年度人均公共安全支出数值的平均数} \times 100\%$$

2. 侦查羁押比率指数。侦查羁押是指侦查机关在立案侦查过程中，根据案情发展的需要和犯罪嫌疑人的状态，决定对犯罪嫌疑人采取的较长期限内限制其人身自由的强制措施。由于刑事拘留的时间较短且临时性较强，我国的侦查羁押专指被采取逮捕强制措施后犯罪嫌疑人、被告人的关押状态。侦查中强制措施及强制性侦查手段运用的程度与侦查效益成反比关系。侦查羁押的使用比率反映的是在侦查过程中侦查机关对犯罪嫌疑人的人身强制情形。使用比率越高，就意味着侦查权力成本的投入就越大，侦查效益相应降低。[①] 从法治的发展趋势及侦查强制措施的应用趋势来看，我国长期实行的侦查阶段"逮捕为主、取保为辅"的审前羁押状态，正在被广泛批评和关注，要求提高取保候审、监视居住适用率的呼声日高。因此，从侦查工作的发展潜力来看，侦查羁押比率的逐步降低应当是一个文明社会必然的发展趋势。侦查羁押比率指数应当是侦查阶段被羁押的人数除以到案犯罪嫌疑人的人数的结果。具体计算公式为：

$$\frac{当年度侦查阶段被羁押的人数}{当年度到案犯罪嫌疑人的人数} \times 100\%$$

---

① 任惠华：《法治视野下的侦查效益问题研究》，群众出版社2009年版，第5、59页。

（三）侦查评估二级指标：法律意识指标

一般认为，法律意识是人们对于国家制定的法律规范以及与法律规范有关的法律现象的观点认识、了解认知和心理感受的总称。在一国体制内，法律意识是一种观念上、理念上的文化形态，是现实社会主体关于法律规范和法律现象的知识、情感、意志、态度等各种法律心理活动，认知活动及情感体验。作为人脑意识产物的一部分，法律意识总是需要通过一定的方式体现出来，或者借助一定的物质形态加以表现。法律意识常常表现为对法律现象进行分析和解读的各种法律学说，通过对现行法律规范的解释和评价，实现人们对权利、义务、责任的认识（法律感知），对法律制度的了解和掌握（法律知识），以及对行为是否合法的评价等。法律意识形态是指由具有一贯性和逻辑性的表达、认识以及主张所构成，并赋予规范秩序以根本性意义的关于法律的价值体系和信念体系。[①] 同人类的世界观一样，法律意识具有强烈的阶级性。在阶级社会中，社会上的每个人都有自己的法律意识，每一个具有独立意识的人都具有自己独立的法律意识。人的整个生活整个命运都形成于法律意识的参与之中并在其主导之下，法律意识永远都是人类伟大而必要的生活方式之一。[②] 因此，整个社会的法律意识的进步，对包括侦查机关在内的所有的司法机关司法活动，都是一个确凿无疑的帮助。根据我国侦查工作的实际和参与侦查活动的主体现状，法律意识指标需要从侦查人员的法律业务水平指数、侦查机关的依法侦查现状指数和犯罪嫌疑人的申诉控告指数三个方面来评估。

1. 侦查人员的法律业务水平指数。侦查人员是我国最重要、最核心的司法执法工作人员之一，法律业务水平是其司法执法活动的基础和前提。缺乏专业的法律素养和业务水平，很难想象侦查活动会走上一个健康的、发展的道路。根据《公安机关人民警察执法资格等级考试办法》和《公安机关人民警察岗位执法资格等级化认证管理办法》的规定，人民警察执法资格等级考试分为基本级、中级、高级三个等级。从内容上，人民警察执法资格等级考试又分为公共科目和警种专业科目，公共科目为所有民警均需参考的科目；刑事犯罪侦查、经济犯罪侦查、治安管理、出入境

[①] 季卫东：《论法律意识形态》，《中国社会科学》2015 年第 11 期。

[②] [俄] 伊·亚·伊林：《法律意识的实质》，徐晓晴译，清华大学出版社 2005 年版，第 5 页。

管理、消防、交通管理、禁毒机构的人民警察应当参加分警种的执法资格等级考试。此外，公安机关内部的刑侦民警还在警务信息综合应用平台（简称警综平台）上，定期参加专业法律（主要是与刑事侦查有关的法律业务）考试。将这两类考试的成绩，进行百分比综合后，可以得出侦查人员的侦查业务水平指数。具体计算公式为：

$$\frac{当年度通过执法资格考试人数}{当年度参加执法资格考试人数} \times 50\% + \frac{全年度警综平台专业考试通过人数}{全年度警综平台专业考试人数} \times 50\%$$

需要说明的是，执法资格考试这里仅仅需要评估的是警种专业科目，即刑事犯罪侦查的人民警察参加的科目。另外，警种专业科目和警综平台专业考试的通过分数线，不是必然的 60 分（100 分总分制），而常常是 90 分，这也体现了对刑事执法的高标准、高要求。

2. 侦查机关的依法侦查现状指数。根据我国刑诉法的规定，侦查是侦查机关依法进行的收集证据、查明案情的工作和采用的有关强制性措施。侦查权是国家权力的重要组成部分，其能否正当行使侦查权直接关系到侦查法治化的进程，并直接影响社会主义法治国家的建设进程。[①] 还有学者归纳，依法行使侦查权的具体含义包括侦查权依法获取、侦查权不得放弃、侦查权不可泛化、侦查权不能取代和侦查权不被干涉等五个方面。[②] 当然，侦查机关是否依法行使侦查权、是否合法行使侦查权，评价的因素很多，我们这里无法一一顾及。当前，由于侦查权被滥用的一个重要方面是存在刑讯逼供，因此我国立法和实践中已经开始规定和推进讯问全程录音录像制度。本部分的依法侦查现状指数，就主要定位于刑讯逼供现状和全程录音录像现状两个因素。

评估刑讯逼供现状，虽然公安部刑侦局的刑侦绩效考核扣分项目中，也包含了"刑讯逼供致人死亡"的类别。但由于这类情况属于产生了比较严重后果的，实际工作中比较少见，作为评估选项意义不大。中国人民大学朱景文教授设计的司法公正指标中，也有六个方面的调查问题，第一个就是"在侦查过程中，警察进行刑讯逼供"多大程度上存在。2016 年该问题获得 45.2% 的好评，按照赋值方案计算得 72.3 分，好评比例排名

---

① 蒋丽华：《加强依法实施侦查工作的思考》，《中国国情国力》2015 年第 12 期。
② 郑海：《试论依法行使侦查权》，《现代法学》1999 年第 2 期。

第一，得分排名第二。① 不过，这里的该项指标数据，不准备采用主观调查问卷。作为评估选项的刑讯逼供的认定，拟以人民法院庭审中被告人及其辩护人提出"被刑讯逼供"主张为基准，而这个主张被人民法院采纳的同时将该口供排除为标准。至于全程录音录像，按照我国刑诉法规定，一般案件是相对性选择适用（即"可以"），可能判处无期徒刑、死刑的案件或者其他重大犯罪案件，才是绝对性适用（即"应当"）。但由于有些普通刑事案件和其他重大犯罪案件之间，难以做准确的、标准的、明确的划分。因此，这里的评估则以全年全程录音录像的案件数量占全年所有刑事案件数量的比例为标准。两个数据进行综合后的得分，为侦查机关的依法侦查现状指数的结果。具体计算公式为：

$$\frac{当年被人民法院认定刑讯逼供并排除口供的案件数量}{当年被控诉一方当庭提出刑讯逼供的案件数量} \times 50\% + \frac{全年全程录音录像案件的数量}{全年发生刑事案件的数量} \times 50\%$$

3. 诉讼参与人的申诉控告指数。侦查人员法律意识的好坏、法律业务水平的高低、依法侦查现状的优劣，也不能仅仅依靠对于侦查机关这方面的数据来确定，也需要从诉讼主体的另一方（主要是犯罪嫌疑人、被告人）开展评估。根据我国《刑事诉讼法》第117条和《公安机关办理刑事案件程序规定》第196条的规定，司法机关及其工作人员实施了下列行为之一的，当事人和辩护人、诉讼代理人、利害关系人有权申诉或者控告。具体行为及处理程序如下图：

司法机关及其工作人员	公安机关　检察机关
第一，采取强制措施法定期限届满，不予以释放、解除或者变更的； 第二，应当退还取保候审保证金不退还的； 第三，对与案件无关的财物采取查封、扣押、冻结措施的； 第四，应当解除查封、扣押、冻结不解除的； 第五，贪污、挪用、私分、调换、违反规定使用查封、扣押、冻结的财物的。	申诉或者控告 当事人　辩护人　诉讼代理人　利害关系人

申诉控告条件及处理程序示意图

---

① 朱景文主编：《中国人民大学中国法律发展报告2016：基于九个省数据的法治指数》，中国人民大学出版社2017年版，第85页。

诉讼参与人的申诉、控告，既可以向公安机关直接提出，也可以向人民检察院提出（对公安机关处理决定不服的），上级公安机关甚至可以主动处理申诉控告。这里的诉讼参与人的申诉控告指数，应当是考察受理申诉控告的机关依法撤销原侦查行为的数量与诉讼参与人提出申诉控告的比例。具体计算公式为：

$$\frac{全年受理机关撤销原违法侦查行为的数量}{全年提出申诉控告的案件数量} \times 100\%$$

（四）侦查评估二级指标：持续发展指标

持续发展（Sustainable Development，也称为可持续发展）是20世纪80年代提出的一个新概念。最早可以追溯到1980年由世界自然资源保护联盟（IUCN）、联合国环境规划署（UNEP）、野生动物基金会（WWF）共同发表的《世界自然保护大纲》。1987年在以布伦特兰夫人为首的世界环境与发展委员会（WCED）的报告《我们共同的未来》中，第一次阐述了可持续发展的概念，并对之做出了比较系统的阐述，得到了国际社会的广泛共识。1992年6月，联合国在里约热内卢召开的"环境与发展大会"，通过的《里约环境与发展宣言》中，将可持续发展视为国际社会环境与发展的核心。我国政府随后编制的《中国21世纪人口、环境与发展白皮书》中，首次把可持续发展战略纳入我国经济和社会发展的长远规划中。1997年的中共十五大报告中，将可持续发展战略确定为我国"现代化建设中必须实施"的战略。

《我们共同的未来》报告中，可持续发展被定义为"能满足当代人的需要，又不对后代人满足其需要的能力构成危害的发展。"[①] 从应用范围来看，可持续发展一般是指自然资源、生态环境、经济发展等方面，经济、社会、资源和环境保护的协调、可持续发展，这是一个密不可分的系统。当然，可持续发展与环境保护虽然联系非常紧密，但绝不意味着完全等同。环境保护是可持续发展的重要方面和主要内容，但可持续发展的核心是发展，不过这里的发展不是盲目的发展，而是有条件、有约束的发展，约束因素包括保护环境、保护资源等。严格意义上说，侦查工作与可持续发展战略无法发生直接的联系。但对侦查工作的评估，必须建构一个

---

① 郭永平：《走向田野与社会的山西区域社会史研究》，载于《社会史研究》第4辑，商务印书馆2016年版，第260—316页。

系统的、全面的工程，综合考虑方方面面的因素，特别是对侦查工作稳定、持续、健康发展有影响的因素，这就是持续发展指标的最初设想。在本二级指标中，拟通过对治安案件发案率、刑侦干警的职业发展空间和公安干警的死亡数量三个点进行评估。

1. 治安案件发案率。严格意义上说，治安案件不属于侦查工作的管辖范畴，也不是侦查评估的考核对象。不过，由于治安案件的查处与刑事案件的侦查，均是由公安机关负责（不同部门而已），且治安案件的违法和刑事案件的犯罪常常就是一个情节严重与否、财物数量多少、后果严重程度的界限区分，两者的互动性非常频繁。治安案件发案率的高低，将间接影响和决定刑事案件的侦查工作的多寡。一般说来，治安案件发案率高，刑事案件发案率必然也高；治安案件发案率低，刑事案件的发案率一般也低。治安案件和刑事案件是社会治安综合治理的两面镜子，很多时候治安案件的变化，对社会治安形势的研判，更有意义。治安案件的统计工作，是国家统计局《中国统计年鉴》的必需内容，同时也是《中国法律年鉴》的重要组成部分，包含了每年治安案件发现受理数量、每万人发案率（起/万）、查处数量（起）。治安案件发案率的具体计算公式为：

$$\frac{当年全年发现受理治安案件的数量}{当年全国人口的总数量} \times 10000‰$$

2. 刑侦干警的职业发展空间。从产生时间来看，直到 20 世纪 70 年代末，公安机关内部的刑事侦查机构才正式从治安管理部门独立出来，开始了其专业化、正规化、现代化的建设。虽然起步晚，但由于刑侦的成绩能够直接体现公安机关保家卫国的职能，在很长一段时期内其内部地位显著。社会上对公安机关内部不同部门有这样一种形象的说法："刑警有前途，交警有钱途。"就是说，由于刑事侦查处在与各类传统犯罪战斗的第一线，因此比较容易立功受奖，从而在政治上、行政级别上更容易得到提升。但近年来，随着侦查职能内部设置的细化和分立（如禁毒分立），技术侦查、视频侦查、网络侦查等部门的独立，刑侦部门地位有了一定的边缘化趋势。这种边缘化表现在：进入公安机关的不愿意去刑侦部门、刑侦部门的行政级别上升困难、刑侦工作被重视程度大幅下降。在 2016 年在某省内各级公安机关刑侦干警内部进行的一次问卷调查中，38.5%的人选择了政工部门，20%的人选择了治安部门、18.4%的人选择了法制部门，愿意去刑侦部门和派出所的人寥寥无几，这在一定程度上反映出公安刑侦干警的发展空间问题。这个评估指数中,主要考核公安机关刑侦部门近五年中,内部人员的向上流动情况,调研选项设置多个,分别为:提拔重用的、调入党政机关的、内部正常调动的,系数设置分别为40%、40%和20%。刑侦干警的发展空间指数计算公式为:

$$\frac{提拔重用的人数}{刑侦干警的总人数} \times 40\% + \frac{调入党政机关的人数}{刑侦干警的总人数} \times 40\% + \frac{内部正常调动的人数}{刑侦干警的总人数} \times 20\%$$

3. 公安民警的伤亡评估率。人民警察是国家国内治安的重要军事力量,是维护国内社会秩序和经济秩序的重要后盾保障。1949年11月5日,在公安部成立大会上,罗瑞卿部长传达了周恩来总理的著名论断:国家安危,公安系于一半。军队是备而不用的,你们是天天要用的。与国家的一般公务不同,公安的公务称公安勤务,是战斗性的公务,是事关国家和人民安危的问题,是最具对抗性的。[①] 对抗性就意味着危险,对抗性也意味着牺牲。据《中国警察网》统计,新中国成立以来至2012年,全国公安民警因公牺牲12312人。1981—2012年,全国公安民警牺牲11286人,因公负伤164250人。2008—2012年,全国公安民警因公牺牲2204人,因公负伤16821人,平均每年441名民警因公牺牲、3364名民警因公负伤。[②] 一份责任意味着一份牺牲,一份牺牲意味着一份伤害。公安民警的死伤数量,对公安队伍的持续健康稳定发展,有着重要的决定性影响。

2001—2020年度公安民警伤亡人数统计表[③]

年份	因公牺牲	因公负伤	伤亡人数小计
2001	443	6289	6732
2002	435	6520	6955
2003	476	6076	6552
2004	492	6920	7412

---

① 康大民:《光荣而艰巨的"一半"——学习周恩来总理"国家安危,公安系于一半"著名论断》,《北京人民警察学院学报》2000年第3期。

② 刘丽:《民警执法风险管理机制探析》,《云南警官学院学报》2013年第3期。

③ 数据来源:公安部网站及相关新闻媒体报告。

续表

年份	因公牺牲	因公负伤	伤亡人数小计
2005	414	4134	4548
2006	381	2657	3038
2007	452	3797	4249
2008	486	3059	3545
2009	431	2817	3248
2010	415	—	—
2011	442	—	—
2012	430	—	—
2013	449	4226	4675
2014	393	5624	6017
2015	438	4599	5037
2016	362	4913	5275
2017	361	6234	6595
2018	301+辅警141	1.2万余	1.24万余
2019	280+辅警147	6211+5699	12337
2020	315+辅警165	4941+3886	9307

为更好地促进对人民警察的安全保障，2014年4月30日，民政部等九部门制定出台《人民警察抚恤优待办法》，比照军人抚恤待遇，整合各警种人民警察优抚政策，大幅提高人民警察抚恤标准。2015年1月1日起，公安部、财政部为全国公安民警办理人身意外伤害保险。2016年，公安部印发《关于进一步加强和改进关爱民警工作的意见》，提出了进一步加强和改进关爱民警的30项措施。2017年，公安部又印发《关于进一步减轻基层公安机关工作负担的意见》，从明确职责范围、严格依法履职、合理配置警力、充实实战力量等八个方面，提出了进一步减轻基层公安机关工作负担的30项措施。2018年1月，公安部和教育部联合印发了《关于进一步加强和改进公安英烈和因公牺牲伤残公安民警子女教育优待工作的通知》，其中将优待对象范围进一步明确和拓展为全国公安系统烈士的子女和因公牺牲民警的子女。

将公安民警的死伤数量纳入侦查评估一级指标发展潜力指标下的二级持续发展指标中，通过对公安民警死伤数量及比例的对照，可以评估侦查工作的可持续发展现状及发展潜力。根据前述《中国警察网》的统计，从 2008—2012 年五年间，牺牲人数列前几位的警种分别是：派出所民警 534 人，占牺牲民警总数的 24.2%；交警 243 人，占 11%；刑警 175 人，占 7.9%；治安警 146 人，占 6.6%；消防警 144 人，占 6.5%。派出所民警、交警、刑警等基层一线警种任务最重，牺牲人数也最多。但以上这种计算方式，因为没有考虑不同民警数量的基数，所以这种伤亡数字和占比，不具有比较意义。比如派出所是我国公安机关级别最基层、分布最广泛、人数最庞大的单位，派出所民警的比重在全体民警中的比重也最大，绝对数字和伤亡占比当然较高，但不能想当然地就认为派出所就是最危险的岗位。在本级公安民警的伤亡评估率指标中，主要考核点在公安民警伤亡比例（万分比）和公安刑侦民警伤亡比例（万分比）。具体的计算公式为：

公安民警伤亡的比例计算公式为：$\frac{当年度公安民警伤亡数量}{当年度公安民警总人数} \times 10000‰$

公安刑侦民警伤亡比例的计算公式为：$\frac{当年度刑侦民警伤亡数量}{当年度刑侦民警总人数} \times 10000‰$

将以上两个伤亡比例进行对比，如果公安民警伤亡比例等同于或者基本等同于（以前后五个万分点为基准）公安刑侦民警伤亡比例，视为刑侦民警正常赋值。公安民警伤亡比例大大高于公安刑侦民警伤亡比例的，视为刑侦民警高赋值，意味着侦查工作的可持续发展度较高。公安民警伤亡比例大大低于公安刑侦民警伤亡比例的，视为刑侦民警低赋值，意味着侦查工作的可持续发展度较低。如果需要形成一个具体的数值，则应当用公安民警伤亡的比例除以公安刑侦民警伤亡比例，得出的结果就是本级指标需要得到的公安民警的伤亡评估率。

$$\frac{公安民警伤亡的比例}{公安刑侦民警伤亡的比例} \times 100\%$$

参考书目

· 专著类 ·

［美］B. 盖伊·彼得斯：《政府未来的治理模式（中文修订版）》，吴爱明、夏宏图译，中国人民大学出版社 2013 年版。

陈健主编：《基层公安机关质量管理实践与研究》，浙江人民出版社 2008 年版。

程琥主编：《法治政府评估研究》，中国法制出版社 2019 年版。

地方法治蓝皮书：《中国地方法治发展报告》[No. 1（2014）—No. 5（2019）]，社会科学文献出版社 2015—2019 年版。

窦衍瑞、王建文：《行政法治与政府绩效评估法治化研究》，中国政法大学出版社 2016 年版。

法治蓝皮书：《四川依法治省年度报告》[No. 1（2015）—No. 5（2019）]，社会科学文献出版社 2015—2019 年版。

法治蓝皮书：《中国法治发展报告》[No. 1（2003）—No. 17（2019）]，社会科学文献出版社 2004—2019 年版。

高洪成：《异体评估视域下的政府绩效评估研究》，东北大学出版社 2009 年版。

公安部公共安全研究所编著：《你感觉安全吗？——公众安全感基本理论及调查方法》，群众出版社 1991 年版。

公安部政治部人事训练局编：《探索中的中国公安质量管理》，群众出版社 2006 年版。

贵州蓝皮书：《贵州法治发展报告》（2011—2019），社会科学文献出版社 2012—2019 年版。

［美］汉斯·采泽尔、戴维·凯：《用数字证明：法律和诉讼中的实证方法》，黄向阳译，中国人民大学出版社 2008 年版。

何俊德编著：《项目评估理论与方法》（第3版），华中科技大学出版社2015年版。

河北蓝皮书：《河北法治发展报告》（2015—2019），社会科学文献出版社2019—2019年版。

河南蓝皮书：《河南法治发展报告》（2014—2020），社会科学文献出版社2015—2020年版。

荷兰社会文化规划署编、国家行政学院国际部译：《欧洲公共部门绩效评估——教育、医疗、法律及公共管理的国际比较》，国家行政学院出版社2005年版。

姜皇池：《国际法与台湾：历史考察与法律评估》，中国台湾学林文化事业公司2000年版。

焦盛荣等：《公安管理现代化研究》，甘肃文化出版社2001年版。

［澳］凯思·麦基：《建设更好的政府：建立监控与评估系统》，丁煌译，中国人民大学出版社2009年版。

［德］克里斯蒂纳·阿尔恩特、［美］查尔斯·欧曼：《政府治理指标》，杨永恒译，清华大学出版社2007年版。

［美］孔飞力：《叫魂：1768年中国妖术大恐慌》，陈兼、刘昶译，上海三联书店1999年版。

李敏、朱晓熔编著：《公安绩效管理理论与实务》，清华大学出版社2014年版。

李震山：《警察行政法论——自由与秩序之折冲》，中国台湾元照出版有限公司2007年版。

李志军主编：《第三方评估理论与方法》，中国发展出版社2016年版。

林灿璋、林信雄：《侦查管理：以重大刑案为例》，中国台湾五南图书出版公司2008年版。

刘笑霞：《我国政府绩效评价理论框架之构建：基于公共受托责任理论的分析》，厦门大学出版社2011年版。

刘莘主编：《区域法治化评价体系与标准研究》，中国政法大学出版社2013年版。

刘作翔、冉井富主编：《立法后评估的理论与实践》，社会科学文献出版社2013年版。

马怀德主编:《政府绩效评估指标体系研究报告》,中国政法大学出版社 2010 年版。

梅继霞:《公务员绩效评估体系研究》,中国社会科学出版社 2012 年版。

孟伶通、秦超海:《现代警察管理》,武汉大学出版社 1990 年版。

倪星:《中国地方政府绩效评估创新研究》,人民出版社 2013 年版。

潘光政:《警察管理与警务战略》,中国人民公安大学出版社 2011 年版。

戚湧、李千目:《科学研究绩效评价理论与方法》,科学出版社 2009 年版。

钱弘道:《法治评估及其中国应用》,人民出版社 2017 年版。

钱弘道等:《法治评估的实验——余杭案例》,法律出版社 2013 年版。

钱弘道主笔:《中国法治指数报告(2007—2011 年):余杭的实验》,中国社会科学出版社 2012 年版。

钱弘道主编:《中国法治增长点——学者和官员畅谈录》,中国社会科学出版社 2012 年版。

桑助来编著:《中国政府绩效评估报告》,中共中央党校出版社 2009 年版。

上海蓝皮书:《上海法治发展报告》(2013—2018),社会科学文献出版社 2012—2019 年版。

石子坚、朱华编著:《美国警察管理与执法规范详解》,中国人民公安大学出版社 2015 年版。

史建三主编:《地方立法后评估的理论与实践》,法律出版社 2012 年版。

孙景玉等:《公安工作全面质量管理通论》,山西人民出版社 1998 年版。

孙娟、崔嵩等主编:《公安质量管理及其案例精解》,中国人民公安大学出版社 2011 年版。

汪全胜:《法律绩效评估机制论》,北京大学出版社 2010 年版。

汪全胜等:《立法后评估研究》,人民出版社 2012 年版。

王称心、蒋立山主编:《现代化法治城市评价——北京市法治建设状况综合评价指标体系研究》，知识产权出版社 2008 年版。

王大伟主编：《欧美警察科学原理》，中国人民公安大学出版社 2007 年版。

王光主编：《公安工作评价的技术与方法》，中国人民公安大学出版社 2009 年版。

王光主编：《公安民警考核方法通论》，群众出版社 2005 年版。

王毅虹、孙小东主编：《公安人力资源管理概论》，中国人民公安大学出版社 2007 年版。

吴江水：《完美的防范——法律风险管理中的识别、评估与解决方案》，北京大学出版社 2010 年版。

席涛等译：《立法评估：评估什么和如何评估——美国、欧盟和 OECD 法律法规和指引》，中国政法大学出版社 2012 年版。

萧伯符等：《基层警务绩效评价研究》，中国人民公安大学出版社/群众出版社 2010 年版。

谢冰：《多视角下的民族区域自治地方政府绩效评价研究》，科学出版社 2010 年版。

徐汉明、林必恒、郭川阳：《法治中国：建设指标体系和考核标准研究》，法律出版社 2019 年版。

许传玺主编：《北京法治发展报告》（2010—2016），法律出版社 2011—2016 年版。

俞可平主编：《国家治理评估：中国与世界》，中央编译出版社 2009 年版。

俞荣根主编：《地方立法后评估研究》，中国民主法制出版社 2010 年版。

俞荣根主编：《地方立法质量评价指标体系研究》，法律出版社 2013 年版。

袁曙宏主编：《立法后评估工作指南》，中国法制出版社 2013 年版。

张德淼主编：《中国地方法治实施效能评价指标体系研究》，法律出版社 2019 年版。

张强：《美国联邦政府绩效评估研究》，人民出版社 2009 年版。

张玉周：《非营利组织绩效三维评价体系研究》，经济科学出版社 2009 年版。

张兆端：《中国传统文化与现代警察管理》，群众出版社2011年版。

张兆端编著：《现代警察管理之道：警察战略管理、简单管理、"三精"管理理论与实务》，中国人民公安大学出版社2009年版。

张兆端编著：《中国式警察管理》，中国人民公安大学出版社2007年版。

郑方辉、冯健鹏编著：《法治政府绩效评价》，新华出版社2014年版。

郑宁：《行政立法评估制度研究》，中国政法大学出版社2013年版。

中国法学会编著：《中国法治建设年度报告（中英文）》（2008—2017年历年版本），新华出版社2009—2015年版/法律出版社2016—2018年版。

中国社会科学院法学研究所法治指数创新工程项目组著：《中国政府信息公开第三方评估报告》（2014—2016），中国社会科学出版社2012—2016年版。

中国政法大学法治政府研究院编：《中国法治政府评估报告》（2013—2017），中国人民大学出版社、法律出版社、社会科学文献出版社2013—2017年版。

周尚君等：《法治定量：法治指数及其中国应用》，中国法制出版社2018年版。

周实：《行政评价法制度研究》，东北大学出版社2008年版。

周志忍主编：《政府绩效评估中的公民参与：中国地方政府的实践与经验》，人民出版社2015年版。

朱景文主编：《中国法律发展报告——数据库与指标体系》，中国人民大学出版社2007年版。

朱景文主编：《中国法律发展报告》（2010—2018），中国人民大学出版社2011—2018年版。

·论文类·

陈林林：《法治指数中的认真与戏谑》，《浙江社会科学》2013年第6期。

耿青国：《公安刑事侦查评估体系创新研究》，《净月学刊》2013年第4期。

贺小军：《效果与反思：公安机关刑事执法质量考评机制实证研究》，《法学家》2017年第3期。

蒋立山：《中国法治指数设计的理论问题》，《法学家》2014年第1期。

蒋松：《浅谈侦查阶段"三全"评估》，《江苏法制报》2008年11月3日第6版。

金磊：《侦查效益的评估机制初探》，《贵州警官职业学院学报》2011年第6期。

廖奕：《法治如何评估？——以中国地方法治指数为例》，《兰州学刊》2012年第12期。

马忠红、张韩旭：《论信息化侦查效益评估机制建设》，《河南警察学院学报》2013年第1期。

孟涛：《论法治评估的三种类型——法治评估的一个比较视角》，《法学家》2015年第3期。

孟涛：《中国大陆法治评估运动的回顾、述评与前瞻》，《人大法律评论》2014年第2期。

钱弘道、杜维超：《法治评估模式辨异》，《法学研究》2016年第6期。

钱弘道、戈含锋、王朝霞、刘大伟：《法治评估及其中国应用》，《中国社会科学》2012年第4期。

钱弘道、王朝霞：《论中国法治评估的转型》，《中国社会科学》2015年第5期。

王锡章：《公安机关执法质量考评新体系之构建》，《中国人民公安大学学报》（社会科学版）2016年第6期。

伍德志：《论法治评估的"伪精确"》，《法律科学》（西北政法大学学报）2020年第1期。

姚建宗、侯学宾：《中国"法治大跃进"批判》，《法律科学》（西北政法大学学报）2016年第4期。

尹奎杰：《法治评估指标体系的"能"与"不能"——对法治概念和地方法治评估体系的理论反思》，《长白学刊》2014年第2期。

曾赟：《法治评估的有效性和准确性——以中国八项法治评估为检验分析对象》，《法律科学》（西北政法大学学报）2020年第2期。

张保生：《司法文明指数是一种法治评估工具》，《证据科学》2015年第1期。

张保生、郑飞：《世界法治指数对中国法治评估的借鉴意义》，《法制与社会发展》2013年第6期。

张兵兵：《论刑事侦查工作绩效评估的方法》，《净月学刊》2013年第6期。

周尚君：《地方法治竞争范式及其制度约束》，《中国法学》2017年第3期。

周祖成、杨惠琪：《法治如何定量——我国法治评估量化方法评析》，《法学研究》2016年第3期。

朱景文：《论法治评估的类型化》，《中国社会科学》2015年第7期。

·外文类·

Arjun Makhijani, Nicole Deller, John Burroughs, *Rule of Power or Rule of Law? An Assessment of US Policy and Actions Regarding Security-Related Treaties*, Apex Press, 2003.

David Canter, Donna Youngs, *Investigative Psychology: Offender Profiling and the Analysis of Criminal Action*, John Wiley & Sons, 2009.

David Canter, *Mapping Murder: The Secrets of Geographical Profiling*, Virgin Books, 2007.

Horwich, *Professional's Guide to Purchase and Sale of a Business*, CITIC Publishing House, 2004.

Kenneth Merchant, Wim Van der Stede, *Management Control Systems: Performance Measurement, Evaluation and Incentives*, Financial Times (Prentice Hall), 2012.

Peter Ainsworth, *Offender Profiling and Crime Analysis*, Willan, 2001.

Robert A. Fein, Bryan Vossekuil, *Protective Intelligence and Threat Assessment Investigations: A Guide for State and Local Law Enforcement Officials*, Create Space Independent Publishing Platform, 2013.

Sandra Johnston, *Beyond Reasonable Doubt: An Investigation of Doubt, Risk and Testimony Through Performance Art Processes in Relation to Systems of Legal Justic (European Studies in Culture and Policy)*, Lit Verlag, 2013.

United Nations: *Office on Drugs and Crime*, *Transnational trafficking and the rule of law in West Africa: a threat assessment*, UN, 2011.

U. S. Department of Justice, U. S. Secret Service, *Protective Intelligence and Threat Assessment Investigations: A Guide for State and Local Law Enforcement Officials*, Create Space Independent Publishing Platform, 2015.